# 古镇探学

## ——幼儿园实践课程的架构与实施

周　英　编著

浙江工商大学出版社
ZHEJIANG GONGSHANG UNIVERSITY PRESS
·杭州·

图书在版编目（CIP）数据

古镇探学 ：幼儿园实践课程的架构与实施 ／ 周英编著 ． —— 杭州 ：浙江工商大学出版社，2024. 10. —— ISBN 978-7-5178-6069-3

I. G612

中国国家版本馆 CIP 数据核字第 2024JX5593 号

古镇探学——幼儿园实践课程的架构与实施

GUZHEN TAN XUE——YOUERYUAN SHIJIAN KECHENG DE JIAGOU YU SHISHI

周　英　编著

| | |
|---|---|
| 责任编辑 | 唐　红 |
| 责任校对 | 李远东 |
| 封面设计 | 蔡海东 |
| 责任印制 | 祝希茜 |
| 出版发行 | 浙江工商大学出版社 |
| | （杭州市教工路 198 号　邮政编码 310012） |
| | （E-mail：zjgsupress@163.com） |
| | （网址：http://www.zjgsupress.com） |
| | 电话：0571-88904980，88831806（传真） |
| 排　　版 | 杭州彩地电脑图文有限公司 |
| 印　　刷 | 杭州高腾印务有限公司 |
| 开　　本 | 787 mm × 1092 mm　1/16 |
| 印　　张 | 23 |
| 字　　数 | 402 千 |
| 版 印 次 | 2024 年 10 月第 1 版　2024 年 10 月第 1 次印刷 |
| 书　　号 | ISBN 978-7-5178-6069-3 |
| 定　　价 | 75.00 元 |

# 编委会

主　编：周　英

编写人员：周　英　郑思琦　郑亚仙

　　　　　陈润东　赵　君　郑夏微

　　　　　邹　琼　毛　伟

实 施 者：杭州市建德市寿昌幼儿园全体教师

# 序

春意盎然之际，欣闻徒弟周英即将出书，我心中充满期待和骄傲！她是建德市第一位出版"学前教育课程改革"成果专著的教师！师徒近二十年，她对工作的执着、对专业的认真，一直是我所欣赏的。

寿昌幼儿园作为建德市最早的公办幼儿园之一，拥有六十八年的办园历史和深厚的文化底蕴，备受大家的认可。寿昌幼儿园本着"生活即教育、教育即生活"的理念，以儿童为本，依托地方资源，构建适宜的园本课程，让幼儿在体验中学习、在探索中发展，走上了内涵发展的道路。从古镇五龙献瑞游戏到古镇传统民间艺术、古镇赶集民俗游戏，再到"古镇探学"实践体验课程，寿昌幼儿园在代代传承与创新的过程中实现了课程的升级迭代……此刻，我欣然见证"古镇探学"实践体验课程这一成果的诞生。其汇聚了周英老师及寿昌幼儿园多年的智慧和努力的成果，使幼儿在乡情浸润中获得全面发展，教师在课改实践中获得专业提升，它是建德市教育局"乡情教育"培育项目中的一张金名片，也获得了浙江省第三届精品课程奖，这实属不易。

翻开书，一股浓郁的乡情扑面而来。它带我穿越时光的隧道，深入寿昌古镇的每一条小巷，探寻历史的痕迹、品味诱人的美食、感受文化的底蕴。全书框架清晰，内容充实：首先是科学规范、实操性强、适宜落地的完整课程方案；其次是"逛逛古街、品品美食、玩玩民俗"三大主题板块的课程内容，这也是课程落地实施的核心；最后是几年来课程改革取得的成果样例，清晰地呈现了以课题为抓手引领课程滚动研究的全过程。全书汇集了丰富的案例，皆为孩子们的学习故事，字里行间洋溢着孩子们积极参与、大胆探索、动手创造的欢乐，这恰好体现了周英老师和寿昌幼儿园其他老师不懈的研究追求。

"古镇探学"实践体验课程，是一次对乡土资源的深入挖掘与利用，是对园本化教育模式的积极探索与实践。细品全书，亮点纷呈，内涵丰盈。寿昌幼儿园致力于学习方式的深刻变革，他们不仅颠覆了传统的教学模式，更打破了课堂的固定界限。他们引领孩子们走出围墙，直接置身于古镇之中，让孩子们与古镇亲密接触，深入其中。孩子们在多次探访廊桥后，自己设计、自主收集材料、自行制作廊桥；孩子们在水街首次观看婺剧表演，被充满魅力的戏服所吸引，自己做头饰、缝云肩、搭戏台；孩子们在品味了糖画后，历时半年种植甘蔗、自主尝试榨蔗糖、做糖画……每每看到这些，我都迫不及待想去尝试一回！

在古镇中，孩子们用心感受一砖一瓦的故事，用情感体验古镇的独特韵味。这种实践中的学习，不仅丰富了孩子们的知识储备，更让他们在亲身参与中领悟了学习的真谛。这种贴近生活、贴近自然的教育方式，让孩子们对古镇文化有了更深刻的认识，让他们在体验中学习、在探索中发展。

周英老师的特点是踏实、高效，孜孜不倦地追求专业，用心用情地专注事业，不浮夸不浮躁，能沉下心来研究儿童。因此这本书就像她本人一样，文风简朴，干货满满：没有深奥理论之堆砌，更没有华丽辞藻之赘述，清新自然，一读即懂，可谓真正的"草根式"研究。周英老师及寿昌幼儿园的这份追求与自我成长，令我感动。他们用心去浇灌课程意识的种子，用情去培育教育实践的果实。他们的付出与努力，不仅为孩子们的成长提供了有力的支撑，更为大家提供了宝贵的经验和启示。

李小玲
写于 2024 年五一劳动节

# 目 录

# 绪论 ▫

聚焦儿童生长的"古镇探学"
实践体验课程开发

为了建构"古镇探学"实践体验课程，建德市寿昌幼儿园从园区实际出发，基于原有优势、积淀和资源，不断挖掘园所文化，通过顶层设计和精准定位，聚焦未来发展，让课程更加符合园所发展需求，从而实现园所高质量、内涵式发展的目标。寿昌幼儿园深入挖掘古镇文化，在"基于古镇资源、遵循发展规律、尊重学习特点"课程理念的指引下，构建了"古镇探学"实践体验课程，尝试通过基地体验、主题探索、游戏畅玩、生活浸润，培养有自信、善交往、巧探索、会创造的古镇娃。

## 一、课程背景与理论基础

### （一）课程背景

#### 1. 深挖乡情资源，坚定文化自信

随着我国全面进入新时代，文化自信逐步成为"一个国家、一个民族发展中更基本、更深沉、更持久的力量"，而各地区丰富多彩的乡土文化沉淀着中华民族的精神追求、精神标识，是我们坚定文化自信的坚实基础。

寿昌幼儿园地处千年古镇寿昌，古镇有白墙黑瓦的古房子，有舞龙、锣鼓等民俗表演，还有水晶糕、麻糍等美食……这些丰富的历史文化资源为寿昌幼儿园的教育教学提供了宝贵的素材。为了丰富乡情教育内容，提升乡情教育深度，寿昌幼儿园积极开发、拓展、整合、利用本地可利用的教育资源，经过一系列的调查，最终确定了"逛逛古街、品品美食、玩玩民俗"等系列利于幼儿开展探学行动的实践活动，全方位向幼儿展现寿昌古镇文化，在幼儿心底埋下文化自信的种子。

#### 2. 丰富课程内容，创新学习方式

探学，是一种新的学习方式，重在幼儿探究意识的挖掘，更聚焦于深度学习。幼儿探学的方式不仅仅停留在集体教学活动上，更是运用多种方式进行深度学习。以古镇为背景，选取适宜幼儿探学的内容，将课程与古镇资源、幼儿生活经验相链接，形成古镇探学课程，

让幼儿在亲身感受、实践体验、动手操作中，真正走出园门，走进家乡、体验民俗、探究文化。这不仅丰富了幼儿的学习资源，拓宽了幼儿的学习渠道，更创新了幼儿的学习方式，有效地促进幼儿多样化的学习和发展。

**3. 历年活动积淀，形成"探学"课程**

自 2011 年起，寿昌幼儿园开设了一系列以古镇资源为背景的特色课程，大致可分为三个阶段。

萌芽期（2011—2013 年）：早年，寿昌造纸业盛行，寿昌幼儿园充分利用这一纸艺民俗，开展纸浆系列活动的探索与实施，并形成寿昌幼儿园"纸浆特色课程"，成果被评为杭州市精品课程。

探索期（2014—2017 年）：基于寿昌镇的古镇文化资源，先后开展"农村幼儿园'五龙献瑞'主题课程""'二月十'赶集游戏课程"，并形成系列民俗课程，融入日常的教育教学及游戏中。

拓展期（2018—2022 年）：寿昌幼儿园拓展、丰富实践内容，探索、创新幼儿的学习方式。在对"古镇探学"实践体验课程进行不断的审议与实践后，寿昌幼儿园梳理出逛逛古街、品品美食、玩玩民俗三大板块的活动内容，并积累了大量丰富的活动案例。

## （二）课程理论基础

### 1. 具身认知理论

具身认知（Embodied Cognition）理论是心理学的一个研究领域，主要指用生理体验"激活"心理感觉。幼儿的学习是一种与身体密切相关，通过身体及其活动方式来适应环境的活动。"古镇探学"课程正是强调在现实活动中内化学习，在真实情境中发展自我。

### 2. 体验学习教育理论

美国的体验学习大师大卫·库伯（David Kolb）提出体验学习教育理论，总结并指出学习应该是由"具体体验、反思观察、抽象概括与实践应用"所组成的一个完整过程。"学习是体验的转换并创造知识的过程"，所以学习是一个过程，而不是一个结果。情境性和亲历性是体验学习最重要的特点。

### 3. 陶行知生活教育理论

"生活教育"是陶行知教育思想的核心，集中反映了他在教育目标、内容和方法等方面的主张，主要包括"生活即教育""社会即学校"和"教学做合一"三个方面的内容。

生活教育理论使"解放手、脑"教育思想得以真正体现，使幼儿在融入生活中得以个性化发展。

## 二、课程框架与基本理念

### （一）课程框架

"古镇探学"实践体验课程秉持"基于古镇资源、遵循发展规律、尊重学习特点"的课程理念，立足儿童本位，以探学的方式为课程生长点，以多维的评价推进课程实施。

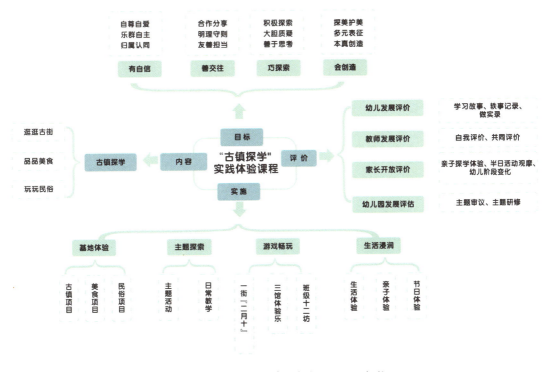

图 0-1-1 "古镇探学"实践体验课程架构

### （二）课程理念

#### 1. 儿童本位——课程立足点

儿童本位即幼儿中心论，是课程的中心和立足点。我们尊崇幼儿具身学习，即让身体"动"起来为出发点，基于幼儿经验和发展需要，注重幼儿知行合一的学习活动。幼儿具

身学习强调"此时此刻""此时此地""此情此景",让他们走出幼儿园,走进古镇,感受家乡独有的文化。

### 2. 探学方式——课程生长点

探究性学习是幼儿获取经验最直接的方式。我们改变传统的学习方式,创设古镇、农事、民俗等基地体验活动,并将古镇资源浓缩进幼儿园,创设游戏场馆,在体验中感知、在游戏中互动,实现幼儿的自然生长,让幼儿置身古镇当中。"探中学、学中探"是我们追求的学习方式,即课程的生长点——促进幼儿多元发展。

### 3. 多维评价——课程推进点

对课程实施参与主体的发展进行评价,透过课程主题的发展来评价课程的适宜性和有效性。我们可以清楚地知道"古镇探学"实践体验课程实施、学习的目标达成度,可以清晰地看到教师的教学要求和幼儿的学习进程。让课程在评价中推进,促进幼儿的多元成长。

## 三、课程目标

### (一)课程总目标

"古镇探学"实践体验课程是基于古镇资源而形成的整合性课程。课程以逛逛古街、品品美食、玩玩民俗为主要内容,以基地体验、主题探索、游戏畅玩、生活浸润为课程实施的主要载体,带领孩子们走出校园,感受家乡传统文化。支持幼儿的实践体验,关注幼儿的探索发现,培养有自信、善交往、巧探索、会创造的完整儿童。

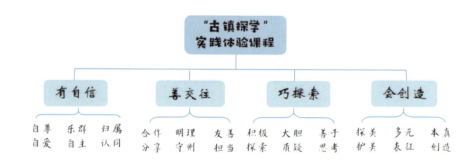

图 0-1-2 "古镇探学"实践体验课程总目标

"有自信"——指向幼儿的自我发展。对自我有正确的认知,爱自己、爱同伴、爱集体、爱家乡、爱祖国，热爱参与集体生活，自主参与集体活动，适应环境，具有归属感、认同感。

　　"善交往"——指向幼儿与他人交往的能力。有一定的规则意识，能够遵守集体和社会的行为规范；能服务集体，贡献自己的一份力量，了解自己所处环境的文化习俗，为集体、家乡、祖国的日益发展感到自豪。

　　"巧探索"——指向幼儿的学习品质。乐于参与社会实践活动，在亲身感受、实践体验中敢于质疑，善于思考；有一定的问题意识，勇于提出问题，通过小组、集体、师幼合作等方式积极探索并解决问题。

　　"会创造"——指向幼儿的表达表现。发现生活中的美，在探美的过程中积极参与古镇保护，留住美好；在体验感受的基础上动手动脑，用自己的方式表达表现，本真创造。

表 0-1-1　课程总目标

| 课程目标 | 小班 | 中班 | 大班 |
|---|---|---|---|
| **有自信** | 愿意并喜欢与同伴一起走进古镇，感受集体外出的乐趣。 | 喜欢走进古街，大胆参与古街探学活动。 | 大胆地参与五龙献瑞、天罡拳等民俗活动表演。 |
| | 步行街：和小伙伴一起走进寿昌步行街，并告诉其他小朋友我知道的步行街。 | 走进翁宅：翁宅里面都有什么，我们一起去找找有什么不同。 | 五龙献瑞：能够大胆地在古镇中进行舞龙表演，引导幼儿感受家乡风土人情。 |

| 课程目标 | 小班 | 中班 | 大班 |
|---|---|---|---|
| **善交往** | 乐于用简单的语言与同伴交流。 | 能积极主动参与探学活动，喜欢和同伴一起进行展示分享。 | 积极参与游学，能调动多种感官参与探秘，服务、传播、传承古街文化。 |
| | 我的家乡：孩子们和爸爸妈妈了解寿昌古镇后，回园高兴地与同伴一起交流自己探索的结果。<br /> | "家乡的亭子"汇报展示：小组完成搭建家乡的亭子，自信大方地和同伴分享自己搭建的家乡亭子。 | 保护古建筑：在寿昌步行街上，向游客介绍美丽的寿昌古镇，并呼吁大家一起加入保护古建筑的行列。 |
| **巧探索** | 在亲身体验中发现事物外在、表面的特征，在动作中思考和探究。 | 在情境中带着问题寻找答案，通过调查、走访、测量、绘画走进寿昌古镇。 | 积极参与古街游学，能调动多种感官参与古街探秘。 |
| | "柚"见美好：柚子在水中到底是沉下去还是浮起来呢？孩子们尝试把柚子放进水盆中观察沉浮。 | 我的航天梦：走进航空研学基地，在基地里面，孩子们对一切都很好奇，自己动手体验探索关于航空的奥秘。 | 家乡的古建筑：步行街到底有多宽？由于带来的尺子不够长，孩子们尝试用步数丈量步行街的宽度。 |

| 课程目标 | 小班 | 中班 | 大班 |
|---|---|---|---|
| 会创造 | 喜欢涂涂画画，大胆地用语言表达自己的创意、想法和感受。 | 愿意用多种形式创作古镇中的特色元素，在活动中能够发现和尝试材料的多种玩法。 | 能够主动发起活动，创造性地使用或组合材料进行游戏、探索，在活动中出主意、想办法。 |
| | 状元廊桥：家乡的桥有什么不一样？孩子们在走进状元廊桥后回园尝试用画笔记录下来。 | 家乡的亭子：在探索完亭子后，孩子们分小组寻找各种材料，用不同的材料搭建出他们心目中家乡的亭子。 | "我的航天梦"之纸飞机：孩子们选出了四种纸飞机的折法，成功折出纸飞机并开始试飞。比一比哪种飞机飞得远，哪种飞机飞得高，哪种飞机飞得最久。 |
| | | | |

## （二）具体目标

### 1. 基地体验板块

成长力侧重点：具身体验、交往合作、探索发现。

基本内涵：利用园内外的基地资源，让幼儿走出幼儿园、走进古镇，开展不同层次的探究实践体验活动。

表 0-1-2　基地体验板块目标

| | 小班（3—4岁） | 中班（4—5岁） | 大班（5—6岁） |
|---|---|---|---|
| 古镇项目 | ①愿意并喜欢走进古镇，感受古镇的魅力。<br>②在走走、玩玩中加深对古镇的认识。 | ①喜欢走进古镇，乐于参与古镇探学活动。<br>②用游戏的方式参与观察，尝试更多地了解古镇。 | ①积极参与古镇探学项目活动。<br>②在观察、交流、讨论的过程中，进一步了解古镇的特点。<br>③服务、传播、传承古镇文化。 |
| 美食项目 | ①对周围的很多农作物和现象感兴趣。<br>②乐于亲近自然，体验农事的快乐。 | ①喜欢接触农作物，经常问一些有关的问题。<br>②知道美食制作的过程，并能尝试制作。 | ①主动经历种植和养护，丰富对植物的认知。<br>②知道植物可以制作美食，积极探索美食制作过程。 |

续　表

|  | 小班（3—4岁） | 中班（4—5岁） | 大班（5—6岁） |
|---|---|---|---|
| 民俗项目 | ①体验、感知古镇的相关民俗。<br>②愿意进行民俗表演，感受表演的快乐。 | ①走进古镇，积极探究古镇的相关民俗。<br>②能积极主动参与表演活动，喜欢和同伴一起进行表演。 | ①大胆地参与五龙献瑞、天罡拳等民俗活动表演。<br>②能与同伴合作解决民俗表演前期的准备工作，共同解决问题，体会成功感。 |

**2. 主题探索板块**

成长力侧重点：主动观察、实践探究、多元表达。

基本内涵：基于古镇资源开发适宜我园幼儿开展的主题内容，包含"逛逛古街、品品美食、玩玩民俗"三个主题。

表 0-1-3　主题探索板块目标

|  | 小班（3—4岁） | 中班（4—5岁） | 大班（5—6岁） |
|---|---|---|---|
| 逛逛古街 | ①愿意并喜欢与同伴一起走进古镇，感受集体外出的乐趣。<br>②简单了解并知道家乡的古街。 | ①喜欢走进古街，大胆参与古街探学活动。<br>②通过调查、走访、测量、绘画走进古街。<br>③萌发保护古建筑的情感。 | ①积极参与古街游学，能调动多种感官参与古街探秘。<br>②了解人文历史的同时萌发对未来家乡建设的创想。<br>③服务、传播、传承古街文化。 |
| 品品美食 | ①寻找家乡的美食。<br>②能简单说出几种美食的名称，如水晶糕、糖画、糕点、糖葫芦等。 | ①喜欢家乡的美食（麻糍、连环糕等）。<br>②在品尝中感受家乡味道。<br>③了解家乡的糕点，尝试制作。 | ①了解每种美食所蕴含的意义。<br>②动手动脑，积极探索美食制作流程。<br>③通过年夜饭，提升对家乡美食的认知，增进感情。 |
| 玩玩民俗 | ①知道古镇特有的非物质文化遗产。<br>②对民俗文化进行正能量传播。 | ①喜欢参与各种民俗体验活动，并愿意尝试表现。<br>②能简单分享民俗活动的精神内涵。 | ①大胆地参与五龙献瑞民俗活动的表演。<br>②做服务民俗的小使者，"非遗"文化的传承人。 |

**3. 游戏畅玩板块**

成长力侧重点：真情境、真体验、真自主。

基本内涵：通过打造"一街三馆十二坊"的古镇游戏场，让幼儿参与社会联动游戏，体验"古镇人物"的社会角色。

表 0-1-4 游戏畅玩板块目标

|  | 小班（3—4 岁） | 中班（4—5 岁） | 大班（5—6 岁） |
|---|---|---|---|
| 古街赶集游戏 | ①乐于用简单的语言与同伴交流。<br>②初步萌发和同伴分享材料的意愿。 | ①感受规则意识，遵守"二月十"游戏店铺的规则。<br>②在游戏活动中，能和同伴进行交往。<br>③喜欢农历二月初十的赶集游戏。 | ①能对自己感兴趣的店铺游戏坚持到底，经常动手动脑。<br>②游戏时能和同伴分工合作，遇到困难时一起克服。<br>③通过参与民俗游戏，提高服务、传承的意识。 |
| 场馆游戏 | ①知道场馆游戏的基本活动内容。<br>②通过实践操作，体验和发现场馆游戏的乐趣。 | ①知道和喜欢场馆游戏。<br>②愿意用纸浆纸艺等创作古镇中的特色元素。<br>③尝试动手动脑探索物体和材料。 | ①能根据原有的游戏进行创玩。<br>②能用多样方法记录并观察结果。<br>③通过场馆游戏，用各种纸艺呈现古街微景观。 |
| 工坊游戏 | ①乐于参与游戏，感受游戏带来的快乐。<br>②在教师的指导下有序地进行游戏。 | ①乐于与他们交往，有一定的规则意识。<br>②能够在活动中发现和尝试材料的多种玩法。 | ①在游戏过程中，动手动脑,用自己的方式表达创作。<br>②能够主动发起活动，创造性地使用或组合材料进行游戏、探索，在活动中出主意，想办法。 |

### 4. 生活浸润板块

成长力侧重点：劳动素养、探究能力、亲子共研。

基本内涵：以幼儿的生活环境、传统节日及有意义的活动作为幼儿社会学习的良好平台。

表 0-1-5 生活浸润板块目标

|  | 小班（3—4 岁） | 中班（4—5 岁） | 大班（5—6 岁） |
|---|---|---|---|
| 生活体验 | 愿意和同伴、家人一起逛古街、品美食。 | ①喜欢和家人朋友一起逛夜市，感受古镇的热闹。<br>②知道寿昌古镇有许多民间艺人，有崇拜之心。<br>③了解一些保护古镇的方法，萌发爱乡的情感。 | ①乐于与朋友一起欣赏古镇，发现古镇的美。<br>②寻访古镇上的艺人，学习粗浅的技艺，传承工艺精神。<br>③通过垃圾分类、定期清扫、宣传倡议等活动保护古镇，体现主人翁意识。 |
| 亲子体验 | 愿意参与亲子活动，并感受其中的乐趣。 | ①喜欢与父母一起制作美食。<br>②愿意走进古镇，向游客介绍自己的家乡，做一名小导游。 | ①主动邀请父母一起制作美食，并乐于分享。<br>②能自信大方地向游客介绍家乡的美食美景。<br>③敢于与同伴合作，上街进行舞龙表演。 |

续　表

| | 小班（3—4岁） | 中班（4—5岁） | 大班（5—6岁） |
|---|---|---|---|
| 节日体验 | 幼儿与同伴共同参加活动，养成喜爱集体生活的态度。 | 幼儿在参加节日活动中，体验到幼儿园生活的丰富和快乐，获得综合的活动经验。 | 养成面对生活的积极态度，共同让身边的环境变得更美好。 |

## 四、课程内容

　　"古镇探学"实践体验课程依据课程目标，构建了"逛逛古街、品品美食、玩玩民俗"三个维度的课程内容。结合基地体验生成符合不同年龄特点的主题活动，通过园内园外体验达成教育目标。

表0-1-6　"古镇探学"课程内容

| 年　段 | 内　容 | | |
|---|---|---|---|
| | 逛逛古街 | 品品美食 | 玩玩民俗 |
| 小班 | "游"家乡 | 软软的桂花糕 | 一起去赶集 |
| | "趣"春游 | 有趣的糖画 | |
| 中班 | 八角的亭子 | 糯糯的麻糍 | 古街的艺人们 |
| | 黑白的房子 | 甜甜的糕点 | 五龙的秘密 |
| 大班 | 长长的廊桥 | 美味年夜饭 | 好玩的造纸 |
| | 我的航天梦 | 香香的肉圆 | 水街婺剧 |

　　聚焦幼儿的学习与发展，不同的项目在内容聚焦、操作特点、过程实施、评价方法中均有不同的探索与提炼。

　　◎**逛逛古街：**幼儿在参观、游览、探寻的过程中去感受、感悟。在"逛逛古街"主题中，小班段主要增设"'游'家乡""'趣'春游"两个主题，中班段依托古镇增设了找亭子、古房子两个主题，大班段增设廊桥和航天梦两个主题。

　　◎**品品美食：**基于古街美食，探索美食制作奥秘。通过自主观察、探索周围现象和事物，教师适度给予支持和引导。在主题活动"糯糯的麻糍"中，我们主要通过"调查→删选→计划→实施→展示→升华"的操作流程，带领幼儿开启探究古镇美食之旅。

　　◎**玩玩民俗：**我们通过选取幼儿熟悉的内容，如赶集、民间手工艺、舞龙等，尊重主题活动过程的生成性、整合性，将其渗透于幼儿的一日生活。如在主题活动"五龙的秘密"中，幼儿通过"寻龙、看龙、做龙、舞龙"等民俗体验活动，探秘"五龙"，使幼儿在感知家乡民俗文化的过程中，亲家乡、爱家乡。

# 逛逛古街

## 小班

### "游"家乡

**走进寿昌**

我的家乡

打卡寿昌

我的游学故事

外婆家在老街

我心中的寿昌

**玩转寿昌**

好看的寿昌

好吃的寿昌

好玩的寿昌

好听的寿昌话

宝贝蹲

翻翻乐

家乡旅行记

**我爱寿昌**

寿昌我来建

环保小卫士

小小代言人

### "趣"春游

**春晓**

古诗——春晓

苏醒的动物

蝴蝶飞飞

**春天在哪里**

花儿朵朵

春天是这样来的

春天里的花朋友

花仙子

**桃花朵朵开**

桃花开了

采集桃花

好吃的桃花饼

桃花船

**春天里的客人**

Hi，小蝌蚪

我的青蛙朋友

"蛙"赛

**去春游**

春游的准备

春游在路上

瓶子里的春天

## 中班

### 八角的亭子

**寻亭**

认识亭子

寻亭行动

家乡的亭子

临湖亭

**探亭**

测量

探秘亭子

八角的亭子

亭子的结构

中外亭子大对比

**造亭**

造亭之歌

亭子设计师

材料大收集

我们来造亭

**护亭**

亭子展览会

旧亭换新颜

亭子宣传大使

### 黑白的房子

**中华古民居**

古代乡村

跳房子

水墨古民居

**寻觅古民居**

身边的老房子

剪纸窗户

我的身体来做房子

**不一样的屋顶**

我看到的屋顶

屋顶的作用

各种各样的屋顶

**古民居出游记**

走进古民居

我是小导游

古民居迷宫图

美丽的古民居

**保护古民居**

小房子

小使者行动

## 大班

### 长长的廊桥

**廊桥我知道**

寿昌的桥

寻桥小分队

我找到的桥

**廊桥趣探秘**

廊桥我想知道的

我的参观计划

制作队旗

探桥路线

量一量

探秘廊桥

**快乐造亭记**

我眼中的廊桥

探秘桥的承重

各种各样的桥

造桥计划书

造桥小能手

**护桥大行动**

护桥行动

廊桥宣传

### 我的航天梦

**中国航天员**

神舟十七号

气球小火箭

中国航天史

航天大冒险

**飞机知多少**

第一架飞机

飞机的结构

飞机的类型

飞机"放屁"啦

**寿昌有个飞机场**

游学路线图

寻找飞机场

飞机写生

**飞机我能行**

勇敢的小飞机

我的飞机梦

"造"飞机

"开"飞机

航天展

品品美食

小班      中班      大班

**软软的桂花糕**

**走近桂花树**

闻桂花

认识桂花

桂花树大讨论

**留桂花**

晒桂花

有趣的桂花树

搭建桂花树

做桂花书签

**桂花美食**

制作桂花糕

桂花茶

桂花糯米藕

桂花布丁

**桂花小游戏**

黏土桂花

各种各样的桂花

桂花饼干

**有趣的糖画**

**糖画探秘**

神奇的糖画

糖画的秘密

蔗糖哪里来

**甘蔗大变身**

种植甘蔗

甘蔗探秘

甘蔗丰收了

我和甘蔗比身高

甜甜的甘蔗

**甜甜的糖画**

做蔗糖

设计糖画

我来做糖画

趣享糖画

**糯糯的麻糍**

**畅谈麻糍**

麻糍知多少

我的麻糍计划

品尝麻糍

麻糍的来历

**制作麻糍**

打麻糍的大将军

参观麻糍制作

麻糍怎么做

我来打麻糍

大米、糯米的区别

**趣玩麻糍**

麻糍是不是面食

麻糍畅想

打糍粑

运送麻糍

**分享麻糍**

分享麻糍

麻糍分享记

年俗会的麻糍铺

**甜甜的糕点**

**说糕点**

糕点大讨论

糕点初认识

我想知道的糕点

**寻糕点**

糕点大搜寻

分享我的糕点

糕点知多少

**探糕点**

糕点的秘密

探索家乡糕点

**做糕点**

制作连环糕

制作鸡蛋糕

制作桃酥

**玩转糕点**

彩虹糕点铺

美食小主播

我的分享

**美味年夜饭**

**"话"新年**

好忙的除夕夜

年夜饭的来历

**我们的年夜饭**

设计菜谱

热气腾腾的年夜饭

年货购物清单

彩色汤圆

自制春卷

香香的肉圆

包饺子

美味的腊肉

甜甜的糕点

**品年味**

我设计的座位分布图

邀请函

筹备年夜饭

幼儿园的年夜饭

**香香的肉圆**

**了解肉圆**

肉圆的制作过程

制作肉圆的材料

我的肉圆计划

**我来做番薯**

番薯粉

我们来做番薯粉

**我来做肉圆**

如何做肉圆

第一次做肉圆

第二次做肉圆

**分享肉圆**

品尝肉圆

给亲爱的老师

美食分享会

**和肉圆做游戏**

美食餐厅

纸浆肉圆

# 玩玩民俗

## 小班

### 一起去赶集

#### 探秘集市
热闹的集市
探秘集市
"二月十"知多少
店铺种类多
去呀去赶集

#### 幼儿园的集市
集市策划会
选定赶集物
设计店铺
制定价格
制作宣传海报

#### 集市时光
赶集计划
一起去赶集
集市趣分享

### 古街的艺人们

#### 面塑艺人
了解非遗
面塑知多少
设计面塑
面塑小能手

#### 舞龙艺人
观看五龙表演
探寻五龙文化
讲述五龙传说
学习舞龙技巧
体验舞龙经典

#### 武术艺人
武术用处多
参观武术馆
武术基本动作
探秘武术造型
武术表演

#### 篾匠艺人
了解篾匠历史
欣赏篾匠作品
体验篾匠手艺
传承篾匠文化

## 中班

### 五龙的秘密

#### 探寻五龙
步行街的五龙表演
寻五龙
分享五龙秘密
五龙传说

#### 探秘五龙
探秘计划
探秘五龙
龙的结构
小青龙
我眼中的龙
寿昌的龙

#### 制作五龙
制作五龙大讨论
废旧材料做五龙
五龙大比拼

#### 舞动五龙
玩转龙
五龙（一）
五龙（二）
五龙献瑞

### 好玩的造纸

#### 寻纸之旅
生活中的纸
纸可以用来做什么

#### 神奇的纸
纸的种类
纸的特性
纸的用途
纸的吸水性
纸的承受力

#### 纸从哪里来
蔡伦造纸
纸的区别

#### 古法造纸
探秘家乡造纸
寻找造纸材料
捣构树皮
制作纸浆
抄纸
晾晒
制作花草纸

## 大班

### 水街婺剧

#### 初识婺剧
好看的水街戏曲
了解婺剧大行动
我知道的婺剧
婺剧进校园
小记者行动
婺剧行当对对碰

#### 婺剧进行时
漂亮的婺剧戏服
戏服我来做
婺剧头饰
各种各样的头饰
婺剧名段
表演计划

#### 婺剧小舞台
剧本我设计
我的戏台我做主
婺剧小舞台

## 五、课程实施

### （一）课程设置

"古镇探学"实践体验课程的理念、目标、内容，是通过基地体验、主题探索、游戏畅玩和生活浸润四大板块来达成的。课程实施是将预设的课程按计划实施的过程，每一块内容的具体实施路径载体和时间安排表如下图。

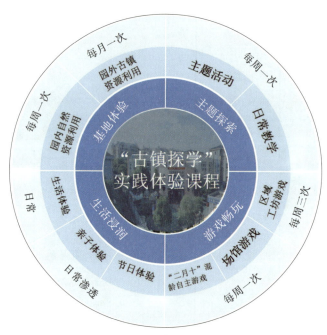

图 0-1-3 "古镇探学"实践体验课程设置

### （二）课程实施路径

课程的实施是将静态的课程方案转变成动态的课程实施的过程，是将预设的课程内容在实施中调整的过程。结合幼儿学习的基本方式和幼儿园课程的基本特点，通过多通道、多维度地为幼儿提供直接感知、亲身体验和实践操作的机会，丰富他们的成长经验，助力未来成长力的发展。

#### 1. 基地体验

幼儿园利用寿昌镇的地域资源和丰富的家长资源建立了三类"古镇探学"实践体验基地：古镇体验基地、农事体验基地、民俗体验基地。幼儿通过古镇实践探学，习得社会经验。

（1）基地特点

"基地体验"主要是关注幼儿在真情境、真体验中的学习，借助古镇真实的基地，创设真实的游戏情境。在学习过程中遇到真实的问题，幼儿能通过同伴合作、实践操作等真实地体验问题解决的过程。追随幼儿的发展过程，依据小、中、大班幼儿年龄发展特点来呈现基地体验的内容，从而推进基地体验的深入发展。

（2）基地安排

基地体验的活动内容设置基于幼儿各个年龄段发展的特点，主要从"古镇体验""美食体验""民俗体验"出发，结合幼儿的经验水平及日常教学活动内容，规划不同年龄段基地体验项目，见表0-1-7。

表0-1-7  项目活动基地安排表

| 体验类型 | 开展项目活动 | 面向年段 | 基地名称 |
|---|---|---|---|
| 古镇体验 | 家乡弄堂 | 中、大班 | 步行街 |
| | 航空梦 | 大班 | 航空小镇 |
| | 家乡的亭子 | 中班 | 西湖水街 |
| | 为古建筑"撑伞" | 大班 | 翁宅 |
| | "游"家乡 | 小班 | 寿昌古镇 |
| | 家乡廊桥 | 大班 | 状元廊桥 |
| 美食体验 | 香甜麻糍 | 大班 | 909夜市 |
| | 家乡的糕点 | 三个年段 | 多味糕点 |
| | 一杯水晶糕、肉圆、糖画…… | 中、大班 | 寿昌美食店 |
| | 一亩番薯地、"蔗"里有故事…… | 中、大班 | 寿昌幼儿园种植园 |
| 民俗体验 | 五龙献瑞 | 大班 | 五龙文化广场 |
| | 家乡的武术 | 中、大班 | 天罡拳馆 |
| | 民间艺人 | 中、大班 | 钟表店、理发店、弹棉花店、面塑馆…… |

（3）基地实践

真实体验，解决问题。幼儿开展"基地体验"，在项目活动中与同伴互动，通过协商、对话、合作、求助、假设、验证等方式解决问题，实现经验发展。

### ◎古镇体验

"古镇体验"项目活动基地的开发实施，将以往常见的幼儿通过看图、看课件认识古镇转变成让幼儿走进真实的寿昌古镇，开展探究式项目学习活动。通过整合教师、幼儿的问题，明确古镇体验活动的目标与形式，以幼儿走进古镇，参与职业体验、古建筑探学、小导游传播等亲身实践探学为主线，以"导、思、探、悟、行"的路径开展项目式体验活动，注重幼儿实践探学能力的培养。

图 0-1-4　古镇体验项目活动操作图

**路径一：问题导学**

"问题导学"路径是教师对"古镇探学"园本课程资源进行深入分析，结合本班幼儿的已有经验设计问题，引导幼儿学习，以此激发幼儿的探究兴趣。如：探秘"古建筑"活动内容，设计"家乡的古建筑有哪些特征？有什么人文历史？古建筑的寓意内涵有哪些？"等一系列问题，引发幼儿探究学习。

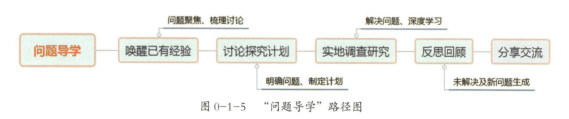

图 0-1-5　"问题导学"路径图

**路径二：任务思辨**

"任务思辨"这一实施路径是教师基于对幼儿的观察与了解，为幼儿提出一系列感兴趣的任务，从而引起幼儿的探究思考，并制定完成任务的方式方法，将"古镇探学"园本课程班本化的实施逐步引向深入。如：探学"非遗"活动内容，教师给孩子们提出"了解五龙献瑞的历史内涵；五龙的文化背景；如何舞龙"等任务，进而引发幼儿更深层次的思考与探究。

图 0-1-6  "任务思辨"路径图

**路径三：实践探学**

"实践探学"路径是幼儿基于实践探寻的亲身体验，是真实的感知与发现，幼儿通过"走进古镇，探秘家乡"等一系列实践活动、亲子游学活动，深入"古镇探学"园本课程的班本化实施。如：探访"航空小镇"活动，幼儿走进航空小镇，近距离接触飞机，了解飞机，在实践中感悟航空的魅力。

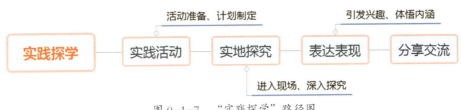

图 0-1-7  "实践探学"路径图

**路径四：游戏体悟**

游戏是幼儿最喜爱的活动形式，"游戏体悟"路径从幼儿的兴趣出发，通过游戏的方式使幼儿体验"古镇探学"园本课程，从而更深入地体悟古镇乡情的文化内涵。如：舞龙游戏、古建筑搭建游戏、民俗体验游戏等，幼儿在游戏中体悟"古镇探学"园本课程班本化实施的魅力。

图 0-1-8  "游戏体悟"路径图

**路径五：服务践行**

"服务践行"路径基于"古镇探学"园本课程班本化的实施，使幼儿对"古镇美食、古镇风貌、古镇民俗"有更深入的了解，进而形成服务意识、责任意识，使幼儿以实际行动服务家乡、传承家乡文化。如："小导游"行动中，幼儿作为家乡文化的服务者、传播

者，介绍家乡的人文历史，传统民俗等。

图 0-1-9 "服务践行"路径图

◎美食体验

寿昌是远近闻名的美食天堂，幼儿可以走进古镇，寻找家乡的美食，探秘美食制作的秘密。美食体验共分为三部分：品尝美食、种植探秘和美食制作。三部分互为关联，在幼儿品尝、种植、制作的过程中，加深幼儿对家乡美食的认识，提高幼儿的动手能力，培养幼儿的多元品质。

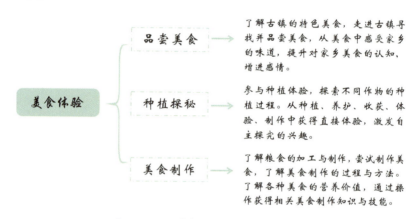

图 0-1-10 美食体验项目活动操作图

我园幼儿从小生活在美食古镇，老字号店铺的美食让孩子们从街头馋到街尾。香甜的麻糍、Q弹的水晶糕、热气腾腾的肉圆，还有冒着香气的糕点小食，这些都是令人痴迷的寿昌味道。孩子们可以走进这些美食店进行品尝，跟着店铺老板体验制作方法及流程，进一步了解家乡的美食，从爱家乡的美食升华至爱家乡。

【案例】有趣的糖画

乐乐看到步行街的糖画摊位上围满了人，出于好奇，便拉着妈妈的手围了上去。只见老爷爷用勺子舀了一勺糖，在白色的板上开始"作画"，不一会儿一条栩栩如生的龙就做好了，乐乐兴奋极了，缠着妈妈也要一个糖画。"嗯，糖画是甜的。"这跟乐乐的心情一样。回到幼儿园，孩子们讨论着：糖画的糖是哪里来的呢？这时方方说："我在电视里见过用甘蔗做糖。""我们班有种甘蔗，我们可以试着用甘蔗做糖画。"说干就干，孩子们拿来甘蔗，熬糖制糖，开始了糖画的探秘之旅。

**分析：**

古街上有很多美食，糖对孩子们的诱惑力十足，而糖画的造型千姿百态，孩子们对此也十分感兴趣，对于"糖从哪里来"也十分好奇。恰好班级种植了甘蔗，孩子们想到甘蔗可以制作糖，那能否制作糖画呢？为了验证自己的猜想，孩子们开始了自己的探索之旅，体验制作甘蔗糖画。

图 0-1-11　制作糖画

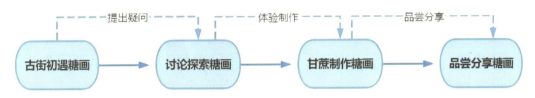

图 0-1-12　糖画体验项目活动操作图

◎**民俗体验**

民俗体验对应的课程内容为玩转民俗，以寿昌镇传统民俗文化为基点，从幼儿的兴趣和需要出发，结合幼儿的生活认知水平和生活经验，选择适宜的民俗体验活动。幼儿通过自主参与、体验、探索，在参与民俗活动的过程中，感受民俗活动的精神内涵，做服务民俗的小使者，非遗文化的传承人。

表 0-1-8　"民俗体验"活动安排

| 活动类型 | 具体内容 |
| --- | --- |
| 艺人寻访 | 面塑艺人、舞龙艺人、武术艺人、竹编艺人 |
| 习俗体验 | 元宵舞龙、传统"二月十" |

通过形式不同的"探学三步走"，即"探前、探中、探后"开展民俗探学项目活动，促进幼儿在玩中学，学中探。在"探学"活动中，通过走进基地的实践，让幼儿感知探学的民俗项目；在反复的深度探究学习中了解民俗项目，并尝试表现；最后通过幼儿完整的展示和表现，对活动进行总结提升。

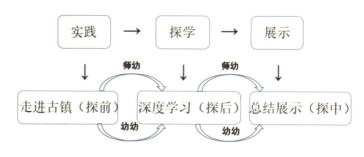

图0-1-13　民俗体验项目活动操作图

【案例】五龙大讨论

桉桉：我昨天在步行街上看到舞龙。

乐乐：我看到有五条龙。

肯肯：爸爸告诉我，走在前面的那个是龙珠，其他的龙都要跟着它绕的。

翔翔：老师！为什么寿昌的是五条龙啊？我们大同是一条龙的……

孩子们兴奋地讨论着"为什么要舞龙？""它们都有名字吗？""为什么我

图0-1-14　听五龙传说

们寿昌的龙和别的地方的龙不一样？"孩子们对寿昌的龙提出了各种各样的问题，充满了好奇心。

分析："五龙献瑞"基地的建立为幼儿提供了实践的场所。幼儿可以利用空余时间和老师、家长、同伴参与"五龙献瑞"实践活动。看似简单的几个队形变化，几个动作，没有任何言语，却需要幼儿去理解家乡的传统文化，去研究它们的含义及存在价值，只有这样才能表演得生动形象。这一实践活动打破了原有的课堂，既调动了幼儿的参与积极性，更让幼儿在这样一个开心的氛围中探索寿昌古镇的传统文化。

**2. 主题探索**

实施课程时，以有机整合的方式统整古镇本地的教育资源，发挥课程的整合功能，实现课程开发的目标。我们把"古镇美食、古镇美景、古镇文化"等整合在一起，使其在不同领域、不同形式下互相渗透，关注幼儿在主题活动中的深入探究。

**（1）主题特点**

"主题探索"是指围绕古镇探学所开展的一系列活动。我们通过选取幼儿熟悉的内容，从幼儿的兴趣需要和生活经验出发，尊重活动过程的生成性、整合性，将古镇探学主题活动渗透于幼儿的一日生活，充分地给予儿童感受、体验和表达的机会。

（2）主题实施

主题探索的活动内容设置基于寿昌古镇的特点，结合幼儿各年龄段发展的特点，主要围绕"逛逛古街""品品美食""玩玩民俗"。主题探索的内容需要让幼儿在真实的"古镇探索"中去观察、体验、探索。在课程构建的上一阶段中，作者经过多年的实践和总结，积累了一系列适宜幼儿开展的主题活动。

**3.游戏畅玩**

游戏是幼儿最为重要的日常活动内容和学习途径。借助"一街三馆十二坊"的活动载体，创设符合幼儿年龄特征，有真情境、能真体验的真游戏。

（1）游戏特点

三条不同的实施路径中，每条既是独立完整的活动小体系，又是完整的、相互交融的大体系，三条实施路径既可以单独进行，也可以相互交融实施。

（2）游戏设置

游戏畅玩板块通过"一街三馆十二坊"的游戏载体，使幼儿获得愉悦的情感体验。"一街"主要开展以古镇赶集民俗"二月十"为主题的逛庙会自主游戏，让幼儿在自主游戏中感受创造体验的乐趣。"三馆"是围绕"古镇纸浆主题馆、古镇纸浆探究馆、古镇纸浆博物馆"开展的游戏活动。"十二坊"是指在小、中、大三个年段十二个班级中设置的以"传统工艺"为创作素材的工作坊。

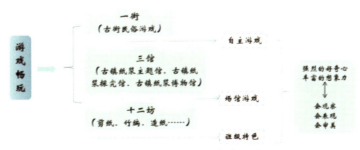

图 0-1-15　游戏畅玩内容设置

（3）游戏实践

◎ **"一街"古街民俗游戏**

幼儿园将古镇的农历二月初十赶集活动搬进幼儿园，形成社会联动游戏，突破班级、

年龄的界限，模拟真实情境，创设集美食、游戏、表演、物品买卖于一体的"二月十"街区。每周一次开展全员打通的"二月十"赶集游戏，通过店铺招租、店长（老板）竞聘、员工招聘、店面装饰、产品加工等形式开店。赚到的游戏币可以用来消费（购物），也可以进入娱乐区参与游戏。不同的身份在游戏中有不同的游戏流程。

"二月十"游戏流程模拟真实赶集场景，每周四开展一次，教师根据每个店铺和场所的特点对游戏进行梳理与归纳。

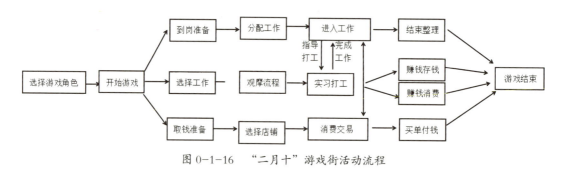

图 0-1-16　"二月十"游戏街活动流程

表 0-1-9　"二月十"游戏街活动场地规划

| 小龙人"二月十"赶集一条街 | | | 小龙人体验区 | | |
|---|---|---|---|---|---|
| 游戏名称 | 场地 | 负责老师 | 游戏名称 | 场地 | 负责老师 |
| 信衣坊 | 小树林 1 | 郑老师 | 野战区 | 小树林东头 1 | 陈老师、邱老师 |
| 纸饰界 | 小树林 2 | 沈老师 | 玩泥区 | 小树林东头 2 | 宛老师 |
| 小花坊 | 小树林 3 | 施老师 | 民间游戏 | 教学楼北侧 | 卢老师、殷老师 |
| 特色烧烤 | 小树林 4 | 黄老师 | 银行 | 中心操场西侧 | 叶老师 |
| "饮"约心情 | 小树林 5 | 方老师 | 舞龙队 | 中心操场西场 | 甘老师 |
| 礼"瓶"屋 | 小树林 6 | 林老师 | 搭搭乐园 | 中心操场东侧 | 陈老师 |
| 童趣扎染坊 | 小树林 7 | 李老师 | 考古队 | 沙池 + 滑溜布 | 谢老师、姚老师 |
| **主要职责：**指导游戏，引导幼儿老板解决游戏过程中碰到的困难。 | | | | | |

**古镇商贸类：**将原本只在不同班级开展的工坊搬至游戏街，将其充分开放，全园幼儿都能自主参与操作。买卖区中常设的店铺有信衣坊、纸饰界、扎染店等。他们开店的内容、商品和所需的材料各不相同，所进行的买卖方式也有差异。

**【案例】 生意兴隆的流动糖葫芦铺**

寿昌"二月十"，小晨和爸爸妈妈逛庙会时对流动的糖葫芦商贩特别感兴趣。在幼儿园的"创意纸浆一条街"自主游戏中，他也想当一个流动的糖葫芦铺老板。于是在老师的帮助下做了一个稻草靶子，和小伙伴合作做了很多的纸浆糖葫芦插在稻草靶子上，然后扛着糖葫芦沿着游戏场地大声叫卖起来："卖糖葫芦了，卖糖葫芦了！

图 0-1-17　糖葫芦铺

一元一串，不好吃不要钱！"在小晨走街串户的叫卖声中，糖葫芦的生意非常火爆，小晨对自己的创意非常满意，开心极了！

**分析：** 幼儿可以申请开设流动店铺，根据自己的喜好和想法买卖自己喜欢的商品。常设店铺与流动店铺相结合，让幼儿在"创意纸浆一条街"的自主游戏中，产生参与游戏的热情，体验更多的想法和创意，提升创造力。

**挑战娱乐类：** 挑战娱乐常设的项目有"你打中了吗""套圈""寻宝"等，当然如果幼儿想创设新的挑战项目也是可以的。社会实践活动丰富了幼儿的建造经验，为他们进行创意表达提供了经验基础。幼儿正是在生活中、在实践中逐渐获得成长力的。

表 0-1-10　挑战娱乐类内容

| 游戏名称 | 游戏内容 |
| --- | --- |
| 你打中了吗 | 类似射击，击中第一排得 1 分，击中第二排得 2 分，击中第三排得 3 分，最后幼儿根据成绩获得相应的游戏币。 |
| 套圈 | "老板"给每位游客（顾客）三个圈，幼儿套中纸浆作品后获取相应的得分，最后按取得的总得分获得游戏币。 |
| 寻宝 | "老板"在沙池掩埋各类纸制玩具，幼儿选择合适的挖沙工具，在规定的时间内挖宝、寻宝，寻到宝物就获得相应数量的游戏币。 |

**公共服务类：** "二月十"赶集游戏也是社会性游戏，是幼儿根据自己的生活经验，在模仿的基础上通过想象自主生成的游戏。真实的游戏冲突是促进游戏情节发展的关键，由此生成了"小银行"和"警察局"两个公共服务类的店铺。

表 0-1-11　公共服务类内容

| 游戏名称 | 游戏内容 |
| --- | --- |
| 小银行 | 小银行扩大了孩子们游戏的场所，形成了银行与商铺之间的联系，成了赶集游戏的重要组成部分，所有的货币都要经过银行才能进行流通，赚的钱除了用于消费还可以存银行，积累起来下次再用。 |
| 警察局 | 幼儿在街上骑着自行车乱窜，经常会出现碰撞，警察局的设立增加了交通管制，使幼儿游戏更加有序。 |

◎ "三馆"体验乐

"三馆"是指古镇纸浆主题馆、古镇纸浆探究馆和古镇纸浆博物馆。借助"三馆"活动载体，激发幼儿挖掘本土资源，帮助幼儿追寻从生活化内容、生活化环境开发而来的古街微景观，激发幼儿依据自己的生活经验去探寻创意的兴趣。

①古镇纸浆探究馆的实践操作

古镇纸浆探究馆的主题活动偏向于科学领域，其中科学探究的内容比较多，所提供的探索工具也比较齐全，幼儿可以根据自己的需要自主选择。幼儿在古镇纸浆探究馆中观察、发现用古法造纸、造灯笼的过程，动手实验哪些材料可以造纸，哪些材料的塑性效果好。

图 0-1-18　古法造纸

图 0-1-19　古法造灯笼

②古镇纸浆主题馆的实践操作

古镇纸浆主题馆主要以纸浆技艺呈现古镇微景观，包括古镇美食、古镇美景、古镇民俗等，既是展示馆又是游戏馆。基于不同的区域，幼儿自主讨论确定主题内容、主题目标，制定计划、实践操作。

表0-1-12 "家乡廊桥"纸浆主题活动

| 类别 | 内容 | | |
|---|---|---|---|
| 活动目标 | ①初步认识古镇比较著名的廊桥（状元廊）；<br>②通过有计划地游览不同的桥，了解廊桥的故事和来历，提升自我规划能力；<br>③尝试画一画、搭一搭各种廊桥，体验探索、发现和合作的乐趣。 | | |
| 活动内容 | **活动一：了解家乡的廊桥** | **活动二：巧手做廊桥** | **活动三：主题成果展** |
| | 孩子们在说一说、认一认、选一选、逛一逛等的过程中加深对家乡廊桥的认识，为下面活动的开展奠定了一定的基础。 | 幼儿通过绘画、拼搭、纸浆塑形等方式设计、制作各种各样的廊桥。<br>评一评：幼儿投票选出"我最喜欢的廊桥"；<br>讲一讲：幼儿开展"家乡廊桥"故事分享会，尝试分组制作"廊桥的故事"绘本等；<br>寻一寻：中国有名的廊桥；<br>做一做：幼儿先用纸盒、纸板、纸筒等辅助材料制作廊桥的模型，然后用纸浆进行细部的制作。 | 将主题开展的过程和幼儿用纸浆、部分辅助材料制作的家乡廊桥布置成一个"家乡廊桥"主题展。 |

③古镇纸浆博物馆的实践操作

古镇纸浆博物馆中有"古街视界"小影院、"古纸魔术"小工坊、"古纸故事"小剧场三个功能区。"古街视界"小影院可以通过多媒体或视频播放古街变迁的历史及古镇打卡点。"古纸魔术"小工坊可以让幼儿边观察造纸步骤，边使用简单的造纸工具现场体验如何造出一张纸；"古纸故事"小剧场可以让幼儿使用各种纸艺作品演绎古镇故事。

【案例】 博物馆中的金牌讲解员

"我最开心的是当上金牌讲解员！"鹏鹏是班里语言表达能力较好的幼儿，也是最先当上金牌讲解员的幼儿之一。博物馆中有很多吸引人的地方，幼儿喜欢的地点也不一样，教师带领幼儿来到博物馆，挑选出自己

图0-1-20 金牌讲解员

最喜爱的地点。接下来，将幼儿分为两组，一组幼儿为游客，一组幼儿为讲解员。

通过"博物馆中的金牌讲解员"可以看出，博物馆中"古纸文化""古纸故事""古纸制作"等主题的开展，让幼儿在对纸浆了解的基础上，进而感受家乡的美，激发其寻美、探究的兴趣，促进其想象力、表现力等能力的发展。

◎班级"十二坊"

结合班级实际情况，创设班级特色工坊，围绕传统工艺民俗文化深入实施，形成"一班一民俗特色"的工坊。在这里，幼儿可体验古法造纸、传承竹编技艺、体验捏面塑小人……幼儿选择各种类型的材料，巧用各种方式，玩转"手工艺"。

表 0-1-13　班级工作坊名称

| 班级 | 内容 | 工作坊名称 | 工作坊材料 |
|------|------|-----------|-----------|
| 小一班 | 玩线 | 好玩的线线 | 各种各样的线、硬纸板、不织布、KT 板 |
| 小二班 | 塑型 | 面粉大变身 | 面粉、胶水、颜料 |
| 小三班 | 玩色 | 色彩变变变 | 莫拉颜料、超轻黏土、泡沫球、纸盒、竹签 |
| 小四班 | 涂鸦 | 涂涂画画 | 纸浆、蛋托、超轻黏土、镊子、毛球 |
| 中一班 | 编织 | 趣织工坊 | 各种线、绳，编织机、织布机 |
| 中二班 | 黏土 | 黏土工坊 | 超轻黏土、软陶泥、竹签、纸盘、纸杯 |
| 中三班 | 印染 | 印染工坊 | KT 板、布、纸、海绵刷 |
| 中四班 | 纸板造型 | 纸板工坊 | 纸板、剪刀、纸浆、颜料、画笔 |
| 大一班 | 创意刺绣 | 刺绣工坊 | 绣针、布、绣棚、缝纫机、各色线 |
| 大二班 | 塑型 | 陶泥工坊 | 拉坯机、陶泥、挂板、刻刀工具、木槌 |
| 大三班 | 扎染 | 扎染工坊 | 白布、皮筋、各色染料、夹子 |
| 大四班 | 古法造纸 | 造纸工坊 | 纸浆、造纸框、色素 |

图 0-1-21　好玩的线线

图 0-1-22　面粉大变身

图 0-1-23　色彩变变变

图 0-1-24　涂涂画画

图 0-1-25　趣织工坊

图 0-1-26　黏土工坊

图 0-1-27 印染工坊

图 0-1-28 纸板工坊

图 0-1-29 刺绣工坊

图 0-1-30 陶泥工坊

图 0-1-31 扎染工坊

图 0-1-32 造纸工坊

【案例】捏面人

多多："老师，什么是捏面人？"

心心："老师，我知道捏面人，在步行街上我看到过捏面人。"

开开："捏面人长什么样子？"

大家有各种各样的问题，对捏面人充满了好奇。为了帮助孩子答疑解惑，我们把建德面塑传承人彭志鸿老师请到了幼儿园。彭老师现场通过捏、搓、揉、

图 0-1-33　制作面塑

掀等动作辅以小工具灵巧地点、切、刻，栩栩如生的人物、动物形象便从指尖上站立起来：可爱的羊羊、神通广大的大圣、威风凛凛的老虎……

孩子们学习后，先设计捏面人，再进行制作，个个都非常专注投入，嘴里还念叨着："古街民俗游戏节的时候我要开个捏面人的店铺，太好玩了。"

## 4. 生活浸润

生活即教育，让置身于古镇中的幼儿，在生活中感受古镇的魅力，学会生活的技能，生成保护古镇的愿望——是我们开展"古镇探学"实践体验课程的主要任务。幼儿园结合丰富的生活体验、多元的亲子体验以及营造浓郁氛围的节日体验，让幼儿感受浓浓的家乡情。体生活百态、传古镇文化、享仪式洗礼。

**生活浸润**

| 生活体验 | | 亲子体验 | | 节日体验 | | |
|---|---|---|---|---|---|---|
| 9 0 9 夜市 | 民间艺人 | 古镇保护 | 美食达人 | 亲子导游 | 民俗表演 | 新年长桌宴 | 『二月十』民俗赶集日 | 『六月六』传统纸艺节 |

图 0-1-34　"生活浸润"路径

（1）活动特点

生活浸润具有常态化、实践性两大特点。渗透在一日生活的各个环节，作为幼儿的常态化活动，幼儿在日复一日的生活、实践中发展着成长力。幼儿通过表演、作品展览、创意表达等方式表现自己的经验。

（2）活动设计

直接感知、实际操作和亲身体验是幼儿基本的学习方式，它们融合在幼儿园的一日生活实践之中。他们走进大自然、大社会，开展实地参观、考察、生活操作、劳动等实践活动。

◎生活体验

走进古镇，体悟古韵。孩子们走进寿昌古街909夜市、民间艺人坊，组成古镇保护小分队等，感受古镇的民俗、品味家乡的美食、传承传统的工艺，体验夜市的繁华与热闹，爱家乡，从了解家乡开始……

表0-1-14　"生活体验"活动安排

| 活动类型 | 活动内容 |
|---|---|
| 909夜市 | 逛夜市、尝美食，感受寿昌古镇飘散的淡淡人间烟火气。 |
| 民间艺人 | 寻访家乡的民间艺人，学习粗浅的技艺，传承工艺精神，体验地方文化。 |
| 古镇保护 | 孩子们走进古镇，通过垃圾分类、定期打扫、宣传海报等形式保护古镇。 |

◎**亲子体验**

亲子体验，传承文化。自主是一种成长，参与是一种快乐。为了让幼儿在亲身感受、实践体验、动手操作中，真正走出园门、走进家乡、体验民俗、探究人文，我们巧借家长资源，开展"美食达人、亲子导游、民俗表演"等亲子活动。

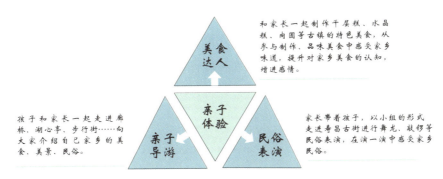

图 0-1-35　"亲子体验"活动解读

◎**节日体验**

节庆呈现，提升体验。在节庆活动中，幼儿现场呈现节庆内容。让幼儿在节日中挖掘特殊的教育价值，感受仪式感带来的特别意义及心灵的震撼，从而受潜移默化的浸润。

**新年长桌宴**：春节是中国四大传统节日之一，为了让孩子们更加深入地感受中华传统文化，幼儿园每年腊月都会组织一场隆重的全园幼儿参与的"话传统、聚长桌、传真情、迎新春"的长桌宴活动。借助节日的契机，老师和孩子们动手制作美食，体验分享。从准备、制作、布置到分享，让幼儿感受年味，感受传统。

图 0-1-36　长桌宴设计图

图 0-1-37　美味的年夜饭

## 六、课程评价

　　对幼儿园课程评价的目的不是为评价而评价，而是为了诊断和改进课程，促进课程参与者在原有基础上得到提高和发展。"古镇探学"实践体验课程的评价，伴随"古镇探学"实践体验课程的成长而不断发展。根据课程评价的诊断、导向、激励和发展等功能，了解"古镇探学"实践体验课程的建构价值和课程实施效果，对课程实施参与主体的发展进行评价，透过主体的发展来评价课程的适宜性和有效性。综合"古镇探学"实践体验课程的内容，我们从以下几方面对课程进行评价。

　　"古镇探学"实践体验课程的评价主要以幼儿、教师、家长为主体进行过程式评价。同时，结合课程开展的需要，幼儿园会在课程实施前进行前期审议，通过课程审议、主题研修、项目推进等形式，确定课程实施中的各类活动。课程实施后期，幼儿园进行后期展示性评价，审议课程实施的最后成效，体现"古镇探学"实践体验课程的价值。

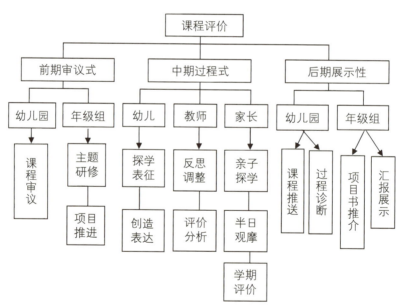

图 0-1-38　"古镇探学"实践体验课程评价体系

　　通过课程评价体系图的架构，明确评价的过程和实施途径以后，幼儿园还会根据评价主体对评价内容、评价形式、评价目标进行具体的分析和建构，充分体现课程评价的价值和意义。

表 0-1-15 "古镇探学"实践体验课程评价形式

| 评价主体 | 评价内容 | 责任者 | 评价目标 | 评价形式 |
|---|---|---|---|---|
| 幼儿园 | 园本课程 | 课程组 | 教师实施过程中需改进的地方，活动与课程的贴合度 | 跟班观察、教学评估、作品展 |
| | 主题探索 | 保教处 | 课程成效分析，删选内容纳入课程资源库 | 主题汇报 |
| | 项目活动 | 教科室 | 项目实施成效分析，孵化课程故事，收集成册 | 项目分享、微信推送 |
| 幼儿 | 幼儿表征 | 本班教师 | 对课程内容的理解，幼儿的发展程度 | 展示分析、资料袋收集 |
| | 创意表达 | 本班教师 | 对课程实施的表达表现，经验转化为实践的操作、表达等 | 过程记录，作品展示、汇报分享 |
| | 活动表现 | 本班教师 | 在课程实施中能力的发展、情感的体验 | 学习故事、轶事记录、个别化发展 |
| 教师 | 自我评价 | 班级教师 | 评价班级工作的有效性 | 活动反思 |
| | 年级组评价 | 年级组教师 | 评价课程实施的推进是否对幼儿有益 | 主题环境、游戏观察 |
| | 课程组评价 | 课程组 | 评价主题实施过程的合理性、项目活动的有效性 | 主题汇报、项目分享 |
| 家长 | 亲子探学 | 各班级 | 实际参与课程实施，了解整体课程，了解幼儿的发展 | 亲子探学记录表 |
| | 半日活动评价 | 后勤处 | 观察幼儿整体状态、游戏体验、欣赏幼儿作品 | 参与半日活动 |
| | 月评价 | | 幼儿阶段性变化 | 家园联系册 |
| | 学期评价 | | 幼儿园整体工作 | 整体工作评价表 |

## （一）基于"幼儿园推进成效"的课程评价

### 1. 课程内容实施评价

聚焦"园本课程、主题探索、项目活动"的深入实施推进，幼儿园课程组、保教处、教科室基于课程内容的实施成效进行课程评价。如：进班观察、开展教学评估、作品展，评价教师在课程实施过程中的活动与园本课程的贴合度；在主题探索中，以主题汇报的形式，对课程成效进行分析，将适宜的课程内容纳入课程资源库；通过项目分享、课程故事微信推送等评价方式，对项目实施成效进行分析，并孵化出幼儿园课程故事。

图 0-1-39　课程项目书

**【课程孵化】寿昌的桥**

在中班下"我的家乡"主题中，桥是孩子们熟悉的事物，它是美丽的。各种造型的桥带给……

　小龙人爱收藏

**课程孵化：家乡的亭子**

课程缘起家乡的亭子在《我的家乡》完整儿童课程主题活动中，教师让小朋友们在周末……

　小龙人爱收藏

图 0-1-40　部分课程故事链接

### 2. 主题推进诊断评价

在课程的实施推进中，幼儿园对主题推进进行诊断评价，在发现问题、分析问题、研究问题、解决问题的过程中，通过主题实施，评价其主题生成的价值性、主题实施的发展性、主题深化的丰富性、主题再生的梯度性，以此推动课程有效实施。

表 0-1-6　幼儿园课程实施（主题）观察评价表

| 课程名称 | 家乡廊桥 | 主题内容 | 家乡廊桥 | 班级 | 大三班 |
|---|---|---|---|---|---|
| 实施阶段 | 早期 | 记录时间 | 10 月 15 日 | 记录者 | 谢老师 |

| | 评价内容 | 综合评价 | 典型表现 |
|---|---|---|---|
| 主<br>题<br>实<br>施<br>过<br>程 | 主题生成的价值性 | ☑优秀□良好□一般 | 基于幼儿已有经验和兴趣点，具有生成价值。 |
| | 主题实施的发展性 | □优秀☑良好□一般 | 谈话、实践、游戏等主题实施内容，助推幼儿发展。 |
| | 主题深化的丰富性 | □优秀☑良好□一般 | 主题内容"一对一"实施，还可全面深化。 |
| | 主题再生的梯度性 | ☑优秀□良好□一般 | 主题的调整，可继续推进主题的实施。 |
| 观察<br>实录 | 针对"家乡廊桥"主题脉络，发现主题内容的制定是"一对一"实施，论桥→谈话活动，寻桥→亲子活动，游桥→实践活动，说桥→语言活动，画桥→游戏活动。一一对应，内容局限，不完整，不深入。 | | |

| | |
|---|---|
| 评价<br>与<br>思考 | 　　"家乡廊桥"主题脉络的行动轨迹定位内容较为片面，这对于主题实施的发展性而言，是有所欠缺的，幼儿在主题实施中，没有经验铺垫，比较盲目，不能发挥主题的价值与教育目标。<br>　　主题脉络的内容有五大领域，较为丰富，但是这都是基于教师视角下的主题，忽视了幼儿的兴趣，不利于主题的深化。<br>　　如"游桥"，仅仅只是"游一游"，没有深度的体验探索，在游桥的过程中，可以生成很多的课程内容，有的孩子会对"桥"的形状感兴趣，有的孩子会对"桥"的长度好奇，有的孩子会对"桥"的建造方式进行思考，等等。<br>　　"画桥"主题下的"游戏活动"，形式较为简单，不够丰富。教师视角下的主题定位，没有聚焦幼儿的兴趣点，这必然导致主题开展不够深入。 |
| 下一阶段<br>实施建议 | 　　建议一：基于幼儿的兴趣、经验，多角度深入设定主题内容，让主题的实施更具发展性、深入性。<br>　　建议二：将教师视角转变为幼儿视角，问一问孩子们关于"廊桥"想知道的事，感兴趣的活动，让孩子们充分参与其中。<br>　　建议三：调整主题内容，"游桥""画桥"内容较为表面，不能更好地发散幼儿探索思维，可以考虑进行主题调整，让主题生动起来。 |

## （二）基于"幼儿为主体"的课程评价

　　幼儿是"古镇探学"实践体验课程的核心主体，通过对幼儿发展的评价，了解"古镇探学"实践体验课程目标是否适宜，课程内容是否满足幼儿需求，实施路径是否能激发幼儿学习兴趣，实施效果是否能促进幼儿全面发展，等等。

### 1. 通过分析"幼儿表征"评价幼儿对课程内容的理解

　　幼儿的作品是幼儿基于真实体验的形象表征，是教师分析幼儿发展轨迹的重要依据。在"古镇探学"实践体验课程中，教师通过收集幼儿在探学活动中的各种表征作品、活动照片等，解读各类表征，评价幼儿对课程内容的理解。

【案例】

　　在园本主题"家乡廊桥"探学活动中，廊桥的历史，桥的形状特征，柱子有多宽，桥面有多长，桥的结构等，这些都是孩子们非常感兴趣的内容。于是，在探学中，孩子们的绘画作品记录了相关的学习内容。

图 0-1-41　家乡廊桥

以上呈现的表征作品是孩子们在探学中记录的对廊桥的认识。我们不难发现，孩子的表征作品中有测量的工具、测量的方法、桥的结构特征、桥的建造材料。在探学廊桥的过程中，孩子们能运用多种方式全面地了解廊桥，充分体现了孩子们对主题内容的理解。

幼儿的表征作品不论种类还是数量都很多，包括参与主题活动的实践操作记录、计划表、设计图、创作的过程等，都可以描述幼儿的发展状况，以及对主题内容的理解。我们可以看出，孩子们已将实地探学与操作实践深度融合，能够主动探究、同伴互助，感受探究、合作的乐趣。

通过分析幼儿的表征作品，教师可以评价幼儿对课程内容的理解程度。在评价的过程中，我们需要对幼儿的表征作品有一定的敏感度，收集能代表幼儿真实想法的表征作品，以此来评价幼儿对课程内容的认识。

图 0-1-42　造桥计划书

图 0-1-43　幼儿自制的寿昌廊桥

### 2. 通过观察"幼儿活动表现"评价幼儿在课程中的实践体验

"古镇探学"实践体验课程的观察评价，是教师制定一定的观察计划，在自然真实的情景下，对幼儿的学习、游戏活动进行有目的的过程性观察，记录幼儿的行为表现，教师以此分析评价幼儿在课程中的体验。

（1）学习故事记录评价

学习故事记录评价是一种形成性的评价，是教师在真实情境中应用叙事的方式进行的结构性观察和记录。通过持续性的画面观察和记录，教师对幼儿的学习进行分析与评价，捕捉幼儿的兴趣与需要，从而更好地设计、调整课程内容。

【案例】

在"古镇探学"实践体验课程实施过程中，"廊桥探秘"是孩子们非常喜爱的实践活动，它给予了孩子们充分的自主探究空间。活动中，教师通过学习故事的形式详细记录幼儿在探究廊桥活动中的行为表现，并进行行为分析，评价幼儿在课程中的体验。

表 0-1-17　幼儿园课程实施（学习故事）观察评价表

| 课程名称 | 家乡廊桥 | **班级** | 大三班 |
|---|---|---|---|
| 活动内容 | 廊桥探秘 | **在主题中所处阶段** | 中期 |
| 记录时间 | 10 月 22 日 | **记录者** | 叶老师 |

现场回顾记录：

  在初次测量廊桥的尝试中，余沛哲选择了早已准备好的卷尺进行测量。他早早来到了廊桥等待我们，他先整体看了看廊桥的样子，然后走进廊桥里面，四处望了望。实地测量廊桥比沛哲小朋友想象中的要难得多，虽然已经在班里用桌椅练习了如何使用卷尺，但是实际来到这么大的廊桥下，他不知道从哪里入手，最开始只是对着廊桥发呆。

  在老师的提示下，他开始进行局部的测量。先从测量两个柱子之间的距离开始，但他又不能很好地控制卷尺的方向，卷尺在测量中一次次"扭动"，因此，他不断地努力，还找来了同一组的小朋友合作测量。可是这位小朋友不知道该怎么配合沛哲。一开始两个人连卷尺都拉不长，刚展开的卷尺，因为同伴没有及时用手按住测量的起点而散落在地上。一次次尝试，一次次失败。沛哲看了看自己的卷尺，把它丢在一边，不量了。他在很多根柱子之间不停地寻找，找到了另一组用身体测量距离的小朋友之后，就加入了他们的测量。于是我问他："怎么没有用卷尺进行测量了？"他说："太难量了，比班里的桌子大好多，我不会量。"

幼儿行为分析:

　　大班幼儿喜欢有一定挑战性的材料，由于操作动作具有一定的难度，幼儿不能一下子就熟练掌握其动作要领，因此会碰到困难，而这时他们常常会自行降低难度，或跳过这个难度，不再尝试，而寻找一些相对于自己来说较容易操作的材料继续操作。如在这个案例中，余沛哲不大会使用卷尺测量柱子之间的实际距离，他就跳过自己测量的环节，而直接寻找别的测量组去加入并进行合作。

　　案例中的幼儿运用卷尺测量廊桥无果，后来采用"身体测量法"，探究生成"花式测量法"。幼儿用不同方式测量廊桥的探究过程，是经验学习，是发展的过程。通过学习故事评价分析，关注幼儿的行为表现，在探学中持续体验，可以引导幼儿持续、深入地探索学习，让幼儿的学习过程和学习价值看得见。

　　（2）轶事记录评价

　　轶事记录评价是一种观察记录式的评价，在幼儿探究学习和游戏的自然状态下，教师对幼儿自然表露的行为进行原始、真实的记录，以此了解幼儿在课程实施中的发展状况，为幼儿提供更适宜的帮助和指导。

　　"古镇探学"实践体验课程注重孩子们在实践体验中的行为表现，捕捉孩子体验中的行为细节进行轶事记录，并及时分析评价幼儿在课程中的体验。

　　【案例】

　　"古镇探学"实践体验课程的操作体验活动是孩子们最感兴趣的。活动中，孩子们有充分的自主探索空间。在初步感知廊桥以后，孩子们的"造桥"行动如火如荼地进行着。为了评价孩子们在"造桥日"的实践体验，教师进行轶事记录，用事件描述的形式记录下孩子们实践探索中的行为表现，并针对"专注力""参与度""情绪态度""同伴交往"几方面进行观察，分析孩子的能力发展和兴趣点，这对幼儿深度的探索操作起着促进作用。

"造桥日"观察记录表，如下：

表 0-1-18　"造桥日"观察记录表

| 特征导向 | 追踪幼儿姓名 | | | | 关键经验事例描述 | 反思调整 |
|---|---|---|---|---|---|---|
| | 千千 | 浩浩 | 晨晨 | 形形 | | |
| 注意力 | A | A | A | A | 关键经验：孩子们在实地参观廊桥以后，知道桥的结构形状，并能运用多种材料，不断探索造桥。<br>事例描述：幼："怎么利用找到的材料建造大桥呢？"师："你们小组先讨论怎么来造桥吧。"<br>孩子们在小组讨论、教师帮助下，一步一步梳理出造桥的步骤。 | 提供胶枪、美工刀、锤子、钉子等材料，便于幼儿的操作。在幼儿的造桥过程中，给予物质、环境、语言支持。幼儿无措时，适时地提示，引导幼儿深入探索。 |
| 参与度 | B | A | A | A | | |
| 情绪态度 | B | B | B | B | | |
| 同伴交往 | C | B | C | B | | |

"古镇探学"实践体验课程的实施，教师及时捕捉幼儿的学习，关注幼儿探学中的种种行为表现，并对其行为进行解读、分析，将评价反馈到幼儿实践体验学习中，以此支持幼儿深度学习。

### （3）微实录评价

"微实录"是教师按照幼儿在课程活动中的真实情况，把实际情况详细记录或录制下来。在"游戏畅玩""生活浸润"板块中，把幼儿在其中的活动体验表现以"微实录"的方式进行记录，以此来调整游戏内容和组织的策略。

【案例】 共同游戏微实录

观察教师：李老师

观察日期：4月11日10点至10点30分

观察点："二月十"游戏街的扎染店铺

幼儿：五人（用A、B、C、D、E指代）

一、事例描述

"二月十"游戏街自主游戏又开始了，今天幼A是扎染店铺的老板，店铺里只有老板可不行，于是幼A开始了扎染店铺的招工。幼B过来了："老板，我会扎染的，我可以加入你的店铺。"幼C："老板，扎染店铺需要卖东西吗？我会的。"幼D："我会给你们设计扎染的东西。"幼E："我也想加入扎染店铺"。于是扎染店铺开张了。幼A对

员工进行了分工，幼 C 当营业员，其他几名员工扎染物品进行买卖。店员们拿着染料、工具、纯白衣服、布料准备开始。可是刚一开始，大家就犯难了，染料是直接倒上去，还是需要调呢？幼 A 见状，发现自己的店员还不会扎染，于是加入游戏，指导店员。在老板的指导下，大家共同游戏，敲打布料、滴颜料、染布料、装饰，熟练掌握扎染技巧的老板进行衣服样式的扎染，店员们在游戏中，也初步掌握了一定的扎染技能。

二、学理分析

扎染店铺是幼儿自主选择游戏主题、游戏材料的活动，中班幼儿已有了合作游戏的经验，所以在案例中，我们发现五位幼儿能分工合作游戏。同时，游戏中的各个环节，其实对于中班的孩子而言，都有一定的难度，尤其是扎染环节，孩子们总是将颜料倒得满地都是，或者将颜料染得整件衣服东一块西一块，熟练掌握扎染技巧的幼儿并不多。所以，掌握方法的小朋友向别的小朋友分享经验做法。比如：少挤一点颜料，或者用滴管挤颜料。用上工具，将扎染的布料固定叠好再开始扎染。经过一次次尝试，孩子们的扎染能力进一步得到提升。

三、对策建议

"二月十"游戏街上的扎染店铺是孩子们非常感兴趣的店铺，染料的调制、样式的扎染，都充满着探究的乐趣。从孩子们纷纷想加入这个店铺来看，孩子们都乐于参与游戏。为了让每个孩子在游戏中获得成功的体验，我们可以为幼儿提供以下支持策略：

1. 在游戏中，鼓励幼儿尝试自主扎染，掌握扎染的步骤。

2. 学习别的小朋友的扎染技巧与方法。

3. 允许同伴间互相帮助，同伴间合作扎染。

图 0-1-44　扎染布

图 0-1-45　染布成功

### （三）基于"教师反思"的课程评价

教师，是幼儿园教育活动的重要主体与核心，是课程建设、课程实施、课程发展的关键所在。教师的发展与幼儿、课程的发展起着连带作用。因此，可以通过对教师的评价，来促进教师的成长，发挥教师的主体作用，提高课程实施实效。

**1. 班级教师自我评价**

班级教师自我评价是"古镇探学"实践体验课程评价教师发展的主要途径，也是促进教师自我专业成长的主要方式。自我评价主要是以班级为单位，班级教师每日活动反思，每周活动反思与调整，每月主题反思评价，以此评价班级工作的有效性。

**2. 年级组教师共同评价**

每个教师都有其优势和劣势，年级组教师间开展共同评价，能看到同伴的优点，更能看到自身的不足，起到取长补短、共同成长的作用，进一步促进课程的实施。教师通过"主题环境"对他人进行评价，透过主题环境，看到幼儿的发展。

表 0-1-19　幼儿园课程实施（主题环境）观察评价表

| 项目 | 评价内容 | 综合评价 |
|------|---------|---------|
| 墙面环境 | 全面性：环境创设中根据幼儿的年龄特点，结合课程的行动路径，全面地展现过程，对每一个有价值的活动进行创设，如问题墙、知识链接墙、互动墙、探索分析墙等。 | □优秀<br>□良好<br>☑一般 |
| | 参与性：体现幼儿的主动参与，运用表征、图示、照片等方式记录幼儿的活动痕迹，展现幼儿的学习经历。 | □优秀<br>☑良好<br>□一般 |
| | 主体性：凸显幼儿在环境中的主体地位，敢说、敢做，有地方展示自主表现的平台和空间。 | ☑优秀<br>□良好<br>□一般 |
| | 发展性：以行动路径的方式记录幼儿的探索发现，每位幼儿有对于主题理解的不同表达，使班级环境创设成为支持幼儿发展的支架。 | □优秀<br>☑良好<br>□一般 |
| 区域环境 | 探索性：区域活动是主题的延伸，游戏内容应与主题相结合；材料是幼儿对主题深入探索的基本需要，各区域都应提供相应的适合幼儿操作的材料。 | □优秀<br>☑良好<br>□一般 |
| | 互动性：有效利用各区域的墙面环境，充分记录每位幼儿的游戏过程，展现幼儿的游戏发展经验，有一定的互动性。 | □优秀<br>☑良好<br>□一般 |

续　表

| 项目 | 评价内容 | 综合评价 |
|------|---------|---------|
| 展示环境 | 个性化：多元化表现作品，对自己的创作有深层的理解与表达，包括作品墙、展示区等，有幼儿的记录。 | □优秀<br>☑良好<br>□一般 |
| 评价与建议 | 通过对"家乡廊桥"主题墙面的观察，发现存在以下问题：主题墙面不够全面，呈现形式单一，一个主题下只有一种呈现方式，如"寻桥"只有绘画写生，"探桥"只有记录表和照片，"造桥"只有游戏照片。这些都不利于孩子的表现创造。此外，主题墙面以教师为主导，不能发挥幼儿与墙面的互动性。幼儿缺少主动性。<br>建议：多元表征呈现，促使幼儿深度思考。加强幼儿与墙面的互动。 | |

### （四）基于"家长体验"的课程评价

家长是幼儿园课程的参与者、支持者、合作者和评价者。家长对幼儿园课程评价视角是多元化、多渠道的。所以在"古镇探学"实践体验课程中，家长对课程的评价方式主要为"亲子探学活动、半日活动观摩、幼儿阶段性变化以及幼儿园整体工作"，在各类体验中评价幼儿园课程。

**1. 亲子探学活动评价**

"古镇探学"实践体验课程，注重的是实践与体验，在逛游古镇的过程中，亲子探学，感知古镇风貌和人文历史等，家长从亲身感受中看课程，在实际参与课程实施中，了解课程、了解幼儿发展。

**2. 半日活动观摩评价**

家长通过参与半日活动观摩，观察幼儿在园的整体状态，如幼儿游戏体验、幼儿创意作品、幼儿课堂参与等方面，了解课程理念在半日活动中的渗透，以及课程实施是否有利于幼儿的成长。

**3. 幼儿阶段性变化评价**

家长通过幼儿阶段性的成长变化以及成长过程中的经验发展对比来评价课程。在"古镇探学"实践体验课程的实施中，我们与家长建立"家园联系册"，记录幼儿在课程活动中的痕迹与成长，以便家长通过幼儿的阶段性变化来评价课程。

**4. 幼儿园整体工作评价**

"古镇探学"实践体验课程注重通过各种亲子探学活动及家长进园活动，向家长宣传幼儿园课程的理念、目标、内容、途径，使家长了解幼儿园课程的专业知识，了解评价课程的专业途径，引导家长运用专业的视角来看待幼儿的发展和评价幼儿园课程。

# 主题 1

## ——逛逛古街

幼儿在参观、游览、探寻的过程中重识、了解家乡。小班通过"游"家乡，深入了解寿昌的独特之处；中班依托古镇的亭子，建构起对各类小型建筑的认知；大班基于家乡廊桥展开探索，利用身边的材料自行设计、建造廊桥……幼儿真正走进家乡，从感受走向探究，再到深入实践，萌发热爱家乡、保护家乡的情感。

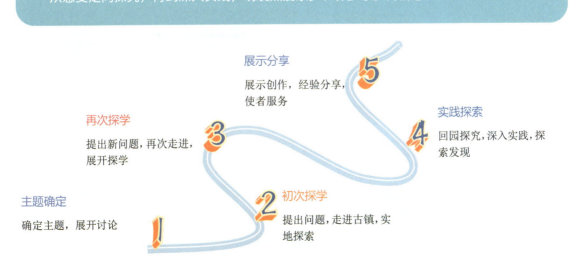

**展示分享**
展示创作，经验分享，使者服务

**5**

**再次探学**
提出新问题，再次走进，展开探学

**3**

**实践探索**
回园探究，深入实践，探索发现

**4**

**主题确定**
确定主题，展开讨论

**1**

**初次探学**
提出问题，走进古镇，实地探索

**2**

逛逛古街主题：
# 游家乡

建议年龄段：小班
建议时长：2 周

## 主题说明

　　家乡，无论是风土人情还是乡音乡味，都会令人从心底荡漾出来暖意。

　　小班幼儿正处于具体形象思维阶段，活动更适合以幼儿动手实践、亲身体验的方式开展。"游家乡"这一主题就建立在与幼儿密切相关的事物上，便于幼儿更深刻地了解家乡，感受家乡的文化韵味。幼儿在游历家乡的旅程中，欣赏家乡的美景，了解家乡的特产，品尝家乡的小吃，聆听家乡的童谣，述说家乡的方言……萌发热爱家乡的情感，初步建立归属感，从而养成一颗懂得感恩的心。

## 主题内核

　　初步了解自己的家乡，感受家乡生活的美好，对家乡产生归属感，萌发对家乡的热爱之情。

↓

## 主题目标

　　1. 知道自己家乡的名字，初步了解寿昌的美景、美食等，乐于与同伴交流分享，对家乡产生归属感。

　　2. 多途径感知家乡的美好，走进家乡的名胜古迹——古街，乐于用多种感官感知家乡，萌发自豪感。

　　3. 尝试用绘画、搭建、演说等多种方式表达对家乡的热爱之情。

# 一、主题分析

## （一）幼儿学情分析

### 原有经验点

1. 大部分幼儿是土生土长的寿昌人，对家乡有初步的认识，知道自己是寿昌人。

2. 观赏过家乡古街的舞龙表演、竹编织等民俗活动。

3. 喜欢家乡的美食。

### 兴趣关注点

1. 寿昌古镇有哪些好看的、好吃的、好玩的？

2. 喜欢家乡的古街，美食有水晶糕、油煎粿、玉米粿，很想去看一看、尝一尝。

3. 对家乡的方言、南门广场、水街等感兴趣，有进一步探究的欲望。

### 成长需求点

1. 学习与同伴交流家乡好看的、好吃的、好玩的。

2. 学习用绘画、搭建、演说等方式记录家乡的美好。

3. 玩转家乡好吃的、好看的、好玩的，感受家乡的文化，对家乡建立归属感。

### 教材共性资源

1. 图片资源：寿昌的美食、景点等。

2. 音乐资源：《最美寿昌》。

3. 视频资源：各类宣传片。

4. 幼儿用书资源：绘本《儿时的游戏》，故事《我的家乡真美丽》。

### 园本个性资源

1. 周边资源：寿昌古镇文化保留完整，有竹编、舞龙等特色民俗活动。

2. 家长资源：大部分家长是土生土长的寿昌人，对寿昌的文化有一定了解。

3. 特色活动："二月十"室外自主性游戏——小龙人嘻嘻城。

## 二、主题流程图

### （一）主题行进路径

表1-1-1 "游家乡"主题行进路径

| 脉络 | 走进家乡 | | | | | 玩转寿昌 | | | | | | | 我爱寿昌 | | |
|---|---|---|---|---|---|---|---|---|---|---|---|---|---|---|---|
| 序号 | 活动1 | 活动2 | 活动3 | 活动4 | 活动5 | 活动6 | 活动7 | 活动8 | 活动9 | 活动10 | 活动11 | 活动12 | 活动13 | 活动14 | 活动15 |
| 活动内容 | 我的家乡 | 打卡寿昌 | 我的游学故事 | 外婆家在老街 | 我心中的寿昌 | 好看的寿昌 | 好吃的寿昌 | 好玩的寿昌 | 好听的寿昌话 | 宝贝蹲 | 翻翻乐 | 家乡旅行记 | 寿昌我来建 | 环保小卫士 | 小小代言人 |
| 实施路径 | 谈话活动 | 实践活动 | 语言活动 | 语言活动 | 艺术活动 | 社会活动 | 社会活动 | 社会活动 | 社会活动 | 日常活动 | 社会活动 | 健康活动 | 实践活动 | 社会活动 | 实践活动 |

### （二）关键经验分析

图1-1-1 "游家乡"关键经验分析

## 三、家园共育

### 致家长的一封信

亲爱的家长朋友：

您好！

每个人都对家乡有着浓厚的情感，热爱家乡是一种美德。对于小班的孩子来说，家乡的意识正在逐渐形成。趁着这个机会，我们准备开展"游家乡"这一主题活动。

在这个主题活动中，孩子们将进一步了解自己的家乡，感受家乡的文化韵味，了解家乡的特产和名胜古迹，萌发对家乡的喜爱之情。为更好地丰富孩子对于家乡美的感受，希望您能配合我们，做好以下工作：

1. 有计划地带孩子参观家乡，讲讲家乡的变化，帮助孩子进一步了解乡。

2. 有意识地带孩子打卡寿昌美景，和孩子交流分享经验，了解最美寿昌。

3. 利用双休日，带孩子进行郊游活动或短途旅行一次，逛逛家乡的特色建筑，聊聊家乡的名人，向孩子介绍本地民间传说、土特产，了解家乡的风貌。

4. 和孩子一起收集家乡的风景照片，让孩子带到幼儿园里分享。

5. 在家中，用方言给孩子念诵一些儿歌或俗语，增强孩子对家乡的认同感。

6. 出门时帮助孩子指认家附近的标志建筑，不同角度帮孩子记回家的路。

让我们和孩子一起走进美丽寿昌，开启一场甜蜜的家乡之旅。

## 四、区域设置

### （一）语言区

1. 投放绘本《家乡的味道》《故乡那些年》《我们的节日》《"非遗"大揭秘》《儿时的游戏》等，鼓励幼儿讲一讲家乡的故事。

2. 将《寿昌的宝贝》儿歌图谱投放到区域中，供幼儿进行自主表演。

3. 收集寿昌新、旧风貌的图片，让幼儿感知寿昌日新月异的变化，与同伴交流分享自己的感受，萌生爱家乡的情感。

图 1-1-2　介绍家乡的味道

图 1-1-3　幼儿交流游学故事册

### （二）数学区

1. 分类：投放幼儿前期调查表《寿昌，我想知道》，幼儿根据已有经验，尝试进行分类。

2. 点数配对：提供若干糕点模型、数字及点数卡片，幼儿进行点数配对。

3. 情境游戏：投放寿昌的微景观图片，幼儿尝试在图上寻找家乡的位置、幼儿园的位置。

4. 排序：通过观察、初步感知和发现寿昌糕点的 ABAB 模式规律，愿意和同伴分享寿昌糕点的排序规律。

图 1-1-4　特产美食 AB 排序游戏

图 1-1-5　寿昌糕点分类

### （三）体验区

1.买卖游戏：在体验区投放各种寿昌美食、工艺品供幼儿进行买卖游戏。

2.小厨房：提供纸浆、橡皮泥、彩纸等材料，供幼儿制作寿昌美食。

图 1-1-6　制作团结糕

图 1-1-7　制作寿昌美食

### （四）建构区

1.投放寿昌建筑物的照片、视频，提供雪花片、小木片、纸杯、纸片等供幼儿搭建家乡寿昌。

2.提供搭建的方法，增加搭建难度。

图 1-1-8　木片建构家乡的房子

图 1-1-9　纸杯建构家乡的房子

### （五）玩色工坊

1. 糖葫芦：投放各色彩泥、纸浆、一次性筷子等，供幼儿制作糖葫芦。

2. 蛋糕：投放各色颜料、纸筒、彩泥等，幼儿自主选择材料制作"蛋糕"。

3. 画家乡：投放各色水粉颜料、泡沫球、各色黏土、一次性手套、蛋托等，供幼儿制作家乡创意画。

图 1-1-10　制作蛋糕

图 1-1-11　绘彩色家乡

### （六）小超市

1. 提供各色黏土、纸丝、毛绒、扭扭棒等供幼儿制作寿昌美食。

2. 依据幼儿点单，"店员"呈现相应的美食，幼儿自主进行分类。

图 1-1-12　买卖特色糕点

图 1-1-13　逛超市买特产

## （七）娃娃家

1.提供娃娃，各种饰品、小衣服等，幼儿利用各种材料打扮娃娃。

2.将体验区制作的各种寿昌美食以外卖的形式送到娃娃家，娃娃家的小朋友进行角色扮演。

图 1-1-14　扮演爸爸妈妈吃寿昌炒粉干

图 1-1-15　给宝宝表演特色舞龙

## 五、主题推进思路

表 1-1-2　"游家乡"主题展开思路

| 主题展开思路 | 活动名称 | 核心经验 | 基地体验 | 主题探索 | 游戏畅玩 | 生活浸润 |
|---|---|---|---|---|---|---|
| 走进家乡 | 我的家乡 | 知道自己的家乡是寿昌，了解家乡的美食、美景和民俗活动等。 | | ✓ | | ✓ |
| | 打卡寿昌 | 成立打卡小分队，实地发现、探究家乡的美食、美景与文化。 | ✓ | | | ✓ |
| | 我的游学故事 | 能用照片、动作等辅助自己谈论寿昌游学经历，愿意在集体面前大胆表达对寿昌的印象。 | ✓ | ✓ | | |
| | 外婆家在老街 | 借助绘本，唤醒记忆碎片，进一步激发对寿昌古街的热爱之情。 | | ✓ | | ✓ |
| | 我心中的寿昌 | 喜欢参加绘画活动，能用自己喜欢的方式描绘家乡。 | | ✓ | ✓ | |

| 主题展开思路 | 活动名称 | 核心经验 | 基地体验 | 主题探索 | 游戏畅玩 | 生活浸润 |
|---|---|---|---|---|---|---|
| 玩转寿昌 | 好看的寿昌 | 进一步了解寿昌古镇风景名胜，在欣赏、寻找、讨论中发现和感受家乡的美丽。 | | √ | | √ |
| | 好吃的寿昌 | 知道寿昌特色美食，在看一看、说一说、尝一尝中了解美食特点、味道、文化。 | | √ | | √ |
| | 好玩的寿昌 | 看一看、说一说好玩的地方，知道家乡有名的游玩地，了解其独特之处。 | | √ | | √ |
| | 好听的寿昌话 | 在听听、说说中了解寿昌话，学说寿昌方言，感受寿昌话的魅力。 | | √ | | √ |
| | 宝贝蹲 | 在游戏体验中进一步了解寿昌美食、美景、民俗，发展语言表达能力。 | | √ | √ | √ |
| | 翻翻乐 | 在观察、比较中寻找相同的景物图片，进一步了解寿昌的特色。 | | √ | √ | |
| | 家乡旅行记 | 掌握双膝着地爬行动作，训练身体的平衡感，在游戏中进一步了解家乡特色美景。 | | √ | √ | |
| 我爱寿昌 | 寿昌我来建 | 自主选择材料，尝试搭建家乡寿昌，锻炼手眼协调能力和动手操作能力。 | | √ | √ | |
| | 环保小卫士 | 具备爱护环境、保持环境整洁的意识，争做寿昌环保小卫士。 | √ | | | √ |
| | 小小代言人 | 能大胆宣传家乡，为家乡的文化底蕴代言，萌发作为家乡小主人的自豪感。 | √ | | | √ |

## 六、活动内容

### 活动推荐 1　谈话活动——我的家乡

**活动目标**

1. 知道自己的家乡是寿昌，了解家乡的美食、美景和民俗活动等。

2. 愿意与同伴、教师分享经验，说说我知道的寿昌，萌发爱家乡的情感。

## 活动准备

经验准备：对寿昌的美食、美景、民俗有初步的了解。

物质准备：与寿昌美食、美景、民俗相关的视频、图片。

## 活动过程

### 一、我的家乡是寿昌

1. 我们的家乡在哪里？

师：小朋友们，你知道我们的家乡叫什么名字吗？（寿昌）

2. 出示地图，引起兴趣。

师：瞧，这是寿昌地图，看一看，你们觉得寿昌像什么？

### 二、我知道的寿昌特色

1. 欣赏 PPT，了解寿昌美景。

师：寿昌是一个风景优美的地方，瞧，这是哪里？你知道它们的名字吗？（廊桥、西湖、步行街、航空小镇、江心岛等）

小结：寿昌的美景可真多，它们有着不同的吸引力。西湖水街仙气飘飘，湖心亭立在中间十分独特，螺蛳山很美，站在山顶可以俯瞰整个寿昌……

2. 了解寿昌特色美食。

师：你们知道寿昌除了美丽的风景，还有哪些好吃的美食吗？（根据幼儿回答，出示相应图片）

小结：你们提到的豆腐包、水晶糕、鸡蛋糕、炒粉干可都是寿昌地道的特色美食，听着都让人流口水。

3. 欣赏图片，了解寿昌特色民俗。

师：寿昌的民俗活动可丰富了，瞧，这是什么？你看过舞龙、赶过集市吗？说说你的发现。

小结：寿昌"二月十"是火了百年的寿昌专属节日，也是寿昌最热闹的节日，它吸引着各地的村民上街赶集，常态化表演"双龙献瑞"，祈求寿昌风调雨顺。

图 1-1-16　说说我的家乡

图 1-1-17　寿昌廊桥

## 活动推荐 2　实践活动——打卡寿昌

### 活动目标

1. 参观寿昌古街，通过打卡寿昌，近距离感受、了解家乡的美景、美食、民俗。

2. 能用多种方式表达对家乡的感受与认知，萌发热爱家乡的情感。

### 活动准备

记录表、笔、相机、背包、水壶、帽子、零钱等。

### 活动过程

1. 幼儿讨论游学话题，绘制打卡计划。

2. 教师梳理幼儿的兴趣、问题，制定游学记录表。

3. 幼儿带上记录表，走进家乡寻找寿昌美景（廊桥、步行街、卡通五龙等）、美食（千层糕、肉圆等）、民俗（面塑、竹篾编织等）并打卡拍照。

4. 邀请寿昌古镇达人介绍家乡的民俗、美景、美食。

5. 鼓励幼儿讲述自己的体验与发现。

6. 通过师幼、同伴、亲子讨论，完成记录表《童眼看寿昌》。

图 1-1-18　童眼看寿昌

图 1-1-19　打卡寿昌

## 活动推荐 3　语言活动——我的游学故事

### 活动目标

1. 愿意在集体面前大胆表达对寿昌的印象。

2. 通过寿昌游学话题的交流，进一步了解家乡，萌发亲近家乡、喜爱家乡的情感。

### 活动准备

经验准备：打卡寿昌，完成记录表。

物质准备：游学照片、《童眼看寿昌》记录表、寿昌特色图、视频。

### 活动过程

**一、谈话引出话题**

1. 欣赏游学照片，引发回忆。

2. 提问：你们都打卡了寿昌哪些地方？和身边的小伙伴说一说。

**二、游学中的"快乐事儿"**

1. 借助《童眼看寿昌》记录表，围绕"我的打卡故事"展开交流。

师：你发现寿昌有什么好吃的、好看的、好玩的？

小结：小朋友们的小眼睛都很亮，都找到了家乡好看的景点、好吃的美食、好玩的地方，还能具体说出它们的特点。

2. 教师根据幼儿的回答，出示寿昌相关的美景、美食、民俗活动照片视频，帮助幼儿回忆，链接经验。

师：谈一谈你最喜欢寿昌的什么，为什么？

小结：寿昌是一座千年古镇，景色秀美，有步行街、廊桥、亭子、西湖水街等特色景点，有豆腐包、麻糍、千层糕等特色美食，还有舞龙、天罡拳特色民俗表演，文化丰富。

### 三、活动延伸

寿昌，我想对你说……

活动结束后引导幼儿去语言区表述自己想对寿昌说的话。

图 1-1-20　分享游学故事　　　　　　图 1-1-21　介绍打卡点

## 活动推荐 4　社会活动——好看的寿昌

### 活动目标

1. 看看、听听、说说寿昌美景，进一步了解寿昌古镇风貌。

2. 在欣赏、寻找、讨论中发现和感受家乡的美丽，萌发对家乡的热爱。

## 活动准备

每位幼儿带一张家乡的风景图；音乐《我在千年寿昌等着你》；有关家乡风景的视频、图片等。

## 活动过程

### 一、音乐导入，激发兴趣

欣赏歌曲《我在千年寿昌等着你》。

### 二、寿昌多么美

**（一）欣赏美景，感受家乡美**

1. 借助图片，幼儿介绍家乡美景。

师：前期，我们打卡寿昌，说游学故事，对家乡都有了一定的了解，接下来请小朋友带着你们的风景图和大家一起分享吧。

2. 出示寿昌美景图片，引导幼儿欣赏与讨论。

师：这是哪里？你知道它的名字吗？

师：你觉得寿昌美吗？哪里美？说说你的理由。

师：你最喜欢寿昌哪处美景？进行投票统计吧。

小结：我们的家乡千年古镇寿昌是一个非常美丽的地方，有风景优美、溪水清澈的江心岛，白墙黑瓦、古色古香的老街，灯火通明、热闹非凡的 909 夜宵摊，亭子屹立、仙气飘飘的西湖水街……

3. 欣赏寿昌四季美景。

师：这是什么季节？你觉得春天、夏天、秋天、冬天的寿昌分别美在哪里？

**（二）自由交流，分享家乡美**

幼儿自由结伴观察寿昌美景图片，相互交流、分享。

**（三）趣味游戏，玩转家乡美**

1. 游戏——家乡真美丽，巩固幼儿对家乡美景的了解。

2. 游戏玩法：音乐声响起，滚动播放寿昌美景图片。当音乐停止时，图片停止，幼儿根据图片内容，说出家乡的美景名称。

小结：我们的家乡美丽富饶，不但有许多漂亮的风景，还有很多好听的故事和传说。

我们要爱护自己的家乡，好好学本领，长大了建设我们的家乡。

图1-1-22 幼儿介绍江心岛

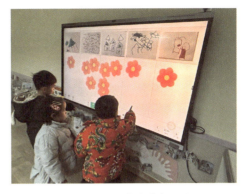

图1-1-23 最美景色投票

## 活动推荐 5 社会活动——好吃的寿昌

### 活动目标

1. 初步了解寿昌特色美食制作过程，在看一看、说一说、尝一尝中了解美食特点、味道、文化。

2. 喜欢寿昌特色美食，萌发对家乡的热爱之情。

### 活动准备

经验准备：知道或吃过寿昌的美食。

物质准备：家乡美食的实物、美食投票、笔、《舌尖上的寿昌》记录表等。

### 活动过程

**一、话美食**

谈话导入，说说你知道的寿昌美食。

师：寿昌古镇有很多特色美食，你知道有哪些吗？请和小伙伴们说一说。

**二、识美食**

1. 出示寿昌美食实物，引导幼儿讨论。

师：你知道这是什么美食吗？你吃过吗？味道怎么样？

2. 观看美食制作视频，了解美食制作过程。

师：你知道这些美食是怎么制作而成的吗？让我们一起跟着镜头来看一看吧。

3. 听一听美食背后的故事，进一步了解美食文化。

师：寿昌这些特色美食背后有什么故事传说呢？我们一起来听一听。

4. 品尝美食，引导幼儿用简单的语言表述美食的味道。

小结：寿昌古镇有许多的特色美食，香喷喷的炒粉干、鲜香滑嫩的豆腐包、Q弹爽口的水晶糕、软软弹弹的鸡蛋糕、甜甜蜜蜜的京枣，真是太美味了。

5. 说一说，画一画，我最喜欢的美食。

师：哪种美食是你最喜欢的呢？为什么？

### 三、探美食

1. 亲子探寻美食。

2. 实地观察美食是如何做的。

师：在确保安全的前提下，我们可以近距离观察爸爸妈妈是如何制作美食的，可以画下来，也可以用视频的方式记录下来。

表1-1-3　舌尖上的寿昌

寿昌古镇有各种特色美食，请你将看到的、吃过的美食用绘画或照片的形式记录下来，家长在一旁用文字进行解释。

| 我看到的美食有哪些 | 美食是如何制作出来的 | 美食是什么味道的 | 你最喜欢哪一种美食 |
| --- | --- | --- | --- |
|  |  |  |  |

图1-1-24　老街美食

图1-1-25　画老街美食

图1-1-26　品尝美食

## 活动推荐 6　社会活动——好玩的寿昌

### 活动目标

1. 看一看、说一说寿昌好玩的地方，知晓家乡有名的游玩地，了解其独特之处。
2. 尝试扮演小导游，介绍寿昌好玩的地方，体验作为寿昌人的自豪感。

### 活动准备

经验准备：了解家乡好玩的地方。

物质准备：寿昌游玩景点的图片、视频。

### 活动过程

**一、角色游戏导入，引发兴趣**

师：我有一位外地的朋友，他听说寿昌是个非常好玩的地方，也想来游玩，特地委托我们班的小朋友来当小导游，你们愿意吗？你们有没有信心当好寿昌小导游？

1. 借助游玩照片，引导幼儿介绍寿昌好玩的地方。

师：小朋友们都带上了游玩寿昌的照片，接下来请小朋友们介绍可以去哪里玩，有什么好玩的地方。

2. 结合家乡好玩的地方的照片，引发幼儿讨论。

师：说说你都认识图片中的哪些地方。你去过那里吗？那里有什么好玩的？

小结：原来寿昌有这么多好玩的地方，寿昌古街有竹编工艺、舞龙等民俗活动，卧龙胜境有漂流，桂花村有田园卡丁车，江心岛可以玩水烧烤……真的是太吸引人了。

**二、小导游来了**

1. 观看小导游视频，带领幼儿初步了解如何当导游。

师：我们已经了解了寿昌这么多好玩的地方，那怎么才能当好小导游，介绍寿昌呢？我们一起来看看小导游视频。

小结：小导游要向客人介绍好玩的地方的名称，好玩在哪里，让客人对寿昌好玩的地方更加了解，吸引他们去游玩。

2. 幼儿扮演小导游，进行游戏。

游戏玩法：请一名幼儿扮演小导游，其他幼儿扮演游客，小导游结合图片向游客具体介绍这个好玩的地方。

### 三、活动延伸

小导游带领爸爸妈妈感受家乡的美景。

图 1-1-27　江心岛游玩

图 1-1-28　介绍寿昌好玩的地方

## 活动推荐 7　社会活动——环保小卫士

### 活动目标

1. 知道乱扔垃圾会污染环境，初步尝试垃圾分类。
2. 通过实践增强环保意识，愿意用实际行动保护家乡寿昌的环境。

### 活动准备

经验准备：有初步进行垃圾分类的意识。

物质准备：寿昌脏乱和洁净的环境照片、旧报纸、饮料瓶、废纸盒、废电池、果皮、枯树叶、菜叶等。

### 活动过程

#### 一、寿昌是我家

1. 出示几处寿昌乱扔垃圾的场景照片和寿昌整洁的环境照片，引导幼儿观察。

师：这是哪里？你看到这样的照片，心里有什么感受？

小结：寿昌是我们的家园，我们要保护家园，做一名环保小卫士。

2. 讨论：怎么保护我们的家乡寿昌呢？

## 二、"垃圾宝宝"分类

1. 认识垃圾箱的标志。

小结：垃圾一般可以分为：易腐垃圾、有害垃圾、可回收垃圾、其他垃圾。

2. 出示各类垃圾图片，师幼共同进行讨论并进行垃圾分类的操作。

3. 垃圾分类游戏。

师：现在我们来玩一个好玩的游戏——送垃圾回"家"，这里有四个垃圾桶，请大家将这些垃圾分别放到它们自己的"家"里。

## 三、环保小分队

走进家乡寿昌古镇，探索周围环境，组建环保小分队，收拾寿昌街道上的垃圾并进行垃圾分类。

## 四、小小环保志愿者

1. 创作保护家乡的宣传海报。

师：寿昌环境需要大家共同来爱护，让我们制作一幅爱护家乡的宣传海报吧。

2. 分发宣传海报，进行守护家园环境宣传。

师：我们做一名小小志愿者，到古镇古街上向居民分发自己绘画的保护家乡的宣传海报吧，告诉大家不能乱扔垃圾，以及正确的垃圾分类，让我们共同保护美丽的家乡——寿昌。

图 1-1-29　环保小分队

图 1-1-30　分发宣传海报

## 活动推荐 8　实践活动——小小代言人

### 活动目标

1. 进一步了解家乡特色，感受家乡的美好，表达对家乡的热爱之情。
2. 了解什么是家乡代言人，能大胆宣传家乡，萌发作为家乡小主人的自豪感。

### 活动准备

经验准备：了解家乡的特色美景、美食、民俗等。

物质准备：寿昌宣传视频，家乡代言人的视频、代言证、调查表。

### 活动过程

1. 观看家乡寿昌的宣传视频，引出话题。

2. 引出家乡代言人，激发兴趣。

师：作为寿昌人，我们要争当小小代言人，宣传寿昌，让大家都了解寿昌，喜欢寿昌。

3. 观看家乡代言人的相关视频，了解家乡代言人。

小结：家乡代言人的主要职责是向大家介绍、宣传家乡特色，让更多的人了解家乡，喜欢家乡。

4. 抛出问题，引发幼儿对于家乡代言人进行讨论。

师：如果你是小小代言人，你想宣传寿昌哪方面，怎么进行代言呢？

5. 幼儿自主报名，评选代言人，给评选出的小小代言人颁发代言证。

6. 小小代言人进行代言实践，亲子合作拍摄为家乡寿昌代言的小视频。

图 1-1-31　小小代言人

表 1-1-4　"我是寿昌代言人"记录表

| 姓名 | | 代言主题 | | 时间 | |
|---|---|---|---|---|---|
| 我代言的是 | | 美食　美景　民俗 | | | |
| 代言内容 | | | | | |
| | | | | | |
| 活动剪影（请再录制一个小视频来介绍你的代言） | | | | | |
| | | | | | |

## 七、课程评价案例

### 沙池里的"寿昌江"

**活动缘起**

随着"游家乡"主题活动的深入进行，幼儿对家乡环境产生了浓厚的兴趣，其中讨论最为热烈的话题便是寿昌江。在一次沙池游戏中，孩子们偶然发现沙池中的纹路宛如一条蜿蜒曲折的小河，这激发了他们无穷的想象力。他们灵机一动，决定在沙池里挖掘一条属于自己的"寿昌江"。为了满足孩子们的兴趣和热情，我们一同踏上了这段充满创意与乐趣的挖"江"之旅。

**活动推进**

**初玩游戏：创意发起，止于中途**

户外游戏时间，孩子们换好雨鞋、拿好装备，兴致勃勃地在沙池中沿着表面纹路开始挖掘"寿昌江"。挖了一会儿，孩子们抱怨的声音此起彼伏：

小米：老师，科科把我挖的江都踩掉了。

拉拉：老师，我不想挖了，手挖痛了，好累呀。

豆豆：老师，好脏呀，我不想完了。

越来越多的孩子放弃挖"寿昌江"的游戏，有的选择了其他沙池游戏……回到教室，我们开始复盘，了解问题出在哪里。

表 1-1-5　游戏中的问题与解决办法

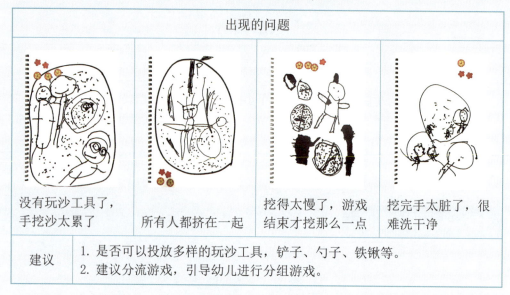

| 出现的问题 | | | |
| --- | --- | --- | --- |
| 没有玩沙工具了，手挖沙太累了 | 所有人都挤在一起 | 挖得太慢了，游戏结束才挖那么一点 | 挖完手太脏了，很难洗干净 |
| 建议 | 1. 是否可以投放多样的玩沙工具，铲子、勺子、铁锹等。<br>2. 建议分流游戏，引导幼儿进行分组游戏。 | | |

**分析**：挖掘"寿昌江"的游戏源于孩子们的日常生活经验，基于主题的推进，他们有自己的创新思考。虽然游戏最终没有完成，但我们不难发现，游戏中孩子基于自己的判断提出了干扰游戏的因素，然后中断了游戏。在复盘游戏的过程中，他们从失败中吸取经验，学会反思自己的行为，再结合自己的游戏经验、生活经验，提出解决问题的建议。

**再玩游戏：分工合作，有序推进**

总结失败经验后，孩子们分为三组进行游戏，前锋队负责在前面引路，施工队负责沿着前锋队引好的路挖沙，后勤队负责运走施工队挖出来的沙。孩子们玩游戏的效率大大提高了。

前锋队："寿昌江"是一条长长的河流，要有很多分出去的小河。

施工队：我们挖了那么长的"寿昌江"，江里的水怎么"消失"了？水总是接不到"寿昌江"，浪费了很多水。

后勤队：挖出的沙子，可以用来做饭；我要用沙子做一个超级大的"火山爆发"……

图 1-1-32　先锋队引路

图 1-1-33　施工队挖"寿昌江"

　　**分析：**游戏中，我们发现孩子们能联系生活，将自己对"寿昌江"的认知转化为推进游戏的内容，同时也能加深同伴对"寿昌江"整体形态的认知，知道了"寿昌江"并不只是一条长长的河流，它是有分支的。在尝试给"寿昌江"引水的过程中，发现"水消失了""水引不过去"等问题，这也推动了幼儿下一步的探索。

　　**回应与支持：**游戏分享时，我们组织幼儿进行作品的展示与分享，并将幼儿搭建的作品与寿昌美景进行对比呈现，在进一步观察、分析、比较的过程中，幼儿更加深入地了解了寿昌古街、亭子、廊桥等建筑物和环境的特点。

　　**深玩游戏：实验推进，探索突破**

　　**实验 1："消失的水"回来了**

　　基于"水消失了"的问题，孩子们展开了激烈的讨论，有的说沙子里的小动物把水吸走了，有的说是太阳太大了，有的说是沙子把水吸干了。针对这一系列猜测，我们进行了"干沙和湿沙"的探索实验。通过实验的对比，孩子们发现沙子有一定的吸水性，当沙子"喝饱"水之后，就不会再"吸"水了。

图 1-1-34　沙子吸水实验

图 1-1-35　湿沙塑型实验

图 1-1-36　干沙塑型实验

结论：消失的水与沙子本身有关。因为沙子的形状不一，所以沙子与沙子之间存在很多"小洞洞"，而水一倒进去就会流进沙子之间的"小洞洞"里，这样水就会被沙子"吸"走。

分析：经过系列实验，孩子们深入感知了沙子的吸水性。在一次次游戏与实践中，他们逐渐明白了干沙与湿沙之间的显著区别：干沙松散，难以凝聚成型；而湿沙则因其黏合性，能够轻松塑型，创造出各式各样的沙雕作品。这种实验与游戏相结合的学习方式，不仅让孩子们对科学探索产生了浓厚的兴趣，更在无形中锻炼了他们的思维能力，促使他们不断进步。

实验2："引水工程"更顺了

在往"寿昌江"引水时，负责接水的帅帅不耐烦地说："这样太累了，一次只能接一点点水，'寿昌江'什么时候才能接满水啊！"这时可乐搬来了一根很长的管子："要不用这个试试。"孩子们试着将管子一端连接到水池，另一端接在"寿昌江"，结果发现管子不够长，导致水无法顺利地流到"寿昌江"。

顺顺："我们可以用这个白色的管子进行连接。"于是顺顺将白色管子横着架在管子上，发现水往两边流走了，顺顺又将白色管子竖着架在管子上，水流终于顺着管子流向了"寿昌江"。突然，顺顺惊呼："你们看，水倒流了？"

图1-1-37 引水工程实验

结论：PVC管的衔接口刚好是一个低洼的区域，导致管子一边比较低，另一边比较高，形成了倒流，可用沙子垫高管子的衔接处，改变管子的高低方向，解决水倒流的问题。

分析：孩子们解决问题的能力得到了很大提升，在问题发生时，他们不再是不安地寻求帮助，而是尝试自己解决，并通过一次又一次的尝试终于解决了引水的问题。对于"水倒流"问题，幼儿通过观看视频回放、关注细节的方式发现问题，并在游戏中解决问题。

**延伸游戏：江上架桥 拓宽视野**

在游戏的不断推动下，一条雄伟壮阔的"寿昌江"在孩子们的努力下终于完成了。悦悦说："寿昌江上有廊桥，但我们的江上没有。"因此孩子们开始寻找材料建造廊桥。小宝选择了一根半截PVC管摆放在"寿昌江"上，说："你看，这是廊桥。"小佐将蓝色的塑料软管固定在"寿昌江"的两边，说："你们看，这是廊桥。"安安选择了将呼啦圈固定在"寿昌江"上，说："这是廊桥。"豆丁抱来了一个粗大的排污水管，说："你们的桥不能过人，我这个才是廊桥。"说着，豆丁将自己的"桥"拖到"寿昌江"上，然后用沙子固定住管子。"你们看，这才是廊桥。"说着，豆丁从"桥"上走了过去。

图1-1-38　寿昌桥2.0

图1-1-39　寿昌桥3.0

**分析：** 游戏后期，孩子们已经不满足于挖掘"寿昌江"的游戏，在江上架桥顺应而生，孩子们的游戏视野在拓展，游戏水平在提升。在自主寻找材料进行建构和实践对比、测试验证后，孩子们发现豆丁的桥最为稳固，最符合廊桥的特点，由此他们的实践、判断能力也随之提升。在整个游戏过程中，孩子们不断地进行交流、尝试和合作，共同完善着他们的"寿昌江"世界。这种自主探索和团队合作的学习方式，不仅让他们的游戏体验更加丰富和深入，也促进了他们的全面发展和成长。

**活动反思**

1.聚焦幼儿需求，优化游戏材料以解决实际问题

为了充分激发幼儿的创意和想象力，我们提供了丰富多样的游戏材料，并不断

更新材料以满足幼儿不断变化的需求。我们确保幼儿有足够的时间进行活动，同时为他们提供充足且多样化的游戏材料。这些材料不仅涵盖了低结构材料，还考虑了不同能力层次的幼儿，确保游戏难度由浅入深、从易到难。例如，在"寿昌江桥"的游戏中，从最初简单的材料摆放到后来的复杂组合，孩子们的游戏水平得到了显著提升。同时，他们在游戏中不断交流、尝试和互动，也极大地提升了沟通能力和语言表达能力。

2.解读幼儿兴趣，挖掘游戏深层价值促全面发展

孩子们以浓厚的兴趣为驱动，自主开始建造"寿昌江"。教师始终关注他们的游戏过程，支持他们，让他们能够更加自主地探索和发现。通过观察孩子们的游戏行为，我们发现他们在游戏中不仅能够一边玩耍一边思考，而且在遇到问题时，能够主动观察、寻找并实践解决问题的办法。例如，在引水过程中，顺顺尝试使用PVC管引水，但发现管子长度不够，他并没有放弃，而是积极寻找另一根PVC管进行连接，并经过多次调整，最终成功将水引入"寿昌江"。这一过程不仅展现了孩子们的坚持和创造力，也体现了他们发现问题、思考办法、实践调整、再次实践的解决问题的能力。当遇到无法自行解决的问题时，孩子们也会主动寻求教师的帮助，并依据自己的理解调整游戏策略，这种积极主动的学习态度令人欣慰。（上官雅红、周英）

逛逛古街主题：
# 八角的亭子

建议年龄段：中班
建议时长：2 周

## 主题说明

　　寿昌古镇历史悠久，随处可见的亭子是古镇建筑中不可缺少的重要元素，蕴藏着丰富的文化内涵和科学原理。"八角的亭子"是逛逛古街主题下的活动之一，主要是引导幼儿通过调查、创想、设计等了解八角的亭子。

　　基于幼儿对亭子的兴趣，开启探秘亭子之旅，结合幼儿已有的经验，通过调查、走访，了解亭子的结构、形态、种类、由来等，鼓励幼儿发挥想象设计亭子、制作亭子，丰富关于亭子的认知。

　　在一系列活动中，幼儿自主设计、大胆创设、积极合作，解决了问题，提高了合作能力、沟通能力、探究能力、审美能力，萌发了亲近家乡、热爱家乡的美好情感。

## 主题内核

　　寻访、探索家乡亭子的奥秘，了解亭子的基本结构，在探亭的过程中萌发对家乡的热爱之情。

↓

## 主题目标

　　1. 了解亭子的基本特征，主动探究亭子的奥秘，喜欢寿昌古镇。

　　2. 欣赏寿昌古镇中不同的亭子，用多种方式进行表达表现。

　　3. 尝试运用语言、艺术等形式和建构的方式表达对亭子的喜爱之情。

## 一、主题分析

### （一）幼儿学情分析

**原有经验点**

1. 幼儿都是土生土长的寿昌人，对于寿昌的建筑比较熟悉。
2. 幼儿都去过寿昌西湖，知道西湖有座湖心亭。
3. 幼儿有在亭子里游玩的经历，知道亭子的作用。

**兴趣关注点**

1. 关注亭子的结构，好奇亭子是怎么建成的，想要尝试搭建。
2. 对亭子的种类和形态感兴趣，了解不同形态背后的原因。
3. 对八角的亭子感兴趣，有进一步探究的欲望。

**成长需求点**

1. 知道自己家乡是寿昌，与同伴交流家乡好看的、好吃的、好玩的。
2. 学习用画、搭、说等方式记录家乡的美好。
3. "玩转"家乡好吃的、好看的、好玩的，感受家乡的文化，对家乡建立归属感。

### （二）资源盘点利用

**教材共性资源**

1. 图片资源：寿昌古镇特色亭、国外名亭等。
2. 音乐资源：造亭之歌、游家乡。
3. 视频资源：寿昌古镇宣传片。

**园本个性资源**

1. 绘本资源：《中式亭子》《鲁班造伞》等。
2. 周边资源：湖心亭、如意亭、万松亭、聚贤亭、桂花亭等。
3. 家长资源：家长都是地地道道的寿昌人，对当地亭子的名称、特征了如指掌。

## 二、主题流程图

### （一）主题行进路径

表 1-2-1　"八角的亭子"主题行进路径

| 脉络 | 寻亭 | | | | 探亭 | | | | | 造亭 | | | | 护亭 | | |
|---|---|---|---|---|---|---|---|---|---|---|---|---|---|---|---|---|
| 序号 | 活动1 | 活动2 | 活动3 | 活动4 | 活动5 | 活动6 | 活动7 | 活动8 | 活动9 | 活动10 | 活动11 | 活动12 | 活动13 | 活动14 | 活动15 | 活动16 |
| 活动内容 | 认识亭子 | 寻亭行动 | 家乡的亭子 | 临湖亭 | 自然测量 | 探秘亭子 | 八角的亭子 | 亭子的结构 | 中外亭子大对比 | 造亭之歌 | 亭子设计师 | 材料大搜集 | 我们来造亭 | 亭子展览会 | 旧亭换新颜 | 亭子宣传大使 |
| 实施路径 | 社会活动 | 亲子探学 | 谈话活动 | 语言活动 | 数学活动 | 实践活动 | 美术活动 | 科学活动 | 社会活动 | 音乐活动 | 创作活动 | 小组活动 | 制作活动 | 展示活动 | 劳动活动 | 实践活动 |

### （二）关键经验分析

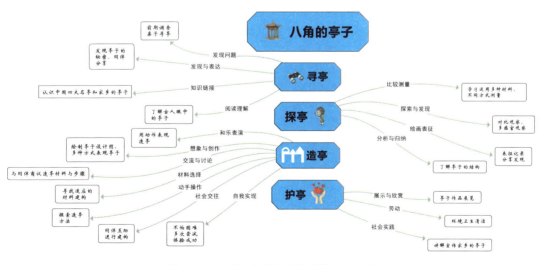

图 1-2-1　"八角的亭子"关键经验分析

## 三、家园共育

### 致家长的一封信

亲爱的家长朋友：

　　您好！

　　寿昌是一个历史悠久的文明古镇，孩子们从小生活在这里，对这里的景色很熟悉。在寻找家乡的过程中，有人发现了一个奇怪的亭子，孩子们对于这个奇怪的亭子很感兴趣，并引出"亭子的种类""亭子的材料""我们来造亭"等内容，由此我们生成了主题"八角的亭子"。在主题进行的过程中，我们会一起探究关于亭子的秘密。我们将鼓励孩子积极参与造亭活动，感受合作的快乐，引导孩子了解亭子的秘密，萌发对家乡的喜爱之情。在这个主题中，我们期待您能配合活动的开展，做好以下工作：

　　1. 和孩子一起收集亭子的照片或图片，让孩子带到幼儿园分享。

　　2. 出门时，有意识地带孩子去亭子周边游玩，尝试从不同角度认识亭子。

　　3. 和孩子共同收集各种能够建构亭子的废旧物品来幼儿园。

　　4. 和孩子一起完成关于亭子的调查表。

## 四、区域设置

### （一）语言区

1.亭子结构图：提供亭子的各种图片，引导幼儿说说亭子的结构。

2.中国四大名亭：收集中国四大名亭的图片，供幼儿看看、认认、说说它们的特征。

3.中外亭子大对比：收集中外亭子的图片，对比不同，说说自己喜欢怎样的亭子，为什么。

图 1-2-2　中国四大名亭

图 1-2-3　述说亭子的不同

### （二）数学区

1.对称：提供各式亭子的图片，画出亭子的对称轴。

2.统计：提供亭子基本结构图，数数亭子的柱子、梁等分别有几根，并做好记录。

3.排序：中外亭子大排序。

4.测量：使用各种工具进行自然测量，初步掌握正确的测量方法并记录测量结果。

5.几何图形：提供各种图形卡片，引导幼儿利用图形卡片拼搭出各种各样的亭子。

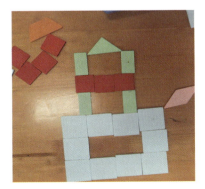

图 1-2-4　亭子拼图

图 1-2-5　亭子测量结果

### （三）建构区

1. 亭子我设计：提供各种亭子照片，鼓励幼儿自主设计各种各样的亭子。

2. 一起来造亭：提供木质积木、纸杯、纸板、纸盒及各种凉亭的图片，鼓励幼儿与同伴一起协商、合作造亭，提升合作能力。

图1-2-6　积木搭建亭子

图1-2-7　扑克牌搭建亭子

### （四）纸板工坊

1. 各种各样的亭子：提供各式亭子图片、画纸、画笔，鼓励幼儿大胆想象，设计并绘制八角的亭子，表现亭子的外形特征。

2. 造亭：提供纸板、剪刀、胶水等，引导幼儿利用纸板进行剪贴，拼装，制作八角的亭子。

图1-2-8　各种各样的亭子

图1-2-9　制作亭子

### （五）科学区

1.牙签造亭：投放牙签、黏土、记录表等供幼儿操作，引导幼儿探索用牙签尝试交叉、穿插、别压的方法，体验探索的乐趣。

2.水上造亭：投放积木、瓶盖、KT 板、记号笔等，引导幼儿自主选择材料，搭建与众不同的水上亭子。

图 1-2-10　牙签造亭　　　　　　　图 1-2-11　水上造亭

### （六）表演区

1.造亭之歌：投放图谱、乐器、服装等供幼儿表演，在游戏中感受建造的快乐。

2.金牌讲解员：投放宣传单、话筒等，引导幼儿讲解亭子的来历，解说造亭的过程。

图 1-2-12　表演《造亭之歌》　　　　图 1-2-13　讲解宣传单

## 五、主题推进思路

表1-2-2  "八角的亭子"主题展开思路

| 主题展开思路 | 活动名称 | 核心经验 | 基地体验 | 主题探索 | 游戏畅玩 | 生活浸润 |
|---|---|---|---|---|---|---|
| 寻亭 | 认识亭子 | 学习用对比、联想等方法欣赏、感受亭子的建筑特点。 | | √ | | √ |
| | 寻亭行动 | 能用自己的方式来表达对家乡的认知，萌发对家乡的热爱之情。 | √ | √ | √ | |
| | 家乡的亭子 | 愿意在集体面前大胆表现自己，萌发对家乡亭子的热爱之情。 | | √ | | √ |
| | 临湖亭 | 理解古诗中"尊、芙蓉"等词的含义，并尝试用动作表现诗歌内容。 | | √ | | |
| 探亭 | 自然测量 | 学习自然测量的方法，尝试用跨步、牵手等方式进行自然测量。 | √ | √ | | |
| | 探秘亭子 | 知道家乡亭子的结构及构造，并对亭子的不同部位进行测量。 | √ | √ | | |
| | 八角的亭子 | 了解各类亭子的造型特点和建筑特色，并认识中国的名亭。 | | √ | | |
| | 亭子的结构 | 通过观察发现亭子是对称的，知道对称的含义。 | √ | √ | | |
| | 中外亭子大对比 | 鼓励幼儿主动发现、探究中国和外国的亭子，并用自己喜欢的方式进行记录和分享。 | | √ | | |
| 造亭 | 造亭之歌 | 在理解歌词内容，熟悉音乐旋律的基础上，尝试跟着音乐节奏演唱歌曲。 | √ | √ | √ | |
| | 亭子设计师 | 知道不同类型的亭子，能用绘画的方式大胆设计创造性的亭子。 | | √ | √ | |
| | 材料大搜集 | 搜集废旧材料，循环使用废旧材料造亭，增强环保意识。 | | √ | | √ |
| | 我们来造亭 | 了解亭子的基本结构和功能，学会利用各种废旧材料和简单的工具搭建亭子。 | | √ | √ | √ |
| 护亭 | 亭子展览会 | 共同参与搬运亭子，有团队意识。布置亭子创意展。 | | √ | √ | |
| | 旧亭换新颜 | 集体劳动，打扫清洁亭子；乐于探讨、交流与分享，体验志愿服务的快乐。 | √ | | | √ |
| | 亭子宣传大使 | 尝试用绘画的方式制作亭子宣传海报；大胆讲述与表达，大方宣传家乡的亭子。 | √ | √ | √ | |

## 六、活动内容

## 活动推荐 1　社会活动——认识亭子

### 活动目标

1. 认识中国四大名亭，感知亭子的基本结构。

2. 学习用对比、联想等方法欣赏、感受亭子的建筑特点。

### 活动准备

经验准备：见过各类亭子。

物质准备：亭子的图片、视频等。

### 活动过程

**一、欣赏中国四大名亭**

1. 欣赏亭子的图片。

教师带领幼儿认识四大名亭：滁州的醉翁亭、杭州的湖心亭、北京的陶然亭和长沙的爱晚亭，初步了解它们的造型结构、地理位置等。

2. 介绍亭子的历史。

师幼观看视频，通过视频及教师介绍帮助幼儿了解亭子的历史。

**二、了解家乡的亭子**

1. 出示家乡的亭子图片，依次欣赏。

2. 引导幼儿观察、讨论亭子的特点及作用。

小结：亭子是几何状的，比如正方形、长方形、六边形等，有乘凉避暑、避雨休憩等作用。

**三、感受古亭的宏美**

1. 观看亭子修建视频，感受中华建筑的宏伟。

2.小结：亭子是中国古典建筑艺术中的瑰宝，造型丰富，玲珑多姿，每一座亭子都有独特的韵味，带给我们不同的感受。

图1-2-14　游戏：亭子的作用

图1-2-15　小组讨论：亭子的特点

## 活动推荐 2　亲子探学——寻亭行动

### 活动目标

为了推动"八角的亭子"主题活动，前期我们通过开展亲子探学寻亭活动，了解家乡亭子的外形特征、结构。通过亲子实践，加强幼儿与家长之间的交流与合作，同时也激发了幼儿探究亭子的浓厚欲望。

1.能通过观察、比较发现亭子的外形特征和结构。

2.通过亲子研学，了解幼儿的学习方式，提升家园共育水平。

### 活动准备

经验准备：见过各种亭子。

物质准备：相机、调查表、画笔、纸。

### 活动过程

**一、组队研学**

1.幼儿自行组队，带上所需的物品，在家长的陪伴下外出游学。

2. 在研学的路途中，家长注意看管好自己的孩子，不让孩子离开自己的视线。

**二、寻亭行动**

1. 找一找亭子，用相机或者绘画的形式记录找到的亭子。家长引导幼儿仔细观察找到的亭子都长什么样，有什么特征。

2. 不同的亭子有什么相似之处和不同之处？

3. 问一问周边的长辈，了解亭子的历史。

4. 完成《寻亭行动》调查表。

**三、活动结束**

1. 家长将照片发在班级群中供大家相互欣赏和学习。

2. 将完成的调查表带回幼儿园分享。

图 1-2-16　亲子寻亭

图 1-2-17　观察记录

## 活动推荐 3　谈话活动——家乡的亭子

### 活动目标

1. 了解家乡亭子的结构及造型。

2. 愿意在集体面前大胆表现自己，萌发对家乡亭子的热爱之情。

### 活动准备

经验准备：幼儿有和家长一起找寻亭子的经历。

物质准备：亲子调查记录表、亭子图片、亲子探亭的合影。

## 活动过程

### 一、出示合影，经验回顾

教师出示亲子探学合影并提问：你们是和谁一起去寻找亭子的？（小组交流，个别幼儿进行分享）

### 二、谈话交流，分享趣事

1. 说一说，你看到的亭子是什么样子的？

2. 幼儿分享亲子寻亭过程中的趣事。

### 三、观察比较，分组讨论

1. 出示各种各样家乡的亭子、房子的图片，幼儿进行观察比较。

师：亭子和房子有哪些地方是一样的？哪些地方是不一样的？

2. 幼儿分组讨论，个别幼儿进行分享讨论。

### 四、活动延伸

幼儿回去后可以和爸爸妈妈共同阅读关于亭子主题的绘本故事。

寻亭调查表

班级：_____ 姓名：_____

| 亭的名称 | | 建造年代 | |
|---|---|---|---|
| 有几层 | | 材质 | |
| 画一画 | | | |

图1-2-18　寻亭行动记录表

图1-2-19　幼儿分享调查表

## 活动推荐 4  实践活动——探秘亭子

### 活动目标

1. 知道家乡亭子的结构，对亭子产生好奇心。

2. 分组观察探索，提升团队合作意识和沟通能力。

### 活动准备

尺子、绳子、木棍、记号笔、记录表、纸等。

### 活动过程

**一、实地观察**

带领幼儿走近亭子，观察亭子的形状、颜色和结构，鼓励幼儿讨论他们观察到的特点。

**二、分组探索**

把幼儿分成三个小组，让他们用探秘工具在亭子周围进行探索，并记录下他们的发现。

1. 写生组：幼儿根据不同角度多方位地进行亭子写生（从内部观察、从外部观察）。

2. 测量组：提供多种测量工具，让幼儿对亭子的各个部位进行测量。

3. 摄影组：幼儿根据兴趣点，自主拍摄。

**三、交流共享**

通过测量、写生等活动，每个小组分享他们的发现，教师鼓励幼儿提出问题，相互交流和学习。

图 1-2-20  实地测量

图 1-2-21  亭子写生

## 活动推荐 5　科学活动——亭子的结构

### 活动目标

1.通过观察探究发现亭子是对称的，知道对称的含义。

2.认识榫卯结构，感受榫和卯"阴阳互补、虚实相生"的配合。

3.感受中国古代劳动人民的智慧，萌发浓浓的民族自豪感。

### 活动准备

各种各样的亭子的图片、课件、榫卯操作材料。

### 活动过程

**一、在观察比较中感知亭子的对称结构**

**（一）出示课件，发现亭子的秘密**

1.幼儿通过观察、比较，大胆表述自己的想法。

2.提问：看看这张图，你发现亭子的左右两边怎么样呢？

**（二）幼儿人手一张亭子的图片，感知亭子的对称**

1.幼儿自由探索，教师巡回指导。

2.交流讨论：幼儿分享自己的发现，并上台进行展示。

3.出示课件视频，教师进行简单的小结。（中国讲究平衡之美，所以在建构亭子的时候就出现了对称，沿着中间一条直线对折，两部分完全重合）

**二、在探索操作中理解亭子的榫卯结构**

**（一）初识榫卯结构**

1.出示榫卯图片，激发幼儿兴趣。

师：亭子的秘密除了对称还有什么？在古代是没有钢筋和水泥的，亭子是怎么立起来的呢？（幼儿自主讨论）

2.幼儿观看榫卯结构的视频，认识榫卯结构。

3.出示榫卯结构的材料，幼儿尝试探索，教师巡回指导。

4.同伴相互交流自己的游戏过程和感想。

**（二）榫卯的智慧**

1.观看榫卯结构视频，萌发民族自豪感。

2.小结：榫卯结构不仅利于亭子的建造，它还被用在很多地方，比如桥、房子等，中华民族是伟大的民族，有很多智慧的结晶。

**三、在区域游戏中巩固对亭子结构的认识**

1.在科学区投放榫卯结构材料供幼儿进行相应的游戏。

2.在数学区投放各种形状的亭子，并把它们分成两部分，引导幼儿利用亭子对称的原理进行游戏的配对。

图1-2-22 感知榫卯结构

图1-2-23 介绍对称结构

## 活动推荐6 制作活动——我们来造亭

### 活动目标

1.了解亭子的基本结构和功能，学会利用各种废旧材料和简单的工具搭建亭子。

2.通过小组合作创造，增强合作意识，体验造亭的乐趣。

### 活动准备

经验准备：对亭子的构造有一定的了解。

物质准备：亭子图片、各类废旧材料（粽叶、报纸、KT 板、蛋糕盒、筷子、棒冰棍）、胶枪、双面胶、记号笔、贴纸。

## 活动过程

**一、观看图片，激发幼儿的兴趣**

1. 出示各类型的亭子图片，让幼儿观察它们的区别。

师：亭子是用什么材料建造的？亭子的结构是怎么样的？每个亭子间有什么不一样的地方？

小结：是的，每个亭子的角是不一样的，有的是四角亭，有的是六角亭，而且它们的功能也是不一样的，所以亭子的结构、功能都是多种多样的。

2. 出示造亭材料，感知材料的特性。

小结：这些都是生活中常见的材料，能够重复利用，在造亭的过程中我们需要注意安全，避免受伤。

**二、分组造亭，体验制作的乐趣**

**（一）分组**

1. 每组由六个小朋友组成，分成五组，分别是桂花组、彩虹组、闪电组、云朵组、柠檬组。

2. 根据所提供的材料，幼儿自行组合所需的造亭材料。

**（二）绘画设计图**

每组根据确定的材料设计亭子的样式，绘制设计稿，明确搭建步骤。

**（三）造亭达人**

每组幼儿根据设计稿动手造亭，有的裁剪，有的粘贴，有的拼接。

**三、分享亭子，总结评比**

1. 分享：每组幼儿向同伴分享、介绍自己造的亭子，并拉票。

2. 评比：分享结束后，幼儿一起投票，选出最受欢迎的亭子。

小结：幼儿在活动中直接感知、实际操作、合作分享、亲身体验，不断丰富和发展新经验，真正成为学习的小主人。

图 1-2-24　绘画设计

图 1-2-25　制作亭子

## 活动推荐 7　展示活动——亭子展览会（方案）

### 活动目标

1. 共同参与搬运亭子，有团队意识。
2. 布置亭子创意展，提升审美情趣。

### 活动准备

经验准备：前期开展制作亭子比赛。

物质准备：展示板、桌子、椅子等展示用具。

### 活动过程

**一、选择展示点**

1. 幼儿自选场地，讨论展示点位，引导幼儿在交流时考虑集体意愿、作品大小、光线明暗、人流量等因素。

2. 投票确定展示点，遵循少数服从多数原则。

**二、布置展览台**

1. 根据材料的不同，将幼儿分成雪花片组、木片组、黏土组、综合材料组四个小组，

引导幼儿自主布置创意展台，教师给予适当指导和帮助。

2. 小组合作搬运，将制作好的亭子摆放、展示在展台上，并绘制作品标签。

**三、创意展览会**

1. 每个小组设计并分发邀请函，邀请其他班级的幼儿来参观，大家互相欣赏、交流作品。

2. 展示会结束后，引导幼儿谈论在制作亭子、展示作品过程中的收获和体会。也可以让幼儿说说自己最喜欢的亭子及理由。

图1-2-26　废旧材料造亭作品

图1-2-27　雪花片造亭作品展览

## 活动推荐 8　劳动活动——旧亭换新颜

### 活动目标

1. 主动参与集体劳动，打扫、清洁亭子。

2. 乐于探讨、交流与分享，体验志愿服务的快乐。

### 活动准备

经验准备：有值周生打扫的经验。

物质准备：抹布、水桶、扫把。

## 活动过程

**一、分组分工，明确任务**

根据所分配的工具材料的不同，将幼儿分成多组，明确任务。

1.抹布组：将抹布打湿，认真将亭子的每个角落擦干净。

2.扫把组：将亭子角角落落的垃圾扫干净。

3.鸡毛掸子组：拿上自制的鸡毛掸子把亭子角落里的蜘蛛网打扫干净。

**二、自主尝试，掌握方法**

幼儿自主尝试，探索便捷有效的清洁方法，并与同伴分享。

**三、劳动实践，共同清洁**

大家一起给亭子大扫除，通过共同劳动，使脏脏的亭子换新颜。

**四、活动延伸**

幼儿将自己在给亭子做清洁时所发生的事情绘制在"我的游戏故事"上并进行交流。鼓励幼儿自己的事情自己做，感受劳动的乐趣。

图 1-2-28　劳动进行时

图 1-2-29　劳动小组

## 活动推荐 9　实践活动——亭子宣传大使

## 活动目标

1.尝试用绘画的方式制作亭子宣传海报。

2.大胆讲述与表达，大方宣传家乡的亭子。

## 活动准备

经验准备：幼儿对于亭子已具备一定的知识。

物质准备：亭子图片、多媒体课件、宣传海报图。

## 活动过程

**一、了解宣传的重要性**

**（一）提问导入，激发幼儿兴趣**

师：你在视频中看到了什么？亭子给人们的生活带来了哪些好处？

小结：亭子给人们提供了一个避雨纳凉的场所，在园林设计中还起到了连接不同景点的桥梁的作用。

**（二）幼儿讨论，引出宣传的重要性**

师：有些亭子的修建是用于保护文物的，但是很多人不知道好好保护我们的亭子，你们有什么好的办法保护亭子呢？

小结：我们通过宣传亭子的重要性，呼吁大家不要破坏我们的亭子，要好好保护它们。

**二、设计宣传海报**

**（一）教师提问，引发思考**

1.师：为了保护地球妈妈，保护我们的亭子，小朋友们可以做些什么呢？

2.师：我们通过宣传的形式让更多的人知道要保护亭子，那如何做好一名宣传大使呢？

**（二）设计宣传海报**

1.出示图片，引导幼儿了解宣传海报是如何设计的。

2.幼儿自主设计，教师巡回指导。

3.作品欣赏，同伴互评。

**三、争做宣传大使**

**（一）小小讲解员**

幼儿代表在亭子里讲解亭子的历史、作用等，呼吁大家树立保护亭子、保护家乡建筑的意识。

**（二）分发宣传单**

幼儿身着志愿者服装，走上古街，分发保护亭子的宣传海报，用实际行动为家乡建设贡献力量。

图 1-2-30　分发宣传单

图 1-2-31　小小讲解员

## 七、课程评价案例

## 造亭大挑战

**活动缘起**

在寿昌古镇，各式凉亭星罗棋布，点缀于古镇的各个角落。在为期两周的"亭子探秘"活动中，孩子们怀着好奇与兴趣，走进了这座古老的镇子，探寻那些独特的凉亭，并深入探索它们的结构特点。

在一次分享会上，小宇兴奋地讲述了自己发现"蘑菇亭"的经历，这一发现立即吸引了所有人的目光。随着对凉亭的探索不断深入，孩子们的想象力也被激发，他们开始构思如何亲手建造各种造型独特的凉亭。

## 活动推进

### 实录一：材料大搜索

**案例描述**

萱萱："幼儿园的雪花片可以用来造亭子。"

航航："建构区的小木片就可以。"

叮当："亭子的柱子是圆圆长长的。我家在造房子，有很多水管（PVC管）也是这个形状。"

琪琪："我家的泡沫箱也可以用来造亭子。"

楠楠："筷子也可以的。"

根据材料的不同，幼儿分成了五组造亭小队，开始搜集他们所需的造亭材料。

**识别与分析：** 5—6岁幼儿初步了解了生活与自然环境的密切关系，他们开始关注周围的环境、材料，通过讨论思考，决定从周围的环境中寻找造亭所需材料。教师遵循幼儿的想法，支持幼儿的行为，引导幼儿自由分组，从寻找材料开始，开展造亭行动。

### 实录二：造亭设计师

**案例描述**

了解关于亭子的知识，结合自己已有的经验，幼儿开始设计心中独一无二的亭子，通过小组合作，发挥想象，在《未来的亭子》设计表中画出小组讨论结果，并标注出设计的亭子有哪些新功能，继而根据设计图，进行自主建造。

**识别与分析：** 幼儿开展小组式讨论，绘制亭子设计稿，合作策划了亭子计划书。计划是幼儿工程活动的重要组成部分，计划不仅能培养幼儿的工程意识，还能发展想象力，同时也是获得经验的学习方式之一。

表 1-2-3　《未来的亭子》设计表

| 我设计的亭子 | 亭子的新功能 |
|---|---|
|  |  |

**实录三：分组建造亭**

**案例描述**

**小组 1：飞机队的千层亭**

幼儿用纸筒和积木一层层搭建"千层亭"，在建构的过程中他们发现亭子不够牢固，容易倒塌。天天提议可以试试在纸筒里塞小木片，周周觉得天天的建议可行，便想试一试，于是就在所有的纸筒里塞进小木片，然后再次进行搭建。飞机队的千层亭完成了，他们高兴地与其他小组分享他们的成果。可是该怎么固定亭子呢？他们七嘴八舌地议论起来。

可乐："用透明胶把柱子和小木片粘起来。"

图图："用固体胶粘。"

涵涵："用双面胶粘。"

轩轩："用胶枪，这个最牢固了。"

通过实验操作、观察比较，幼儿发现双面胶和固体胶不能粘住小木片，透明胶和胶枪可以粘住，但是透明胶粘的小木片会掉，胶枪的最牢固，于是他们果断选择了用胶枪来固定。

图1-2-32 纸筒造亭

图1-2-33 胶枪固定

图1-2-34 作品《千层亭》

**小组2：机器人队的四角亭**

幼儿设计了重檐亭，第一层用泡沫箱当亭子的底座，长PVC管做柱子；第二层用短PVC管做柱子，然后盖上小的泡沫箱，用筷子组合在一起做顶。由于需要完成的东西比较多，他们选择了分工合作，有的幼儿做亭子的顶，有的做亭子的座椅，有的做楼梯，有的做小人。突然，他们想到一个问题：亭子"漏雨"怎么办？

暖暖："我们可以换个顶。"

又又："墙纸是个好主意。"

柠檬："这个办法简单，我们班就有报纸。"

他们说干就干，当场就找来浆糊开始了"糊"顶工作。

图1-2-35 建造四角亭

图1-2-36 糊顶

图1-2-37 绘制外观

**小组 3：火车队的紫亭**

基于建构区雪花片造亭的经验，土土想再搭建一个更大的亭子，于是他召集了几位搭建能力较强的同伴一起合作搭建。一部分小朋友负责搭建底部，一部分搭柱子，一部分搭顶部，最后所有部位"合体"，造了一个雪花片大紫亭。

图 1-2-38　制作亭顶

图 1-2-39　作品《紫亭》

**小组 4：彩虹组的吸管亭**

小组成员收集了一堆筷子和吸管，打算用这两种材料做一个"吸管亭"。但由于吸管太轻，导致亭子底座不稳，经过讨论思考，他们选择用筷子替代，将一堆筷子铺平，用双面胶粘住四根筷子，作为亭子的立柱，平铺的吸管作为亭顶，吸管分为四段作为飞檐，废旧的棒冰棍作为凳子。幼儿充分发挥想象，将废旧材料大变身，制作出一款独一无二的"吸管亭"。

乐乐："我们把吸管连接起来，做底吧！"

婷婷："我看见王老师他们粘贴东西用得最多的是双面胶，我们可以试试。"

帅帅："吸管收缩的地方我们不需要，给它剪掉。"

聪聪："双面胶的黏性真的好，把我的手都粘住了。"

小伟："这个吸管太轻了，做底部不够稳！"

小雪："我们不是还收集了很多筷子吗，筷子比吸管重，我们可以试试。"

| 图 1-2-40 建造吸管亭 | 图 1-2-41 糊顶 | 图 1-2-42 绘制外观 |

**小组 5：西湖组的吉祥亭**

阳阳："寿昌西湖桥上的湖心亭是在水上的，我们也要造一个水上的亭子。"

杭杭："老师昨天拆下来一块白色的板（KT 板），我们可以拿来用。"

在小朋友的形容下，老师帮助幼儿割了一块八边形的底部。

薇薇："水上的亭子有点危险的，要给它围起来，这样人就不会掉下去。"

琼琼："我们可以用筷子围起来，就像我们菜园里的栅栏一样。"

筷子的数量有限，幼儿用皮筋将围栏绑起来，并立在裁剪好的底部。除此之外，用热熔棒将小木片粘在一起作为立柱。

| 图 1-2-43 尝试固定围栏 | 图 1-2-44 成功固定围栏 |

**识别与分析：**

幼儿的操作并不是一帆风顺的，在造亭过程中，遇到了很多的问题和困难，针对幼儿抛出的问题，教师没有急于介入，而是引导幼儿基于发现的问题展开讨论，引发思考，让幼儿结合自己的生活经验自主尝试解决问题，如在选择固定工具时，幼儿通过反复实验——排除，最终确定了最合适的工具进行固定，幼儿在解决问题的过程中不断地探索与学习，尝试与反思，提升了动手操作能力，扩展了逆向思维，也丰富了游戏经验。

**实录四：装饰亭子**

小苗："我找到的亭子柱子上有字和花纹，我们的亭子什么都没有。"

一一："亭子上都有名称的，写着它叫什么亭。"

小凡："亭子的柱子上都是字啊，可是我不会写字，怎么办？"

图图："我们可以画啊，我们可以在亭子上画上好看的画。"

幼儿开始装饰亭子，添画上各种自己喜欢的颜色及图案，并根据亭子的形状、颜色、材料等，给每一个亭子取了好听的名字。

小米粒："亭子里面是有很多人坐在那里的，我们的亭子没有人。"

杭杭："我们也可以做一点小人，放进亭子里。"

于是，幼儿找来超轻黏土，扭扭棒等材料，做了一群休息、纳凉、做游戏的小人。

**识别与分析：**

幼儿结合生活经验，比较自己做出来的亭子与现实中见到的亭子的不同之处。教师支持幼儿互相交流，思维碰撞，讨论如何进行改造，最后选择合适的材料装饰亭子，制作亭子中的小人，给亭子取了好听的名字，使得幼儿建造的亭子更加栩栩如生，在不断完善的过程中，幼儿的各方面能力不断提升。

图 1-2-45　添加扭扭棒小人

图 1-2-46　亭柱上色

图 1-2-47  设计花纹

图 1-2-48  成品

### 活动反思

**（一）挖掘幼儿的探究精神**

活动中，教师鼓励幼儿不拘泥于常规，大胆尝试、积极探索。教师欣喜地发现，幼儿展现出了浓厚的探究欲望，不断寻找解决问题的新方法，迎接更多开放性的挑战任务，探究精神得到充分挖掘。

**（二）提升幼儿的综合能力**

造亭行动中，幼儿都是以小组的形式进行协作的，他们相互交流着自己的发现和想法，合作分析问题、解决问题。每一次的思维碰撞都会萌发新的尝试，每一次尝试都会引发新的思考，幼儿在一次次尝试与反思中，提高了思维能力、学习能力、动手操作能力、团队协作能力、问题解决能力、审美情趣等，进而提升了综合素养。

**（三）培养幼儿的学习品质**

造亭行动对于培养幼儿的学习品质有着积极的影响，活动是基于幼儿的兴趣开展的，这大大加强了幼儿学习的主动性。整个活动融合了各领域的知识，提供了丰富多样的学习材料和环境，激发了幼儿的学习兴趣和动力，教师通过引导，鼓励幼儿尝试新事物，培养他们的好奇心和冒险精神，而游戏中的失败和挫折则会帮助幼儿学会面对困难，培养他们坚韧不拔和乐观向上的学习品质，为未来的学习和成长打下坚实的基础。（上官雅虹、陈润东）

逛逛古街主题：

# 长长的廊桥

建议年龄段：大班
建议时长：2 周

## 主题内核

了解廊桥的基本结构，尝试探究廊桥的奥秘，愿意保护家乡的廊桥，共建美好家乡。

## 主题目标

1. 了解廊桥的基本结构、相关历史，以及它在现实生活中的作用，能用连贯的语言大胆阐述廊桥的特征。

2. 运用已知的经验，大胆想象与尝试运用现有的材料进行设计与创造，发展动手操作能力和表现力。

3. 以"廊桥"为载体，萌发热爱家乡、热爱大自然的情感。

## 主题说明

拥有千年历史的古镇寿昌，有着得天独厚的地理资源，城中各式古建筑、古桥随处可见。近年来，随着古城文化不断被重视，可看、可探的点也越来越多。我们从幼儿每天都能看到、经过的廊桥入手，引导幼儿了解家乡的文化，培养幼儿热爱家乡的情感。

从"我知道的廊桥"展开，让幼儿利用业余时间去了解廊桥，继而通过集体的"廊桥探秘"从更深层的角度去认识廊桥，运用实地观察、借助工具的探索、现场听介绍等形式，引导和鼓励幼儿观察思考，并通过回园后的造桥体验，将自己的经验转化为实际操作，最后用自己的行动去保护廊桥。

## 一、主题分析

### （一）幼儿学情分析

**原有经验点**

1. 对家乡的廊桥有初步的认识，幼儿知道古桥改造，对家乡的名胜古迹有所了解。

2. 知道廊桥连接了寿昌江两岸，给居民生活带来了一定的便利。

**兴趣关注点**

1. 哪一种造型最牢固？桥的形状会不会影响牢固性？

2. 桥墩的高低和数量会影响承重能力吗？

3. 不同的材料会影响桥的承重能力吗？

**成长需求点**

1. 了解古桥改造的变化，感受生活的便利和美好。

2. 乐于探索桥的结构设计的原理。

3. 知道家乡的名胜古迹，争做文明小使者。

### （二）资源盘点利用

**教材共性资源**

1. 图片资源：各种各样的桥。

2. 音乐资源：《游家乡》。

3. 视频资源：《廊桥夜景》。

4. 幼儿用书资源：绘本《家乡的桥》，故事《古城寿昌》，诗歌：《寿昌杂咏》。

**园本个性资源**

1. 实践基地：状元廊桥、寿昌的桥。

2. 家长资源：家长都是地地道道的寿昌人，对廊桥的名称、特征，了如指掌。

3. 绘本资源：《摇摇晃晃的桥》《小熊过桥》。

## 二、主题流程图

### （一）主题行进路径

表 1-3-1　"长长的廊桥"主题行进路径

| 脉络 | 廊桥我知道 | | | 廊桥趣探秘 | | | | | | 快乐造桥记 | | | | | 护桥大行动 | |
|---|---|---|---|---|---|---|---|---|---|---|---|---|---|---|---|---|
| 序号 | 活动1 | 活动2 | 活动3 | 活动4 | 活动5 | 活动6 | 活动7 | 活动8 | 活动9 | 活动10 | 活动11 | 活动12 | 活动13 | 活动14 | 活动15 | 活动16 |
| 活动内容 | 寿昌的桥 | 寻桥小分队 | 我找到的桥 | 廊桥我想知道的 | 我的参观计划 | 制作队旗 | 探桥路线 | 量一量 | 探秘廊桥 | 我眼中的廊桥 | 探秘桥的承重 | 各种各样的桥 | 造桥计划书 | 造桥小能手 | 护桥行动 | 廊桥宣传 |
| 实施路径 | 社会活动 | 亲子探学 | 谈话活动 | 讨论活动 | 社会活动 | 制作活动 | 小组活动 | 数学活动 | 集体探学 | 美术活动 | 科学活动 | 建构活动 | 综合活动 | 实践活动 | 实践活动 | 生活实践 |

### （二）关键经验分析

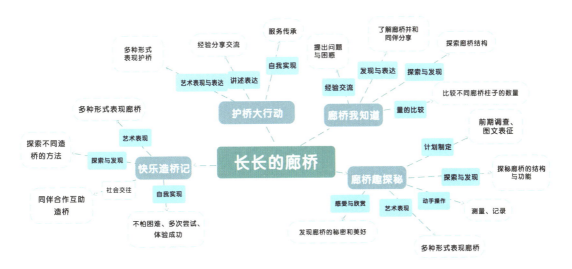

图 1-3-1　"长长的廊桥"关键经验分析

## 三、家园共育

### 致家长的一封信

亲爱的家长朋友：

　　您好！

　　我园所处区域，是一座历史悠久、人文荟萃、风景秀丽的千年古镇，素有浙西名镇之称。近年来，政府加大投入，逐渐恢复了水街、古街、牌楼、牌坊、祠堂、凉亭等古镇风貌，尤其是架在母亲河艾溪江上的廊桥，成了体现古镇寿昌厚重历史文化的重要窗口。廊桥作为乡土资源，成了孩子们饭后纳凉嬉戏的好场所，也成了幼儿间的新话题，是幼儿了解古镇寿昌文化的重要载体。以此为契机，我们生成了"家乡廊桥"主题项目活动，并渗透到多个领域。

　　从幼儿的已有经验出发，调动幼儿多种感官帮助其初步认识寿昌的廊桥，了解廊桥的故事和来历，拓宽幼儿的视野，激发他们对家乡的热爱，为自己是寿昌人而感到骄傲。

　　廊桥蕴含丰富的教育资源，桥的类型、形态、材质、作用、文化内涵等内容涉及多领域的学习，值得幼儿去探索发现，从而丰富关于家乡廊桥的知识，培养科学探究的意识和能力。

　　在这个主题中，我们希望您能与孩子共历以下过程：

　　1.与幼儿一起搜集廊桥的图片和模型。

　　2.参观自己家周边的桥，帮助幼儿了解桥的一般知识。

　　3.搜集并让幼儿观看廊桥的影像资料、桥的发展史。

　　4.和幼儿一起完成有关廊桥的调查表。

# 四、区域设置

## （一）语言区

1. 结构图：说说廊桥的结构和功能。

2. 廊桥典故：搜集廊桥的典故图片，供幼儿看看、认认、说说它们的故事。

3. 绘本阅读：投放绘本《家乡的桥》，供幼儿自主阅读。

4. 宣传单的设计：以前书写的形式设计宣传单，宣传廊桥，并向路人发放宣传单。

图1-3-2 分享交流廊桥结构

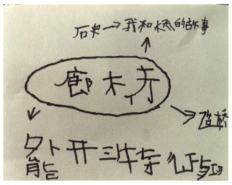

图1-3-3 宣传单的设计

## （二）数学区

1. 拼图：提供各式廊桥的图片，进行廊桥拼图。

2. 测量：提供桥的图片，用各种工具测量，看看两座桥是否一样长，并做好记录。

3. 认识几何图形：投放各种廊桥图片，利用各类立体几何模型进行搭建，了解各类立体模型的特点。

图1-3-4 廊桥拼图

图1-3-5 测量廊桥

## （三）科学区

1.桥梁承重：投放积木、纸张、记录表，供幼儿实践操作，探索不同承重的原因。

2.廊桥空间结构：提供廊桥图片和立体模型，感受真实建筑与平面图形的关系。

图1-3-6　桥梁承重实验

图1-3-7　探索廊桥结构实验

## （四）建构区

我心中的廊桥：绘制廊桥图纸，利用低结构材料搭建各类各式的廊桥，并进行介绍。

图1-3-8　绘制的廊桥图

图1-3-9　建构廊桥

## （五）造纸工坊

1.廊桥大制作：投放各色纸浆、纸板、纸筒等进行廊桥制作。

2.最美廊桥：创作"我心中的廊桥"，并自主选择材料进行简单装饰。

图 1-3-10　纸板廊桥塑型

图 1-3-11　创意纸浆廊桥

## 五、主题推进思路

表 1-3-2　"长长的廊桥"主题展开思路

| 主题展开思路 | 活动名称 | 核心经验 | 基地体验 | 主题探索 | 游戏畅玩 | 生活浸润 |
|---|---|---|---|---|---|---|
| 廊桥我知道 | 寿昌的桥 | 知道家乡各种各样的桥以及与人们的关系，体验桥给人们生活带来的方便。 | | √ | | √ |
| | 寻桥小分队 | 通过现场寻桥、探桥，了解桥的形状、来历和外观。 | √ | | √ | √ |
| | 我找到的桥 | 了解各种各样的桥，在集体面前大胆清楚地介绍自己家乡的桥。 | | √ | | √ |
| 廊桥趣探秘 | 廊桥我想知道的 | 通过讨论会，梳理关于廊桥的问题，并用不同的记录方式进行记录。 | √ | | √ | √ |
| | 我的参观计划 | 主动参与关于廊桥的话题探讨并做好记录、统计，在集体面前大胆表达。 | √ | √ | √ | |
| | 制作队旗 | 尝试用各种材料制作队旗，激发对廊桥的热爱之情。 | | √ | | √ |
| | 探桥路线 | 了解路线图，理解箭头所表示的意义。运用方位箭头、参照物、线条等，尝试绘制探桥路线图。 | √ | √ | | |
| | 量一量 | 学习通过跨步和使用竹竿、绳子等方式进行自然测量，为测量廊桥做准备。 | | √ | √ | |
| | 探秘廊桥 | 通过分组，带着不同的任务进行实地考察，观察发现廊桥在外观、功能上的不同。 | √ | √ | | |

| 主题展开思路 | 活动名称 | 核心经验 | 基地体验 | 主题探索 | 游戏畅玩 | 生活浸润 |
|---|---|---|---|---|---|---|
| 快乐造桥记 | 我眼中的廊桥 | 欣赏家乡各种廊桥，尝试用绘画的方式表现家乡的廊桥。 | | ✓ | ✓ | |
| | 探秘桥的承重 | 与同伴之间相互比对，不断探索增加纸桥面承重力的方法。 | | ✓ | ✓ | ✓ |
| | 各种各样的桥 | 尝试用各种材料搭建各种各样的桥，体验分工、合作搭建的乐趣，感受成功的喜悦。 | | ✓ | ✓ | ✓ |
| | 造桥计划书 | 尝试用图标、符号、图画等方式正确制作计划书。 | | ✓ | ✓ | |
| | 造桥小能手 | 能利用各种材料构建各种桥，探索桥面牢固的方法。 | | ✓ | ✓ | ✓ |
| 护桥大行动 | 护桥行动 | 带着扫把、簸箕等清洁工具，通过劳动的方式，如在廊桥上扫地、擦拭栏杆，保护廊桥。 | ✓ | ✓ | | ✓ |
| | 廊桥宣传 | 通过设计宣传单，宣传寿昌廊桥，赞美寿昌廊桥，并向路人分发宣传单。 | ✓ | ✓ | | ✓ |

## 六、活动内容

## 活动推荐 1　亲子探学——寻桥小分队

### 活动目标

1.通过现场寻桥、探桥，了解桥的形状、来历和外观。

2.能根据自己绘制的观察记录表进行现场记录。

### 活动准备

笔、小黄帽、画板等。

## 活动过程

**一、前期准备**

1. 事先了解、查阅各种关于桥的资料（形状、结构、材料、长度等）。

2. 前期亲子探路，了解各类桥（廊桥、石板桥、木桥、拱桥、铁路桥）的具体位置，并以照片记录。

3. 亲子讨论出行前需要准备的相关材料，比如相机、记录表、画纸、画板等。

**二、制定计划**

亲子共同讨论，选择出感兴趣的桥及探索的问题，同时制定参观计划表。

**三、实地寻桥**

1. 幼儿家庭自由组队，带上记录表，在家长的陪伴下外出寻桥。

2. 小组合作、亲子探索并完成自制的记录表。

3. 亲子观察桥的形态。

图 1-3-12　亲子探寻状元廊桥

图 1-3-13　《我的寻桥计划》

## 活动推荐 2　谈话活动——我找到的桥

## 活动目标

1. 了解各种各样的桥，在集体面前大胆清楚地介绍自己家乡的桥。

2. 知道桥的种类及作用，能认真倾听同伴介绍，萌发热爱家乡的情感。

## 活动准备

周末开展过亲子寻桥活动；幼儿自己画的桥。

## 活动过程

**一、出示探桥调查表，谈话引出话题**

师：小朋友们，周末我们都跟爸爸妈妈去寿昌找了各种各样的桥，你们都找到了哪些桥？和身边的小伙伴说一说。

**二、个别交流，分享经验**

1. 说说你找到的家乡的桥。

师：你们家附近有哪些桥？你走过吗？它叫什么名字？

师：你认为它有什么用处？（鼓励幼儿向大家介绍自己画的桥）

小结：寿昌有廊桥、寿昌江桥、会通桥、状元桥、铁路桥、西湖桥等，桥就是架在水上或空中以便通行的建筑物，或者是让道路跨越河流、运河、铁路等的结构物。

2. 出示图片，了解各种各样的桥。

师：你喜欢哪种桥？为什么喜欢？在日常生活中，你见到过哪些桥？它们是什么样子的？

小结：我们生活中有各种各样的桥，最早的桥不过是横跨在河流两岸之间的树干或石块。慢慢地，人们在建造桥的时候，开始注重桥梁本身的造型和周围景观的协调，桥开始成为重要的艺术建筑之一。

师：这些桥都有名字吗？你们知道这些桥的背后有什么样的故事吗？

师：世界上有许多有名的大桥，感受一下它们造型的特点。

小结：这些世界著名的大桥都是由桥梁设计师设计出来的，桥梁设计师真是太厉害了。

3. 小组讨论。

说说桥的用处，为什么要造这些桥？观察桥的结构和建桥材料。

**三、比较现在和过去的桥**

1. 现在的桥和过去的桥相比，你更喜欢什么时候的桥？为什么？

2. 你还在哪里见过不一样的桥？它是什么样的？

小结：我们的生活中有各式各样的桥，如木桥、石桥、铁索桥、钢桥、吊桥、人行天桥、立交桥、铁路桥等等。人类在原始时期为了跨越水道和峡谷，大多利用自然倒下来的树木，或溪涧凸出的石块作为桥。后来，人类有目的地伐木为桥。木头时间长了会断，不够结实，所以人们又用石头来建桥，随着技术的不断发展，就出现了现在的桥梁——钢筋混凝土桥。

图 1-3-14　小组交流

图 1-3-15　《我找到的桥》记录表

## 活动推荐 3　讨论活动——廊桥我想知道的

### 活动目标

1. 通过讨论会，梳理关于廊桥的问题，并用不同的方式进行记录。
2. 初步认识廊桥，了解廊桥的发展史，感知廊桥的建筑结构。

### 活动准备

经验准备：家长事先带领幼儿参观廊桥。

物质准备：记录纸、记录笔、多媒体等。

## 活动过程

### 一、自由讨论，唤起经验

1. 提问激趣，回忆经验。

师：寿昌有这么多各种各样的桥，你最喜欢哪一座桥？为什么？

2. 出示廊桥，讨论廊桥。

师：关于廊桥，你最想知道什么呢？

小结：我们认识了各种各样的桥，古代的劳动人民依靠自己的聪慧和才智设计、制造了各种桥梁，随着科技的发展，现代设计师和工人又设计、制造了各种各样的现代桥梁，家乡的廊桥上有许多的秘密。

### 二、小组讨论，梳理问题

1. 分组讨论，并用不同方式进行记录。

师：每组请幼儿选出一名组长进行廊桥问题的绘制。关于廊桥你有什么问题呢？

2. 交流分享，梳理问题。

师：每组上来分享你们讨论的结果，说说你们想了解廊桥的哪些东西。

小结：孩子们总结出了许多问题，包括桥能承受多少的重量，桥有多长，桥有多宽，桥上面有几根柱子，为什么桥下是拱形而不是直的，为什么廊桥上有灯笼，廊桥上为什么有狮子，廊桥下面有几个拱形，为什么廊桥上有尖尖的尾顶，等等。

### 三、活动延伸

参观廊桥需要准备些什么呢？该怎么制作计划呢？

图 1-3-16　我最喜欢的廊桥投票

图 1-3-17　关于廊桥问题的记录

## 活动推荐 4　社会活动——我的参观计划

### 活动目标

1. 了解廊桥的演变，知道廊桥的大致分布位置。

2. 主动参与关于廊桥的话题探讨并做好记录、统计，在集体面前大胆表达。

### 活动准备

经验准备：家长事先带领幼儿参观廊桥。

物质准备：各种廊桥的图片、廊桥参观计划表、廊桥调查表。

### 活动过程

**一、回忆寻桥，唤醒经验**

师：外出游玩时见到的廊桥是什么样子的？具体位置在哪里？

小结：我们之前讨论了你知道的关于廊桥的东西，我们来回忆一下：廊桥上有灯笼，也有鼓；廊桥的结构特点和廊桥的故事；廊桥的具体位置是在寿昌中学门口。

**二、参观准备，记录分享**

师：参观廊桥需要准备什么东西呢？我们该怎么去呢？

师：请小朋友们用绘画的方式将它们画下来并上台分享。

小结：原来我们需要带上这么多的东西，有雨伞、拍照的手机、画板、测量用的卷尺、防晒帽、水杯和许多的绘画工具，等等。

**三、自由分组，参观安排**

师：我们前期讨论了许多不能解决的问题，分类制作了廊桥调查表，那不能解决的问题我们应该怎么分类呢？

小结：我们发现有许多关于廊桥测量的问题、有许多关于廊桥询问的问题和需要写生的情况，那么我们可以分成几组呢？

●测量组：小朋友准备直尺、卷尺、皮尺等测量工具对廊桥的长度、高度，柱子的粗细进行测量和记录。

●拍摄组：利用手机、平板、电话手表等拍摄工具进行拍照记录。

●写生组：拿上画板、画笔、画纸化身小画家，寻找不同的角度进行写生。

●采访组：根据自制的廊桥问题记录表，采访廊桥上的行人并进行记录。

## 四、活动延伸

1.学习测量工具、拍摄工具的使用方式并进行练习。

2.绘制采访记者证。

| 我的参观计划 | |
|---|---|
| 班级： | 姓名： |
| 参观物品准备 | 参观人员安排 |
| | |

图 1-3-18　关于廊桥的话题探讨

图 1-3-19　参观计划表

## 活动推荐 5　小组活动——探桥路线

### 活动目标

1. 了解路线图，理解箭头表示的意义。

2. 运用方位箭头、参照物、线条等，尝试绘制探桥路线图。

3. 能够大胆地表达自己的想法，体验寻找路线的乐趣。

### 活动准备

自备"↑""↓""←""→"四个不同方向的箭头标记、地图。

### 活动过程

**一、初步认识"↑↓←→"四个不同方向的箭头**

1. 教师出示四个不同方向的箭头。

师：你们知道这四张标记图表示什么意思？

小结：是的，箭头代表的是不同的方向，有了箭头，我们可以迅速地分辨方向，在生活中的用处非常大。

2. 用手指出箭头所指的方向。

师：你能用手指指出这个方向吗？

小结：指示牌的箭头可以为我们的出行指示方向，给我们的生活带来方便。

**二、认识路线记录表**

1. 出示三张路线图，了解图中不同符号的不同含义。

师：小兔子用这些不同方向的箭头画出了三张路线图，路线图上有什么？路线图中每个格子里的箭头和数字告诉我们什么？你能看懂吗？（箭头表示每一步行走的方向，数字表示第几步）

2. 梳理小结，交流分享。

师：在路线图中我们可以根据箭头和参照物找到自己想要去的地方，有些还有距离显示，让我们知道从起点到终点有多远。

### 三、设计探桥路线图

1.设计探桥路线，学习用参照物和箭头的方式进行绘制。

之前，我们已经跟父母找过廊桥，回忆一下，在寻桥的路上有哪些标志可以参考？是往哪个方向走的？我们一起来设计一张探桥路线图。

2.幼儿操作，教师观察指导。

### 四、幼儿分享路线图

请个别幼儿分享自己设计的探桥路线图。

### 五、活动延伸

图书区继续投放不同难度的迷宫图片和书籍，让幼儿在玩迷宫游戏时进一步体验空间的奇妙和有趣。

图1-3-20　幼儿绘制的探桥路线

## 活动推荐6　集体探学——探秘廊桥（方案）

### 活动目标

飞檐翘角，青瓦木廊，经过了岁月沉淀、时间洗礼的廊桥依然威严挺立。两千多年历史的廊桥，承载起人们生活的便利之余，也有着自身的魅力。廊桥是中国桥梁的一种重要类型，结构独特、造型优美。桥上的每一扇窗、每一块木板、每一处雕梁画栋，都是一段记忆、一个故事、一程光阴，让我们追随孩子的脚步走进寿昌的廊桥，探秘其结构、功能等奥秘。

### 活动准备

小黄帽、马克笔、画板、测量记录表、记者提问表等。

## 活动过程

**一、前期准备：初步了解廊桥**

1. 了解廊桥的基础结构和功能。

小结：廊桥是中国桥梁的重要类型，一般由桥面、桥墩、栏杆、桥柱等部分组成。

2. 了解廊桥的建造材料。

石头的、木头的或者是砖块的。

3. 了解廊桥的种类。

出示各种不同种类的廊桥图片，幼儿观察，找出它们的特点并分类。

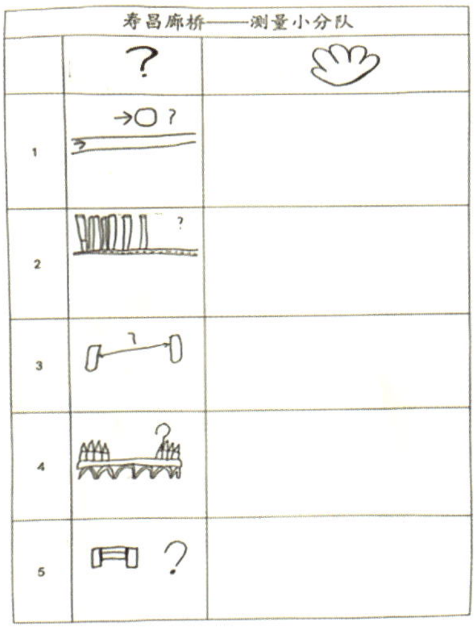

**二、制定计划：明确探桥方向**

1. 记录需要探寻的问题。

2. 选定需要参观的地点，制定出行路线。

**三、现场探桥：实地探寻了解**

1. 幼儿分组探寻，了解寿昌廊桥。

测量小分队、采访小分队、写生小分队、摄影小分队。

2. 分组交流探寻结果，分享趣事。

图 1-3-21　"测量小分队"记录表

图 1-3-22　测量廊桥

图 1-3-23　拍摄廊桥

## 活动推荐 7　科学活动——探秘桥的承重

### 活动目标

1. 尝试用纸桥（桥墩固定）感知桥的承重能力。

2. 知道波浪的桥比平面的桥牢固，探索波浪的多少与桥的承重力之间的关系。

### 活动准备

每人四张 A4 纸、积木（可做桥墩，也可用于检验独木的承重力）、纸桥承重记录表等。

### 活动过程

**一、回忆经验，了解桥的基本构造**

1. 这是什么桥？你在哪里见过桥？这些桥是架在哪里的？

2. 跨路桥和跨水桥各有什么作用？桥是方便人们，以及汽车等交通工具顺利通行的建筑物。

3. 你知道桥是由哪几部分组成的吗？一座桥，基本是由桥面和桥墩两个部分组成的。你觉得哪个是桥面？哪个是桥墩？

**二、探究一：幼儿制作纸桥，并尝试探索平面纸桥的承重力**

1. 教师提问，激发兴趣。

师：你们见过用纸做成的桥吗？今天我们一起来试着用纸搭建小桥。

2. 介绍操作材料。

小朋友们，请试着用两块积木做桥墩（桥墩的距离固定），用吸管做桥下流水，纸来做桥面，看谁搭建得又快又好。

3. 幼儿尝试，教师巡回指导。

师：请搭建好纸桥的小朋友尝试着放积木，看看你的桥上最多能放几块积木，并把它的数量记在记录表上。

4. 幼儿集体交流。

### 三、探究二：幼儿尝试改变桥面形状，探索其承重力

1. 改变桥面，再次实验。

师：我们改变桥面的形状，它又能承受多大的力（可以放几块积木）？请小朋友试着用折一折或卷一卷的方法改变桥面的形状，下面桥墩的距离保持不变，然后在上面放积木，最多能放几块积木？

2. 幼儿尝试操作，教师巡回指导。

师：请小朋友说一说改变形状后的桥面最多能放几块积木，并进行记录，看看你发现了什么。

3. 幼儿集体交流。

小结：曲的桥面与平面桥相比，弯曲（有波浪）的桥面比平面桥能承受更大的重力。

### 四、探究三：波浪的多少和承重能力的关系

#### （一）折叠桥面，继续探究

师：刚才小朋友们发现弯曲（有波浪）的桥面承受的重力变大，要是弯曲的次数变多了，它又能承受多大的力？现在我们试着把它反复折叠几次，看能放几块积木？

#### （二）操作探究，记录结果。

1. 幼儿可根据自己的意愿折叠不同的次数，然后用积木进行探究。

2. 教师观察幼儿操作情况。

3. 把做的纸桥最多能放几块积木写在记录表上。

#### （三）比较哪种形状的纸桥更有力量

通过实验，记录比较。

师：你发现了什么？小朋友们相互交流。

小结：纸折叠成波浪形后，能承受的力量变大，每一个波浪就像一个小巨人，许多小巨人连在一起力气就大了，我们回家再和爸爸妈妈一起探究折叠的波浪比现在多，是不是它的承重力就更大呢？

#### （四）拓展生活经验，知识迁移

师：在平时的生活中，你发现哪些东西（瓦楞纸、塑钢瓦、瓦片、纸扇、石棉瓦等）是利用弯曲来使它更牢固的？建筑师们根据一些科学原理，建造了许多坚固的桥，如：中国的赵州桥，美国的金门大桥。小朋友们只要多动脑筋多动手，也能成为一名伟大的工程师。

### 五、活动延伸

在活动区域投放操作材料，让幼儿自由探究改变桥墩的多少、桥墩之间距离的远近与纸桥承重力之间的关系。

图 1-3-24　纸桥承重实验

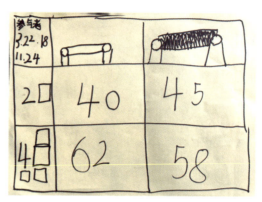

图 1-3-25　纸桥承重记录表

## 活动推荐 8　建构活动——各种各样的桥

### 活动目标

1. 尝试用各种材料搭建造型独特的桥。
2. 使用垒高、架空、对称等结构技能组合搭建桥梁。
3. 体验分工、合作搭建的乐趣，感受成功的喜悦。

### 活动准备

经验准备：已有在活动区域搭建各种桥的经历。

物质准备：各种桥的图片、建构材料及辅助材料。

### 活动过程

**一、经验回顾，巩固技能**

观赏各种桥的图片，引导幼儿讨论：根据桥的不同造型如何应用已学过的建构技巧进行游戏。

### 二、小组合作，实践造桥

1.幼儿自由选择伙伴。

2.小组展开讨论：准备造什么样的桥？需要什么材料？

3.幼儿游戏，教师巡回指导。

重点指导幼儿根据各种桥的造型，选择合适的材料，大胆创新进行建构。

### 三、桥梁展览，分享造桥

1.请幼儿为自己搭建的桥取个名字。

2.谁来当小小解说员，介绍一下自己搭建的桥？

图1-3-26　幼儿建构积木桥

图1-3-27　幼儿建构轮胎桥

## 活动推荐9　实践活动——造桥小能手

### 活动目标

1.同伴合作设计造桥计划书，了解造桥所需的材料。

2.会自己寻找造桥材料，开展造桥行动，体验合作的快乐。

### 活动准备

木板、纸板、胶水、绳子、钉子、榔头，各种建构材料。

### 活动过程

#### 一、造桥准备

1.查阅资料，了解桥的简单结构（桥面、桥墩、围栏）。

2. 小组合作，完成桥的设计稿。

**二、造桥施工**

**（一）组建寻宝小队，寻找材料**

幼儿分头行动，到幼儿园寻找各种适合造桥的材料（纸板、纸筒、纸箱……）。

**（二）小组分工，合作造桥**

1. 桥墩组：把六根长短不一的纸筒裁剪切割，在尝试后寻求保安叔叔的帮忙，将纸筒变成一样的高度。

2. 桥面组：裁剪纸板，并进行粘贴以固定桥面。在固定中尝试了双面胶和固体胶，以失败告终，最后选择热熔胶进行固定。

3. 装饰组：自制彩旗，并且通过绘画的方式进行装饰。

**三、造桥验收**

验收小分队拿着验收表进行检验（桥面是否平整？桥墩是否牢固？……）。

图 1-3-28　纸桥造桥组

图 1-3-29　造桥计划书

## 活动推荐 10　实践活动——护桥行动

**活动目标**

1. 愿意清扫廊桥，懂得完成集体任务，具有责任意识，提升自我实践能力。

122

2. 敢于大胆地讲述与表达，尝试用绘画方式制作环保宣传标记。

## 活动准备

物质准备：水桶、抹布、扫把、掸子、红背心、帽子、宣传小报等。

经验准备：提前了解有关保护廊桥的相关知识。

## 活动过程

**一、讲解计划，明确任务**

1. 交流讨论，了解护桥的意义和目的。

2. 讨论分组，明确护桥任务（擦洗组、扫地组、掸子组、垃圾分类组四个小组）。

**二、实践行动，清洁廊桥**

1. 分组并学习使用清洁工具。

师：根据分组情况，我们来学习一下清洁工具的使用方法吧。

2. 交流及分享使用的清洁工具及方法。

**三、环保使者，宣传廊桥**

1. 出示廊桥的图片（角落里有分散的细小垃圾）。

引导幼儿直观地发现问题：廊桥是休息放松的地方，为什么今天的廊桥看起来不美丽了呢？

2. 教师提问，引发思考：为了保护地球妈妈，保护我们的廊桥，我们小朋友可以做些什么呢？

3. 幼儿自由讨论如何做环保宣传员。

4. 分组设计环保宣传标语。

小结：我们成了护桥小使者，运用了各种工具对身边的廊桥进行了清洁和维护，让我们一同携手保护身边更多的桥。

图 1-3-30　清扫廊桥

图 1-3-31　宣传环保知识

## 七、课程评价案例

# 萌娃造桥记

**活动缘起**

寿昌古镇溪流纵横，桥梁众多，其中尤以横跨寿昌江的古老廊桥最为引人注目，飞檐翘角、雕梁画栋，独具特色。在为期两周的"萌娃探桥"活动中，孩子们带着好奇心和浓厚的兴趣，通过亲子寻桥、小分队探桥、集体量桥等多种活动，深入廊桥，探索其结构奥秘，挖掘背后的历史故事。

随着对廊桥探索的逐渐深入，孩子们的想象力也得以激发，于是，他们萌生了在幼儿园建造一座廊桥的想法。

图 1-3-32　卷尺测量廊桥

图 1-3-33　人体测量廊桥

**活动推进**

**（一）设计组**

造一座怎样的廊桥，设计组的成员通过实地探桥、查阅书籍、教师访谈等，最终决定造一座放置在幼儿园大厅供大家观赏的寿昌廊桥。明确目的之后，寿昌廊桥草图应运而生。造桥除了需要图，还需要大量的材料，于是孩子们对于制造廊桥的桥面、桥墩和围栏需要用到什么材料再一次进行了讨论，并绘制在材料收集计划书中。随着计划书的不断深入，孩子们的讨论也越发专业，在建筑师家长的协助下，他们还讨论出了造桥步骤，并生成了简易版施工计划书。

图 1-3-34　造桥计划书

图 1-3-35　造桥步骤

**分析**：在这个过程中，孩子们的自主意识越来越强，在共同讨论中明确目的并能根据廊桥的不同特征绘制所需要的材料；也具有极强的规划能力，在家长的帮助下，孩子们绘制的造桥计划书呈现清晰、方向明确，孩子们对于建造的基础环节也有了一定的了解和掌握，并且丰富了有关空间方位识别的经验。

**（二）材料组**

有了计划书，造桥实施起来变得尤为顺畅，幼儿园大大小小的材料库都成了孩子们的搜寻点，各种"宝藏"被一件一件挖掘出来，如：大小不一的圆筒、纸箱、纸板、彩纸、麻绳等。孩子们发现，这些材料与设计图上的材料出入较大，围绕这些材料如何选择、使用，他们又进行了一系列的讨论。最终在与设计组、

制作组的伙伴进行商议后，决定修改设计图，使用现有大量的废旧纸板、圆筒和彩纸来造桥。

一一："利用纸箱和木棍是不是可以制作一个稳固的桥梁呢？"

默默："这个圆筒看着有点像柱子，也可以拿来做桥墩。"

涵宝："纸板我觉得可以拿来做桥面，平平的最适合不过了。"

**分析：**在这个过程中，孩子们的实践能力得到了发展，在纷繁复杂的材料中快速识别并挖掘各种材料的作用；也具有极强的应变、解决问题的能力，在发现无法搜寻到最初的设计图纸需要的材料时，他们能快速做出修改图纸的决定，并学会了如何根据现有材料提出新的造桥构想。

图 1-3-36　寻找造桥材料

图 1-3-37　造桥进行时

### （三）制作组

制作过程也是问题重重，孩子们遇到了拼接不稳固、纸箱不容易裁剪，纸箱容易变形等问题。通过不断的尝试，毛毛提出："是否可以用纸板代替纸箱？"于是就有了纸板和圆筒连接形成桥面构造，继而运用胶枪将纸板盒切割成适当的尺寸作为围栏……之后，孩子们还用颜料给桥墩上色，让它看起来更加美观和有趣；他们还想到在桥上用彩旗进行装饰。

| 发现的问题 | 解决方法 |
| --- | --- |
| 桥为什么会歪，这样桥面就不好看 | 将桥墩切割成一样高度，而且要放平 |
| 桥面不容易固定，怎么让它更加牢固 | 用胶枪来代替双面胶 |
| 怎么做让它变得更好看 | 在桥墩上画画和挂很多的彩旗 |

图 1-3-38 桥面固定

图 1-3-39 装饰桥

**分析**：在制作廊桥的过程中，孩子们的知识和经验得到了进一步的转化提升，对出现的问题也能用自己的方式发挥主观能动性去解决；孩子们的合作意识也越发强烈，他们根据造桥计划书一步一步地操作，在裁剪装饰、修整固定、检验中形成了"学习共同体"，在实践中不断调整、完善自己所观察到的细节并能与同伴协商引入更多材料，发现了建造廊桥的更多可能性。

### （四）宣传组

造型独特的廊桥已制作完成，孩子们看着自己的成果自豪地笑了。宣传组的成员将制作的廊桥放置在幼儿园大厅，形成了一个寿昌微景观供大家观赏。孩子们对制作难度、观赏性、牢固度进行了项目验收评价，对于桥梁承重不稳定的情况，他们再一次通过小组讨论的方式进行解决。之后通过"小使者"来介绍廊桥的历史与背景，以此来宣传魅力寿昌。

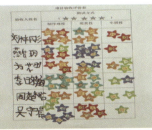

图 1-3-40 廊桥展示

分析：在这个过程中，孩子们积极地与参观者交流、互动，他们能说会道地向大家介绍廊桥的历史、文化内涵以及制作过程，让同伴和老师对寿昌廊桥有了更深入的了解。同时，孩子们也通过展示宣传，增强了对本土文化的认同感和自豪感。

**活动反思**

**1.材料支持，反复探究**

在制作廊桥的过程中，孩子们交流讨论搭建廊桥最合适的材料，并绘制简易的施工计划书。大大小小的材料库提供的多元材料支撑着他们主动探索。经过一系列不同材料的搭建，孩子们发现材料的特性并能根据特性需求来选择合适的材料进行搭建，在探究过程中，尝试不断调整来寻找一个最优解。教师应引导他们在解决问题时多思考，多表达，多参与，多尝试。

**2.多种途径，小组探索**

孩子们天生对外界事物充满了好奇和探索欲望，由一个"闪闪发光"的讲述经历开启家乡廊桥的探秘之旅。在这个过程中，教师利用多种途径支持孩子们多角度去探秘廊桥，丰富廊桥的相关知识。在制作廊桥的过程中，孩子们分组活动，有的设计廊桥、有的准备材料……孩子们采用协商、合作的方式制定造桥计划并用自己的方式记录自己的设计和想法，顺着计划书实施自己的行动。遇到难题时，能自己求解、自己思变，并且乐在其中。在这一系列过程中，孩子们的书写能力得到了发展，与同伴合作、解决问题的能力也得到了提高。

**3.建构经验，深度学习**

在制作廊桥的活动中，教师关注幼儿的经验建构，如在深入探究廊桥过程中，以孩子的兴趣点来确定活动目标，制作廊桥，幼儿可以自由地表达想法、分享交流，获得积极的、快乐的和自然的体验。孩子们经历了"设计—探寻—制作—宣传"的制作廊桥的实践探究过程，其间不断地实现深度学习。每一次发现都是一次新的提升与飞跃，不断地助推着幼儿的深度学习。（李嘉淼、周英）

## 其他活动样态

　　走进古镇，游状元廊桥，听廊桥的人文故事、画廊桥的独特特征。孩子们用画笔记录下自己所看到的廊桥，边游边学、边探边学。

　　走进步行街，用手中的纸和笔，记录下自己看到的建筑。学会用自己的方式表达对美的感知，加深对古镇文化多样性的理解与尊重。

　　幼儿在探秘翁宅时，被一扇画着五彩图案的门所吸引。图案中描绘着两个威武雄壮的人物形象，一个手持宝剑，一个手持铜钱。爷爷告诉他们这是中国传统的门神。

为了绘制寿昌古镇的平面图，幼儿开启了重走家乡古镇之路。不仅增强了幼儿对古镇历史文化的了解，还培养了他们观察、记录的能力，以及空间思维能力和想象力。

初探古井时，幼儿提出了"古井有多深？"的问题，回园后讨论出各种测量方法。再次探秘，幼儿尝试测量古井的深度。通过这些讨论和实践，幼儿在探索中学会了不同的测量方式，并且理解了"深度"一词的概念。

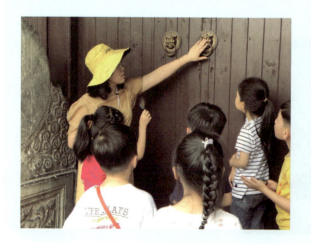

在探秘洪家厅的过程中，幼儿通过观察和摸索，了解到门环的使用方法和含义。他们亲手去拉门环，感受它们的质地和重量，甚至试着模仿古人的动作，敲一敲门，体验古人的生活。

　　古建筑的探秘中，随处可见的各式柱子吸引了孩子们的注意，每根柱子有多长？有多粗？由于没有带测量工具，孩子们就用手上现有的水彩笔盒进行测量。

　　在探秘古建筑时，突然看到一位慈祥的老爷爷坐在弄堂的一角。他们好奇地走过去，向老爷爷打招呼并开始访谈。通过与老爷爷的交流，了解了古建筑的历史和文化。

　　在古街上玩耍时，发现地上铺着一条古老的石板路。孩子们观察到这些石板上有着不同的纹路。他们迫不及待地踏上石板路，感受着脚下传来的坚实和凉爽。眼睛不时地被石板上的纹路所吸引。

走进航空小镇，幼儿通过实地考察、基地实践等活动，不断发现和了解与航空相关的信息。基地实践取代了教材学习，从直接汲取变为实践摸索，幼儿获得信息的方式更真实、更贴近生活。

幼儿兴奋地走进古街弄堂，眼前展现出一片熟悉而亲切的场景。他们立刻被爸妈小时候的弄堂游戏所吸引，迫不及待地开始玩耍，有的跳皮筋、有的踢毽子、有的玩捉迷藏，整个弄堂充满了欢声笑语和童趣。

幼儿园里一大批孩子的祖辈曾是横山钢铁厂的职工。走进横岗历史纪念馆，孩子们对陈列柜里的老照片尤为感兴趣，老师和孩子们一起分享老工人们炼钢的事迹。

# 主题 2

## ——品品美食

"食色，性也"，古往今来，美食一直是众人永恒的话题。身在美食天堂的古镇，幼儿园组织各年龄段幼儿对传统美食进行了不同的探索。小班幼儿被古街上"甜甜的糖画"吸引，开启了为期一年的"糖"的探秘之旅；中班幼儿对"糯糯的麻糍"产生了兴趣，制作三次终于成功；大班幼儿为全园准备了丰盛的"年夜饭"……

**多次尝试**

实践操作，反思调整，
总结经验，反复实践

**分享探索**

集体展示、品尝分享

**主题确定**

确定主题，展开讨论，
进行调查

**初次计划**

提出想法，基地体验，
制定计划

品品美食主题：
## 有趣的糖画

建议年龄段：小班
建议时长：2 周

### 主题说明

　　新年即将到来，寿昌古街上热闹非凡。糖画是小朋友最喜欢的美食之一，是一种传统民间手工艺，以糖制画，亦糖亦画，可观可食。仅仅一勺一铲，就能勾勒出令人眼馋口也馋的吉祥图案。

　　从"甘蔗探秘"开启甜甜糖画之旅。在爸爸妈妈的带领下，了解糖画的由来；从"甘蔗美食"中更深入了解甘蔗本领之大；通过实地观察、实践操作等形式，引导和鼓励幼儿探究、思考、发现，知道甘蔗可以熬成蔗糖，蔗糖就是制作糖画的主要材料。在设计糖画并体验制作糖画的过程中，感受蔗糖的神奇之处。糖画探究之旅让孩子们探秘"非遗"文化，触摸传统工艺，零距离感受糖画的奇妙。

### 主题内核

　　探究蔗糖从哪里来，感受蔗糖的神奇，体验制作糖画的乐趣，了解家乡的美食文化。

### 主题目标

　　1. 探秘甘蔗，了解甘蔗的生长过程，品尝甘蔗的味道，能用多种方式感知甘蔗的特征。

　　2. 了解糖画制作过程，探究甘蔗如何变身为蔗糖，体验探究乐趣，感受并发现其中的奥秘。

　　3. 大胆想象并尝试设计糖画，用蔗糖制作糖画，体验美食制作的乐趣。

## 一、主题分析

### （一）幼儿学情分析

**原有经验点**

1. 对糖画有初步的认识，在寿昌古街上看过糖画艺人绘制糖画，知道糖画生动形象的图案。

2. 认识甘蔗，品尝过美味的甘蔗，并在幼儿园的小龙人种植基地种植了甘蔗。

3. 品尝过美味的糖画，知道糖画有甜甜的味道。

**兴趣关注点**

1. 可以画画的糖是从哪里来的？

2. 制作糖画需要用到哪些工具、材料？

3. 如何制作神奇的糖画？

**成长需求点**

1. 以"糖画"为载体，探究、发现甘蔗的秘密，知道甘蔗可以制作成蔗糖，蔗糖是制作糖画的主要原材料。

2. 尝试用甘蔗熬出蔗糖糖浆，自主设计糖画图案，尝试制作糖画，感受糖画的神奇。

3. 知道糖画生动形象的图案及其寓意，进一步感受家乡美食文化。

### （二）资源盘点利用

**教材共性资源**

1. 图片资源：糖果大集合。

2. 音乐资源：《我是棉花糖》。

3. 视频资源：《甜甜的糖水》。

4. 幼儿用书资源：绘本《家乡的美食》，故事《糖画里的年味》。

**园本个性资源**

1. 实践基地：种植园地（种植甘蔗）。

2. 家长资源：部分家长会做糖画，知道制作糖画的过程要点。

3. 绘本资源：《妙笔糖画》《中国糖画》《送给爷爷的糖人》。

4. 幼儿园年俗活动"甜甜的糖画"。

## 二、主题流程图

### （一）主题行进路径

表 2-1-1　"有趣的糖画"主题行进路径

| 脉络 | 糖画探秘 | | | 甘蔗大变身 | | | | | | 甜甜的糖画 | | | |
|---|---|---|---|---|---|---|---|---|---|---|---|---|---|
| 序号 | 活动1 | 活动2 | 活动3 | 活动4 | 活动5 | 活动6 | 活动7 | 活动8 | 活动9 | 活动10 | 活动11 | 活动12 | 活动13 | 活动14 |
| 活动内容 | 神奇的糖画 | 糖画的秘密 | 蔗糖哪里来 | 种植甘蔗 | 甘蔗生长记 | 甘蔗探秘 | 甘蔗丰收了 | 我和甘蔗比身高 | 甜甜的甘蔗 | 储存甘蔗 | 做蔗糖 | 设计糖画 | 我来做糖画 | 趣享糖画 |
| 实施路径 | 谈话活动 | 实践活动 | 社会活动 | 实践活动 | 日常活动 | 科学活动 | 实践活动 | 数学活动 | 社会活动 | 实践活动 | 制作活动 | 创作活动 | 实践活动 | 仪式活动 |

### （二）关键经验分析

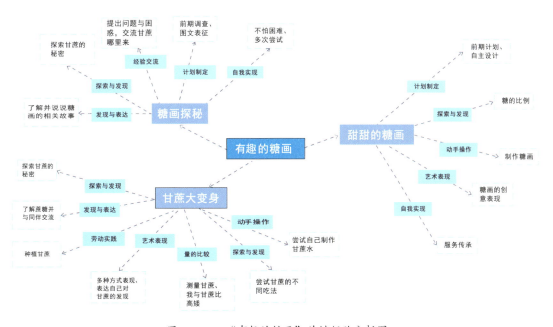

图 2-1-1　"有趣的糖画"关键经验分析图

## 三、家园共育

**致家长的一封信**

亲爱的家长朋友：

您好！

不知不觉间，我们迎来了寒冷又有趣的冬天。虽然冬天的寒冷会让孩子受到很多束缚，但是冬天也有许多有趣的事，特别是热闹的新年庆祝活动。随着"冬天来了"主题课程的深入开展，孩子们在谈论年味时，甜蜜如丝的糖画引起了他们的兴趣……

由此，我们产生了主题活动"品品美食之有趣的糖画"，在主题活动进行的过程中，我们和幼儿一起探秘关于"甘蔗变身"的秘密，了解糖画的传统工艺和制作糖画使用的工具。我们鼓励幼儿大胆参与自制糖画活动，感受同伴之间共同制作带来的快乐；引导幼儿感受传统文化的魅力，培养幼儿的民族自豪感。在这个主题中，我们期待您能配合活动的开展，做好以下工作：

1. 与幼儿一起观看有关"非遗"文化——糖画的视频。

2. 和幼儿一起完成关于糖画的调查表。

3. 外出时，与幼儿一起寻找家乡糖画的踪迹。

4. 参与设计和制作糖画，增进亲子互动。

## 四、区域设置

### （一）阅读区

1.甘蔗典故：收集甘蔗的典故图片，供幼儿看看、认认、说说它们的故事。

2.绘本阅读：投放绘本《一根红皮甘蔗的故事》，供幼儿自主阅读。

3.投放角色的头饰、手偶等相关道具，鼓励幼儿分角色演绎。

图 2-1-2  介绍蔗糖是怎么变来的          图 2-1-3  师幼共读绘本

### （二）益智区

1.糖果分类：提供各种各样的糖果，进行多种方式分类。

2.测量：提供不同测量工具，引导幼儿有意识地选用一种工具去测量甘蔗。

3.认识几何图形：投放各种甘蔗图片，利用各种形状进行搭建。

4.观察甘蔗外部特征：对比紫皮甘蔗和绿皮甘蔗的不同。

5.蔗糖的溶解：了解蔗糖是怎么做的，对比热水、冷水中糖的溶解速度。

图 2-1-4  糖果分类              图 2-1-5  测量甘蔗

### （三）建构区

1. 高高的甘蔗：利用低结构材料搭建长长的甘蔗，并进行介绍。

2. 蔗糖盒子：提供各色纸杯、泡沫积木、木质积木、纸板箱等，引导幼儿与同伴一起协商、合作制作蔗糖盒子。

图 2-1-6　搭建蔗糖屋　　　　　　　　图 2-1-7　搭建蔗糖小盒子

### （四）面粉工坊

1. 投放面粉、脸盆、水、筷子等材料，供幼儿制作不同形状的创意糖画。

2. 投放托盘、面粉、水、拓印工具、糖纸、果汁等，供幼儿制作彩色糖果。

图 2-1-8　制作彩色糖果　　　　　　　图 2-1-9　揉面粉做糖画

### （五）小厨房

1. 开饭啦：将作品组合粘贴成"丰富的甘蔗美食"投放在小厨房内，让幼儿进一步游戏。

2. 甜蜜甘蔗汁大家尝：投放模拟榨汁机，供幼儿进行角色扮演，品尝美味的甘蔗汁。

3. 送你蔗糖：将作品投放在"糖果屋"中继续开展游戏。

图 2-1-10　蔗糖汁

图 2-1-11　蔗糖美食宴

### （六）娃娃家

1. 糖画美食：将幼儿制作的黏土糖画作品布置在娃娃家，供幼儿游戏的时候使用。

2. 甘蔗美食去旅行：投放各种甘蔗美食的头饰，供幼儿在区域中自主表演儿歌。

3. 美味的甘蔗美食：将幼儿的作品放在活动区的环境之中，供幼儿玩买卖游戏。

图 2-1-12　美味甘蔗美食

图 2-1-13　甘蔗美食去旅行

## 五、主题推进思路

表 2-1-2　"有趣的糖画"主题展开思路

| 主题展开思路 | 活动名称 | 核心经验 | 基地体验 | 主题探索 | 游戏畅玩 | 生活浸润 |
|---|---|---|---|---|---|---|
| 糖画探秘 | 神奇的糖画 | 在观察、调查中初步了解什么是糖画，糖画的制作工艺。 | √ | | | √ |
| | 糖画的秘密 | 知道什么是蔗糖，通过探寻、调查加深对蔗糖的了解。 | √ | | | √ |
| | 蔗糖哪里来 | 认识生活中各种各样的糖，知道甘蔗可以制作成蔗糖，了解蔗糖的演变过程。 | | √ | | √ |
| 甘蔗大变身 | 种植甘蔗 | 认识劳动工具，探究、了解甘蔗种植的方法，体验劳动的快乐。 | √ | | | √ |
| | 甘蔗生长记 | 通过观察、探究，发现甘蔗生长的秘密，体验探索的乐趣。 | √ | √ | | |
| | 甘蔗探秘 | 通过看看、摸摸、尝尝等活动，多感官感知甘蔗的特征、生长过程及用途。 | | √ | √ | |
| | 甘蔗丰收了 | 体验收甘蔗的过程，感受丰收的喜悦。 | | √ | | √ |
| | 我和甘蔗比身高 | 通过与甘蔗比身高，尝试用不同的材料进行测量，学习简单的测量方法。 | | √ | | |
| | 甜甜的甘蔗 | 了解、体验甘蔗的不同吃法，喜欢吃甘蔗，知道吃甘蔗的好处。 | | √ | | |
| | 储存甘蔗 | 了解甘蔗的储存方法，小组合作尝试储存甘蔗。 | √ | | | √ |
| 甜甜的糖画 | 做蔗糖 | 在观察、操作、探究中了解熬糖的方法，激发探究兴趣。 | | √ | | √ |
| | 设计糖画 | 了解糖画图案丰富多样，大胆地运用自己喜欢的方式来设计自己要制作的糖画。 | | √ | √ | |
| | 我来做糖画 | 了解制作糖画的基本步骤、方法、注意事项，尝试制作糖画，体验做糖画的快乐。 | | √ | √ | √ |
| | 趣享糖画 | 尝试角色扮演，大胆介绍糖画，与同伴交往，体验与同伴分享的快乐。 | | | √ | √ |

## 六、活动内容

## 活动推荐 1　实践活动——糖画的秘密

### 活动目标

1. 知道糖画的制作原料、制作方法。

2. 能用涂鸦的方式记录自己了解到的糖画故事。

3. 欣赏糖画的不同样式，感受糖画的美。

### 活动准备

经验准备：对糖画有一些初步认识。

物质准备：记录表《糖画的故事》、纸、笔。

### 活动过程

1. 参观前，教师收集幼儿关于糖画的问题，进行梳理，制定调查记录表。

2. 幼儿带着问题走进古镇老街，探寻糖画，并在近距离的观赏中探秘糖画，幼儿可携带儿童相机以儿童的视角进行拍摄。

3. 教师引导幼儿探究糖画的秘密，了解糖画的制作方法、过程，糖画的历史与文化等。

师：糖画有哪些图案？糖画师傅是怎么制作糖画的？制作糖画需要用到什么工具、材料？

4. 采访糖画艺人。幼儿就感兴趣的问题询问糖画艺人，深入了解糖画的秘密。

5. 幼儿和家长、老师一起将寻访糖画的经历、发现用涂鸦、照片、文字等形式记录下来，完成《糖画的故事》记录表。

6. 幼儿相互交流，分享探秘糖画的发现、感受。

图 2-1-14　观看制作糖画

图 2-1-15　糖画的故事记录表

# 活动推荐 2　社会活动——蔗糖哪里来

## 活动目标

1. 知道甘蔗可以制作成蔗糖，了解蔗糖的演变过程。

2. 在猜想、验证、调查、交流中，进一步加深对蔗糖的了解。

## 活动准备

物质准备：白砂糖、粗砂糖、冰糖、红糖、黄糖、《蔗糖知多少》记录表、《蔗糖哪里来》视频。

## 活动过程

**一、蔗糖的猜想**

1. 抛出问题，引发猜想。

师：我们都知道糖画制作需要用到蔗糖，那蔗糖是什么糖呢？蔗糖是从哪里来的呢？

2. 出示不同糖的实物，引导幼儿认识不同的糖。（白砂糖、粗砂糖、冰糖、黄糖）

师：你们看，老师面前有那么多的糖，你们都认识吗？哪一种是蔗糖呢？

**二、蔗糖的由来**

1. 幼儿观看视频，初步了解蔗糖的由来。

2. 进一步明晰甘蔗变成蔗糖的过程。

问题（1）：蔗糖是由什么植物演变而来的？（甘蔗）

问题（2）：甘蔗怎么变成糖？

3. 教师依据幼儿的问答利用简笔画的形式进行记录。

小结：原来蔗糖是由甘蔗演变而来，在制作蔗糖的时候我们要先把甘蔗切成小片，然后将甘蔗片加一点水倒在破壁机里打碎，接着用纱布或者过滤网进行渣、汁分离，最后将甘蔗汁倒在锅子里熬，熬到黏稠的状态后就可以倒出来冷却，放凉后蔗糖就成型了。

**三、蔗糖知多少**

1. 开展亲子调查"蔗糖知多少"，完成后幼儿带回园进行交流、分享。

2. 观看视频，了解蔗糖的功效。

小结：蔗糖营养价值很丰富，里面含有大量的糖分，可以为人体提供能量。除此之外蔗糖还可以延缓皮肤衰老、增强人体免疫力。

图 2-1-16　蔗糖大调查

图 2-1-17　学一学怎么制作蔗糖

# 活动推荐 3　实践活动——种植甘蔗

## 活动目标

1. 乐于参加种植体验，对劳动产生热爱之情。

2. 了解甘蔗种植的方法，尝试种植甘蔗，体验劳动的快乐。

## 活动准备

经验准备：之前品尝过甘蔗，对甘蔗有兴趣。

物质准备：劳动工具（铲、锹、水壶、塑料膜等）、甘蔗、甘蔗种植过程的图片等。

## 活动过程

### 一、谈话导入

谈话导入，激发种甘蔗的兴趣。

师：小朋友们，我们平时都吃过甘蔗，你觉得甘蔗好吃吗？那我们今天来聊一聊甘蔗，谁知道甘蔗怎么种？

### 二、甘蔗种植的猜想

幼儿围绕三个问题展开猜想与讨论，并进行简单记录。

问题一：甘蔗有种子吗？

问题二：甘蔗怎么种？

问题三：甘蔗种在土里还是水里？

### 三、种植进行时

1. 出示甘蔗种植工具，引导幼儿认识工具，了解工具的使用方法。

2. 邀请甘蔗种植的专家来园指导幼儿种甘蔗。

第一步：种植甘蔗要先育苗，把甘蔗整根放在泥土里一段时间，等到要种植的时候把甘蔗挖出来，找一找甘蔗上的发芽点。

第二步：依据这些发芽点把甘蔗切成几段。

第三步：将甘蔗横着摆放在泥土里，摆放的时候记得要把发芽的地方朝上。

第四步：盖上土，铺上塑料膜，甘蔗就种好了。

3. 幼儿进行甘蔗养护行动，并随时观察甘蔗的生长变化。

（备注：之前的甘蔗已经成熟，这是新一轮的种植）

图 2-1-18　讲解甘蔗种植方法

图 2-1-19　甘蔗育苗

图 2-1-20　育苗成功了

## 活动推荐 4　实践活动——甘蔗丰收了

### 活动目标

1. 能使用各种工具，小组合作收甘蔗，初步掌握收获甘蔗的方法。

2. 乐于参加劳作实践，体验丰收的喜悦。

### 活动准备

各种收获工具、甘蔗林等。

### 活动过程

**一、甘蔗丰收了**

1. 幼儿在教师的带领下走进甘蔗种植基地，准备收甘蔗。

师：甘蔗林里的甘蔗成熟了，我们一起出发去收甘蔗咯。

2. 出示劳作工具，并简单讲解工具的使用方法。

3. 幼儿自由分组，根据自己的意愿选择工具收甘蔗。

4. 教师引导幼儿注意工具的使用安全，引导幼儿相互交流、合作解决问题，探究收甘蔗的方法，体验共同劳作的乐趣。

5. 教师可以利用相机记录幼儿的活动过程。

**二、收甘蔗趣事**

1. 依据收甘蔗的照片或视频，幼儿分享自己的经验。

2. 教师鼓励幼儿大胆地表述自己的收获过程，以及在收获的过程中遇到的问题和自己

的解决办法。

3.幼儿品尝自己的劳动成果,感受劳动的快乐。

教师帮助幼儿将甘蔗切成小块,让幼儿品尝自己收获的甘蔗,体验丰收的喜悦。

图 2-1-21　收获甘蔗

图 2-1-22　甘蔗丰收了

## 活动推荐 5　实践活动——储存甘蔗

### 活动目标

1.了解甘蔗的储存方法,小组合作尝试储存甘蔗。

2.乐于参加劳作实践,体验劳动的快乐。

### 活动准备

甘蔗若干、茅草、锄头等。

### 活动过程

1.抛出问题引发幼儿的探究兴趣:甘蔗如何储存?

2.邀请农业专家现场讲解甘蔗储存的方法。

3.教师引导幼儿小组合作尝试进行甘蔗储存。

第一步:先在泥土里挖一个大坑。

第二步:在大坑底部垫上干干的茅草。

第三步：将甘蔗放置在干茅草上。

第四步：最后在甘蔗上铺上茅草和泥土。

图 2-1-23　将甘蔗放入泥坑

图 2-1-24　盖上茅草

## 活动推荐 6　制作活动——做蔗糖

### 活动目标

1. 在操作、探究中进一步感知甘蔗与蔗糖的关系，了解甘蔗制作成蔗糖的过程。

2. 小组合作尝试制作蔗糖，体验制作蔗糖的乐趣。

### 活动准备

经验准备：提前观看用甘蔗制作蔗糖的视频，了解甘蔗可以变成蔗糖。

物质准备：甘蔗、小锅、勺子、榨汁机，透明小瓶子等安全工具。

### 活动过程

#### 一、故事导入

1. 倾听故事《甘蔗小精灵的礼物》，了解蔗糖制作过程。

师：故事中的甘蔗小精灵是怎么发现甘蔗汁，又怎么把它变成甜甜的蔗糖的呢？

小结：小精灵在无意间发现甘蔗汁非常美味，尝试了选料、清洗、榨汁、熬制等多道工序，最后将甘蔗汁变成了甜甜的蔗糖。

**二、制作蔗糖**

1. 出示材料，引导幼儿了解制作蔗糖所需要的食材、工具。

2. 师幼合作，分小组尝试制作蔗糖。

第一步：选料——选取成熟的甘蔗。

第二步：清洗——注意清洗甘蔗的正确方法。

第三步：榨汁——操作榨汁器提取甘蔗汁。

第四步：熬制——甘蔗汁水放入锅中进行熬制，变成糖浆。

第五步：冷却——将熬煮好的糖浆倒入模具进行冷却。

3. 教师引导幼儿在制作过程中注意安全，及时提供指导和帮助，引导幼儿交流、分享制糖过程中的观察与发现。

小结：将甘蔗清洗干净，切成段，用榨汁机把甘蔗汁榨出来，过滤掉甘蔗汁中的杂质后，再把甘蔗汁煮沸，水分蒸发后就留下黏黏的糖浆。

4. 每组展示制糖成果，体验小组合作劳动的快乐。

图 2-1-25　熬甘蔗汁

图 2-1-26　蔗糖

## 活动推荐7　实践活动——我来做糖画

**活动目标**

1. 了解制作糖画的基本步骤、方法、注意事项。

2. 尝试制作糖画，体验做糖画的快乐。

## 活动准备

经验准备：见过糖画师傅制作糖画。

物质准备：糖和制作糖画的工具（勺子、转盘、竹签等）、制作糖画的视频。

## 活动过程

### 一、回忆糖画

1. 出示糖画实物，引发兴趣，衔接幼儿已有经验。

2. 幼儿观看糖画制作视频，了解糖画制作所需要的食材、制作方法与步骤。

3. 师幼讨论，说说制作糖画的材料、工具。

小结：将幼儿的讨论结果以圆圈图的形式来呈现，制作糖画需要用到的材料有糖、竹签、锅子、勺子、面板。

4. 师幼讨论，说说制作糖画的方法与步骤。

小结：讨论结果以流程图的形式呈现出来。

### 二、制作糖画

1. 出示制作糖画所需要的材料、工具，并一一进行介绍。

2. 根据自己的设计图，幼儿动手进行操作，教师进行指导。

第一步：制作糖浆，糖浆是糖画制作的主要材料，将甘蔗汁熬成糖浆，制成温度和黏度适合的糖浆。

第二步：将竹签摆放在板上，取一小勺糖浆，在板上画形状、图案。

第三步：等糖画凝固后，将它们小心地从板上取下来，一个糖画就制作完成啦。

3. 幼儿发现制作中的问题，并尝试自主解决问题，教师观察幼儿的操作过程，及时跟进指导。

4. 引导幼儿相互交流并分享自己在制作糖画中的成功经验。

### 三、糖画分享会

1. 糖画制作完毕后，幼儿展示自己的作品，互相交流经验与感受。

2. 幼儿品尝自己制作的糖画，并与同伴、老师、家人分享。

图 2-1-27　材料摆放

图 2-1-28　制作糖画

图 2-1-29　糖画成品

# 活动推荐8　仪式活动——趣享糖画

## 活动目标

1. 尝试开设糖画店铺，体验角色扮演游戏。

2. 能大胆介绍糖画作品，与同伴交流，体验交流、合作、分享的快乐。

## 活动准备

经验准备：会制作糖画。

物质准备：制作好的糖画，糖画店铺所需要的材料如柜子、桌子、头巾、围裙，店铺装饰所用的彩色纸、固体胶等。

## 活动过程

1. 师幼合作共同设计、装饰糖画店铺。

2. 引导幼儿将糖画店铺分为糖画制作区和糖画售卖区两个区间，制作完成的糖画展示出来进行售卖。

3. 讨论糖画店铺的人员分工，引导幼儿根据自己的兴趣选择不同的角色，如糖画售货员、糖画制作员。

4. 幼儿进行糖画店铺买卖游戏。

5. 教师引导幼儿根据游戏中的问题进行交流讨论，比如怎么招揽顾客，游戏玩法与规则等。

6.引导幼儿大胆介绍糖画店铺的糖画作品。

7.组织幼儿进行多次、多轮的游戏，引导幼儿有礼貌地进行社会交往游戏，体验糖画买卖、分享的乐趣。

图2-1-30 幼儿叫卖

图2-1-31 糖画店铺

## 七、课程评价案例

## 甜甜的甘蔗

### 活动缘起

孩子们在品尝完古镇上的糖画后，产生了一系列问题：糖是用什么做的？糖真的可以变出各种图案吗？这些问题激发了他们的探索欲望，于是我们决定启动一场为期半年的"糖画揭秘"之旅。

在这次旅程中，我们尝试种植甘蔗，从育苗开始，通过日常观察、养护照料、制作美食，生发了一系列关于甘蔗的生长、熬制蔗糖的趣事……

### 活动推进

#### 镜头一：地上的甘蔗叶

户外写生时，孩子们发现保安师傅在剥甘蔗的叶子，这个举动让孩子们很"生气"。

鑫鑫："保安叔叔，不可以剥甘蔗的叶子。"

宸宸："没了甘蔗叶，甘蔗会受伤。"

米粒："甘蔗没有了叶子会被虫子吃掉。"

……

孩子们纷纷"谴责"。

保安叔叔解释道："甘蔗要剥了叶子才会长大，不把叶子剥掉，甘蔗就没有地方生长了。"

**识别与分析：**对于甘蔗的生长过程，孩子们的了解比较片面，因此对于剥甘蔗叶的行为与保安叔叔产生了矛盾冲突，在与保安叔叔的对话中，孩子们了解到甘蔗需要剥掉叶子才会长大，从而对甘蔗的生长过程有了更加深入的了解。

**回应与支持：**在后续活动中，孩子们提出了自己的想法，他们认为保安叔叔是一个种植甘蔗的高手，那就让保安叔叔来当"甘蔗顾问"，帮助养护甘蔗。之后，幼儿对于甘蔗的生长也有了更加浓厚的兴趣，他们通过调查，找到了很多关于甘蔗的资料，从而更深入地了解了甘蔗生长的秘密。

**镜头二：甘蔗倒了**

饭后散步时间，教师带领孩子们去种植园观察甘蔗，结果看见很多甘蔗倒在地上，孩子们马上去扶甘蔗，可是扶起来后甘蔗又倒了。甘蔗为什么会倒呢？孩子们展开了讨论。

周沫丞："被暴雨弄倒的。"

甜甜："我感觉是被风吹倒的。"

可可："是不是有人碰倒了甘蔗？"

王子允："可能是被闪电打倒的。"

……

图 2-1-32　甘蔗为什么会倒

**识别与分析：**幼儿对于甘蔗为什么会倒在地上很好奇，纷纷加入讨论的队伍。从幼儿的对话中可以发现，幼儿对于甘蔗倒地有自己的猜测，这是幼儿生活经验的反映，他们链接生活，进行了种种可能性的猜想。这一关键问题，也是幼儿深度学习的助推器，基于孩子们的问题点推动了后续幼儿对于甘蔗的探索。

**回应与支持**：基于幼儿的好奇心，教师为了验证幼儿的猜测，通过不同的策略推动幼儿的深度学习：视频快播中发现甘蔗不断长大，叶子越多甘蔗越重，对比观察中发现甘蔗越重，吹倒后就越不容易起来……。幼儿得出结论，发现甘蔗在长大的过程中，茎上的叶子越多、越重，遇到大风大雨，就越会被吹得东倒西歪，甚至倒下来。幼儿深刻感悟到农作物生长过程中的不易，明白了农民伯伯的艰辛。

**镜头三：甘蔗有多高**

种植园的甘蔗丰收了，孩子们带着工具参与收获，这时天天说："我找到了一根最长的甘蔗。""我的最长。"硕硕说道。"我的是甘蔗王，超级无敌长。"其他的孩子也不甘示弱。孩子们争执不下，于是就引发了一场"我与甘蔗比身高"的活动。

幼儿讨论"用身体比较""两根甘蔗进行比较"的方法，教师根据幼儿讨论的结果进行梳理，然后鼓励幼儿去尝试实践，让幼儿通过实际操作来验证自己的猜测，以此丰富测量、比较的经验，加深他们对长度的认识。

**识别与分析**：幼儿对于"谁是甘蔗王"很感兴趣，自然衍生出"比身高"的活动。教师通过对幼儿在趣味测量活动中的行为进行观察实录和分析解读，发现幼儿首先会想到的是运用感官，如目测、手指触摸等方式，继而在教师的提示下会以自己作为参照物进行比较。在使用参照物进行比较的过程中，又逐渐意识到正确比较的注意点，为以后标准量的比较学习奠定了一定的认知基础。

**回应与支持**：提供多样材料，引发幼儿对其他物体的测量兴趣，进一步探究测量。给予幼儿充分的动手操作机会，摒弃只要结果的被动学习心态，让幼儿积累解决问题的能力。教师支持幼儿的学习，鼓励幼儿参与活动，让幼儿从发现问题到测量实践，体验在操作实验的过程中验证想法、解决问题的愉悦。

**镜头四：甜甜的甘蔗**

在亲子调查中，孩子们了解到甘蔗可以制作成蔗糖，蔗糖是制作糖画的主要材料，那甘蔗到底是怎么变成蔗糖的呢？基于孩子们的兴趣，教师支持他们深度探究，通过观看制作视频、实践操作等方式探究制作蔗糖、糖画的秘密。

有的说："先把甘蔗削皮，切成一段一段的，然后放进榨汁机榨成汁。"

有的说："将甘蔗汁倒到布里，挤一挤，拧一拧。"

有的说："然后把甘蔗汁放锅里煮一煮，就变成了蔗糖……"

通过讨论、梳理经验，幼儿合作形成了制作糖画的流程图，并按图示进行实践操作。绘制好流程图后，孩子们发现这三个美食之间有着千丝万缕的联系，甘蔗汁可以熬红蔗糖，熬好的蔗糖可以制作糖画。于是孩子们决定先品尝甘蔗汁，然后制作蔗糖，最后制作糖画。幼儿了解了蔗糖的制作过程，开始尝试制作蔗糖，最终用半盆甘蔗汁熬出了四勺半的蔗糖。"原来蔗糖是这样制作出来的。""熬蔗糖太不容易了，我手都酸了。""我妈妈说女孩子要多喝红糖水，老师，我想用蔗糖泡水喝。"

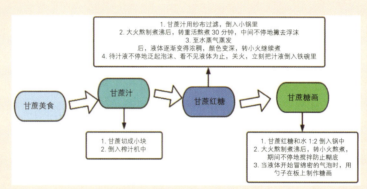

图 2-1-33　糖画制作流程图

**识别与分析**：在幼儿深度学习的过程中，教师始终将幼儿放在主体地位，支持幼儿在实践操作、亲身体验中获得关于甘蔗制作成蔗糖、蔗糖制作成糖画的经验，丰富生活体验，并在实践操作中观察、探索、思考，在不断提出问题、解决问题的过程中获得多元能力的发展。

## 活动反思

### （一）多式探索，多元成长

在"甜甜的甘蔗"活动中，教师围绕甘蔗的秘密、甘蔗美食制作等幼儿感兴

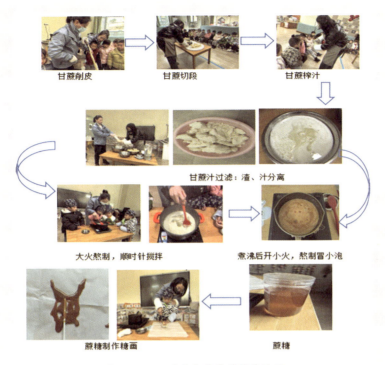

甘蔗削皮　　　　　甘蔗切段　　　　　甘蔗榨汁

甘蔗汁过滤：渣、汁分离

大火熬制，顺时针搅拌　　　　　煮沸后开小火，熬制冒小泡

蔗糖制作糖画　　　　　蔗糖

图 2-1-34　甘蔗变蔗糖并制作糖画

趣的内容开展了一系列的活动，始终把幼儿放在活动的中心，和幼儿一起发现并
分享周围新奇、有趣的事物或现象。在整个过程中，幼儿积极思考、勇于探索，
运用了调查、观察、探究等方法，丰富了生活经验。甘蔗是自然界中一种很小的
媒介，在"提问—行动—实践"的过程中，幼儿不断探索，科学探究能力、思维
发散能力、动手能力都得到了很大的提升，幼儿的探究兴趣在自然规律中慢慢加
"深"、变"广"。

（二）源于问题，深度实践

　　教师支持幼儿的探究兴趣，由问题出发一步一步深入开展榨甘蔗汁、熬蔗糖
活动。经历寻找答案的过程，在解开谜底、揭晓答案的瞬间，幼儿的探索欲望得
到了极大的满足，幼儿在探索发现的过程中，探究能力得以发展。在宽松自主的
探究氛围中，边分析边尝试，一个个"不可思议"的问题，不仅满足了幼儿当时
的探索需求，更点燃了幼儿宝贵的好奇心。幼儿在参与式的体验中对蔗糖有了充
分的认识，"甜"的味道深深地存在了幼儿的脑海里。（毛伟、洪言）

品品美食主题：

# 糯糯的麻糍

## 主题说明

临近新年，寿昌古街上的年味越发浓郁。麻糍有着悠久的历史，人们在过节时会打麻糍来增添丰收的喜悦，营造新年的节日气氛。我们从幼儿喜欢吃的糯糯的麻糍入手，激发幼儿了解家乡美食文化的欲望，培养幼儿热爱家乡的情感。

从"畅谈麻糍"展开，让幼儿利用空闲时间去品尝麻糍，了解麻糍，继而集体制作麻糍，引导幼儿在制作中认识不同的打麻糍工具，观察比较食材的特性，控制变量探究工具的选择，同时支持和鼓励幼儿通过观察思考、实践体验、自主探究制作麻糍的方式，建构关于麻糍制作的经验。

## 主题内核

在游历家乡的旅程中，了解麻糍的制作过程，品尝麻糍，培养幼儿热爱家乡的情感。

## 主题目标

1. 了解麻糍的历史，感知并认同家乡的美食文化。

2. 了解麻糍的制作过程，观察其外形特征，尝试制作麻糍，在操作探究活动中充分表达自己的想法。

3. 喜欢参与制作麻糍，体验制作美食的不易和成功制作美食的喜悦，萌发珍惜粮食的观念和热爱家乡的情感。

# 一、主题分析

## （一）幼儿学情分析

**原有经验点**

1. 在生活中品尝过麻糍，知道麻糍一般在过节或者外出参加酒席时会有。

2. 知道麻糍有不同的口味、形状和食用方式。

**兴趣关注点**

1. 为什么是用糯米来打麻糍？大米可以做麻糍吗？

2. 如何使用打麻糍的工具更省时省力？

3. 麻糍有不同的馅料，为什么红糖馅的会变成水？白糖、芝麻、豆沙馅的不会变成水？

4. 麻糍到底是不是面食？

**成长需求点**

1. 了解糯米从粒粒分明的状态到无颗粒状态的变化过程，感受米形态的变化。

2. 探索容器大小和工具重量对于打麻糍的影响。

3. 知道家乡的特色小吃，会制作麻糍，感知家乡的美食文化，对家乡建立归属感。

## （二）资源盘点利用

**教材共性资源**

1. 图片资源：各种各样的麻糍，人们使用工具打麻糍。

2. 音乐资源：《打糍粑》。

3. 视频资源：《传统手工打麻糍》。

**园本个性资源**

1. 实践基地：幼儿园有各种不同大小的石臼、捣池和锤子供幼儿选择和使用。

2. 家长资源：家长有打麻糍的经验，可提供工具和技术指导。

3. 绘本资源：《过年啦》《打麻糍的大将军》等。

159

## 二、主题流程图

### （一）主题行进路径

表 2-2-1 "糯糯的麻糍"主题行进路径

| 脉络 | 畅谈麻糍 | | | | 制作麻糍 | | | | | 趣玩麻糍 | | | | 分享麻糍 | | |
|---|---|---|---|---|---|---|---|---|---|---|---|---|---|---|---|---|
| 序号 | 活动1 | 活动2 | 活动3 | 活动4 | 活动5 | 活动6 | 活动7 | 活动8 | 活动9 | 活动10 | 活动11 | 活动12 | 活动13 | 活动14 | 活动15 | 活动16 |
| 活动内容 | 麻糍知多少 | 我的麻糍计划 | 品尝麻糍 | 麻糍的来历 | 打麻糍的大将军 | 参观麻糍制作 | 麻糍怎么做 | 我来打麻糍 | 大米和糯米的区别 | 麻糍是不是面食 | 麻糍畅想 | 打糍粑 | 运送麻糍 | 分享麻糍 | 麻糍分享日记 | 年俗会上的麻糍铺 |
| 实施路径 | 亲子调查 | 谈话活动 | 体验活动 | 社会活动 | 语言活动 | 实践活动 | 议事会 | 劳动活动 | 探玩活动 | 辩论活动 | 美术活动 | 音乐活动 | 健康活动 | 社会活动 | 语言活动 | 展示活动 |

### （二）关键经验分析

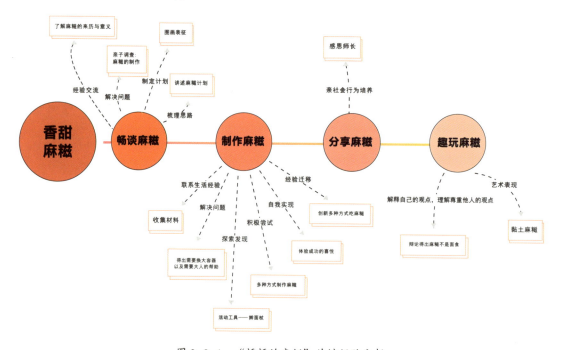

图 2-2-1 "糯糯的麻糍"关键经验分析

## 三、家园共育

致家长的一封信

亲爱的家长朋友：

　　您好！

　　春满花枝正当时，花火绚烂年味浓。春节是一年当中最隆重、最热闹的传统节日，是印刻在每个中国人记忆里的文化符号。深厚的年俗文化是一代又一代人传承下来的朴素智慧与生活趣味，为了更好地让幼儿感受年俗的经典魅力，让年俗走近幼儿，融入幼儿的一日生活，我们开展了"年俗周"主题活动。麻糍是传统节日中比较常见的一种小吃，作为传统美食，麻糍蕴含着丰富的教育资源。麻糍的种类、制作方法、米饭和糯米饭的区别等问题涉及多领域的学习，值得幼儿去探索发现。

　　我们充分利用本土资源，结合幼儿的生活经验，生成了"糯糯的麻糍"主题活动，旨在从幼儿的已有经验出发，调动幼儿的多种感官，帮助其初步认识麻糍的制作过程，了解麻糍的故事和来历，丰富制作麻糍的知识经验，从而拓宽幼儿的视野，培养幼儿的科学探究意识和能力，激发他们对家乡的热爱之情，为自己是寿昌人而感到骄傲。

　　在这个主题中，我们希望您能与孩子共历以下过程：

1. 与孩子一起搜集、了解不同种类的麻糍照片，以及制作麻糍需要的材料。

2. 寻找、参观自己家周边的麻糍售卖店铺，现场观察。

3. 搜集并带领孩子观看制作麻糍的影像资料，了解麻糍的来历。

4. 和孩子一起完成有关麻糍的调查表。

让我们和孩子一起，探索麻糍的制作吧！

## 四、区域设置

### （一）语言区

1. 投放《过年啦》《打麻糍的大将军》等与过年相关的绘本供幼儿阅读。

2. 收集各种麻糍的图片，供幼儿认认、说说麻糍的味道、形状等特征。

3. 麻糍大对比：投放各地麻糍的图片，引导幼儿对比不同地域麻糍的不同特征，说说自己喜欢的麻糍及理由。

图 2-2-2　麻糍大对比

图 2-2-3　阅读《过年啦》绘本

### （二）数学区

1. 找相同：提供各式麻糍的图片，引导幼儿按麻糍的形状、口味等多个属性特征进行匹配，组成不同的集合。

2. 麻糍接龙：投放 ABAB 完整麻糍模式卡若干（如："圆形麻糍、方形麻糍""红糖味麻糍、黑芝麻味麻糍"……）；空白模式卡若干；根据模式卡提供的麻糍图片若干。可以借助幼儿熟悉的生活场景、与模式相关的绘本或故事，让幼儿去发现和复制其中的模式。

图 2-2-4　麻糍排序

图 2-2-5　麻糍接龙

## （三）建构区

1.搭石臼：提供木质积木、纸板、纸盒、纸杯等多种建构材料，引导幼儿尝试利用各种材料自主搭建石臼。

2.打麻糍：鼓励幼儿制定计划、分组合作，共同搭建打麻糍的微场景，进行打麻糍的游戏。

图2-2-6　搭建石臼　　　　　　　　　　　　图2-2-7　打麻糍微场景

## （四）黏土工坊

1.画一画：提供彩纸、画笔、做麻糍步骤图，引导幼儿自主设计、绘画表现麻糍或做麻糍的步骤。

2.做一做：提供白色黏土和各色装饰黏土、纸盘、做麻糍步骤图，引导幼儿大胆创新，运用多种材料制作不同形状和口味的麻糍。

图2-2-8　制作麻糍　　　　　　　　　　　　图2-2-9　麻糍

### （五）科学区

1.大米和糯米比一比：提供生糯米、熟糯米、生大米、熟大米和记录表，供幼儿观察比较，并记录糯米和大米的不同特征。

2.打麻糍的秘诀：提供石臼、竹臼、盆等不同大小的容器和石锤、擀面杖等不同形状、不同重量的捣米工具，让幼儿操作体验，比较不同容器和不同工具对打麻糍的影响。

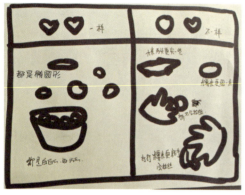

图 2-2-10　大米和糯米比较记录

图 2-2-11　使用捣米工具

### （六）表演区

1.麻糍店：投放自制收银机、黏土麻糍、柜子等，创设麻糍店的场景供幼儿进行买卖麻糍的游戏。

2.表演打糍粑：投放小音箱、图谱以及木鱼、串铃等打击乐器，供幼儿练习和表演儿歌《打糍粑》。

图 2-2-12　麻糍店买卖麻糍

图 2-2-13　练习儿歌《打糍粑》

## 五、主题推进思路

表 2-2-2　"糯糯的麻糍"主题展开思路

| 主题展开思路 | 活动名称 | 核心经验 | 基地体验 | 主题探索 | 游戏畅玩 | 生活浸润 |
|---|---|---|---|---|---|---|
| 畅谈麻糍 | 麻糍知多少 | 寻找麻糍，了解寿昌美食麻糍的制作材料以及制作过程。调查麻糍的形状、口味和制作材料。 | √ | | | √ |
| | 我的麻糍计划 | 结合已有生活经验和调查发现，说说自己对麻糍的了解。能大胆地在集体或同伴面前表述自己的想法。 | | √ | √ | |
| | 品尝麻糍 | 初步认识麻糍，知道麻糍是用糯米做的。品尝麻糍，体会麻糍香、甜、糯的特点。 | | | | √ |
| | 麻糍的来历 | 了解麻糍的来历，知道人们会在过年以及红白喜事时制作麻糍。 | √ | | | √ |
| 制作麻糍 | 打麻糍的大将军 | 理解绘本内容，知道每个人都有自己的潜力和特别的地方。初步了解打麻糍的过程。 | | √ | √ | |
| | 参观麻糍制作 | 了解麻糍的制作过程，尝试打麻糍。能在集体面前大胆表达、交流。 | | √ | √ | √ |
| | 麻糍怎么做 | 通过同伴间讨论交流，尝试归纳、总结麻糍制作的过程，并用图表示。 | | √ | | |
| | 我来打麻糍 | 学习麻糍制作的几种方法，激发学习探究的欲望。 | √ | | √ | √ |
| | 大米和糯米的区别 | 认识大米和糯米，比较两者的不同，通过实践操作，得出糯米更适合打麻糍的结论。 | √ | √ | | √ |
| 趣玩麻糍 | 麻糍是不是面食 | 在辩论中能清楚地表达自己的论据。促进幼儿的社会性发展，提高口语表达能力和自信心。 | | √ | √ | √ |
| | 麻糍畅想 | 运用黏土、笔、纸等材料制作仿真迷你的麻糍，创新表现麻糍。 | √ | √ | | √ |
| | 打糍粑 | 通过独特的活动方式，让孩子们了解打糍粑的动作，感受音乐活动的乐趣。 | | √ | √ | √ |
| | 运送麻糍 | 能够利用独轮车运送物品，在折返跑时能在自己的跑道内，不超出跑道。 | | | √ | |
| 分享麻糍 | 分享麻糍 | 主动与同伴分享美食，促进社会性发展，提高口语表达能力和自信心。 | √ | √ | | √ |
| | 麻糍分享日记 | 能用图画或者图示符号等前书写方式记录自己的分享故事，并愿意在集体前分享。 | | | √ | |
| | 年俗会上的麻糍铺 | 积极参与班级美食贩卖活动，增强实践经验、团队合作意识和创新能力。 | √ | √ | √ | √ |

## 六、活动内容

### 活动推荐 1　亲子调查——麻糍知多少

**活动目标**

1. 寻找、了解寿昌美食麻糍的制作材料和制作过程。

2. 设计调查表，走访、调查麻糍的形状和口味，喜欢家乡美食麻糍。

**活动准备**

小黄帽、水杯、调查表《麻糍知多少》、记号笔等。

**活动过程**

**一、寻麻糍计划**

**（一）调查寻麻糍意向**

调查了解幼儿想去哪里找麻糍并做好计划。

师：小朋友们，你们吃过寿昌美食麻糍吗？好吃的麻糍是怎么做出来的？会用到哪些材料呢？

小结：麻糍主要是由糯米制成的，需要把糯米、馅料提前准备好。

**（二）幼儿自由讨论**

幼儿和同伴讨论去寿昌哪里寻找麻糍。

小结：小朋友们都说出了自己想去哪里看打麻糍，请你们带着调查表去记录。

**（三）分发调查表**

1. 教师分发调查表《麻糍知多少》，向幼儿介绍调查表。

2. 教师和幼儿一起讨论记录的方法：在调查表的相应空格内用自己喜欢的方式记录调查的发现。

**二、实地寻麻糍**

1. 幼儿自行组队，带上记录表，在家长的陪伴下外出寻麻糍。

2. 小组合作、亲子了解并完成记录表《麻糍知多少》。

表2-2-3 《麻糍知多少》记录表

图中内容：

麻糍知多少

班级： 姓名：

　　请家长带着孩子一起在步行街、超市等地寻找麻糍，或者上网一起了解麻糍的相关资料，比如：麻糍的形状、口味，制作麻糍的材料，使用的工具等。孩子用画图或者符号的方式记录，家长在一旁文字备注。

| 麻糍是什么样的 | 制作的材料 | 使用的工具 |
| --- | --- | --- |
|  |  |  |

图2-2-14 设计调查表

图2-2-15 记录调查表

# 活动推荐 2　体验活动——品尝麻糍

## 活动目标

1. 初步认识麻糍，知道麻糍是用糯米做的。

2. 品尝麻糍，体会麻糍香、甜、糯的特点。

## 活动准备

麻糍背景课件，制作好的麻糍，每个幼儿一个小碟子和一个调羹。

## 活动过程

**一、品尝不同的麻糍**

1. 出示各种各样的麻糍。

2. 播放音乐，幼儿品尝麻糍。

**二、认识不同的麻糍**

幼儿比较、说明不同麻糍的特点。

师：看，这些麻糍长什么样子？是什么口味？谁来说一说。

小结：三都麻糍是圆圆的，有豆沙味、芝麻味，是软软的；大同的麻糍是方形的，有点硬，没有馅，加上白糖更好吃。

**三、投票喜欢的麻糍**

1. 幼儿讲述喜欢的麻糍类型及理由。

2. 幼儿投票选出最喜欢的麻糍。

小结：看来你们都比较喜欢香香的、甜甜的、软软糯糯的三都麻糍。

**四、观看麻糍制作视频**

观看麻糍制作视频。

师：小朋友，刚才我们吃了麻糍，你知道麻糍是用什么做的吗？我们来看一看麻糍制作工艺的视频吧。

小结：在制作过程中，最麻烦的就是舂糯米糍。舂糯米糍很费力，舂得越久，糯米糍越有韧性，做出来的麻糍越好吃。舂糯米糍要有力道，想要制作出好吃又好看的麻糍，要注重心到、手到、眼到。

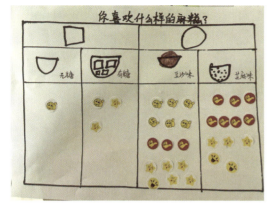

图 2-2-16　投票记录

图 2-2-17　品尝麻糍

## 活动推荐 3　实践活动——参观麻糍制作

### 活动目标

1. 了解麻糍的制作过程，尝试打麻糍。
2. 学习记录、统计，在集体面前大胆表达、交流。

### 活动准备

经验准备：有见过麻糍制作的经历。

物质准备：麻糍制作观察记录表、笔、小黄帽。

### 活动过程

**一、参观计划**

1. 幼儿组建参观小分队，取队名，设计队旗。

师：参观麻糍制作以小组的形式进行，我们可以分成几组？每组的队名可以怎么取？每组的队旗怎么设计？

2. 幼儿自主讨论，表达自己的想法并以投票的形式决定如何分组。

3. 幼儿发表想法并自主设计观察记录表。

师：把"关于麻糍我想知道"的问题制作成一张表格，把参观过程中看到的内容记录在表格中，观察记录表可以怎么设计呢？

**二、实践参观**

1. 幼儿仔细观察制作过程，发现问题及时向打麻糍的人询问。

2. 邀请幼儿现场感受打麻糍，体验打麻糍的乐趣。

3. 参观结束回到班级，和同伴分享自己的观察记录。

表 2-2-4　麻糍制作观察记录表

麻糍制作

班级：　　　　姓名：

幼儿和教师一起参观麻糍制作，实地了解制作麻糍需要的材料和不同的工具、制作的过程。幼儿用图画或者符号记录材料和工具，用流程图的方式记录过程，教师在一旁备注。

材料　　　　　　　　　　　工具

麻糍制作过程

图2-2-18　亲子参观打麻糍

图2-2-19　园内观看打麻糍

## 活动推荐4　议事会——麻糍怎么做

### 活动目标

1. 能够在讨论时大胆地说出自己的想法，友好地与同伴交流讨论。
2. 尝试归纳、总结麻糍制作的过程，并用图表示。

### 活动准备

经验准备：已了解麻糍的制作过程，能用图表示操作流程。

物质准备：纸、笔。

### 活动过程

**一、确定议题"麻糍怎么做"**

1. 教师提出议题"麻糍怎么做"，引导幼儿回顾之前了解的关于麻糍制作的相关知识。

师：我们明天就要做麻糍了，你们想怎么做？

2. 根据幼儿的大致设想，将幼儿分成若干个小组，每个小组由一名组长和若干名成员组成。组长需要负责组织小组成员进行讨论和表达意见。

**二、讨论"麻糍怎么做"，制定提案**

1. 讨论议题：每个小组在规定的时间内进行讨论，小组成员可以自由表达自己的意见，

组长引导小组成员进行讨论，确保讨论的内容有条理、有逻辑。教师进行个别指导。

师：五分钟时间，请每组小朋友自行讨论，说说自己的想法，你想怎么做麻糍？需要哪些材料？分几步做？

2. 撰写提案：每个小组根据讨论的内容，撰写一份提案。提案需要包括议题、问题、解决方案等内容。在规定的时间内完成提案。教师进行个别指导。

师：我听大家都讨论得差不多了。现在，再给大家五分钟时间，一起完成你们小组的提案，把麻糍制作过程用图的方式画出来。

**三、说明"麻糍怎么做"提案并投票**

1. 说明提案，小组提交提案后，组长进行说明，说明时间需要控制在一定范围内。

小结：大家的提案内容都很丰富，有的组想到用糯米，有的组想到用不同的馅料做不同的口味，大家的想法都很不错。

2. 每个小组投票选出最佳提案，最终选出的提案成为本次议事会的决议。

师：请每组讨论你们心仪的提案，进行投票。得票最高的就是议事会的决议。

图 2-2-20　组长分享提案

图 2-2-21　各组麻糍制作提案

# 活动推荐 5　劳动活动——我来打麻糍

## 活动目标

1. 知道麻糍的制作流程。

2.分工合作，体验打麻糍的快乐。

## 活动准备

经验准备：参观过麻糍制作。

物质准备：石臼、糯米粉、锤子等。

## 活动过程

**一、出示提案，经验唤醒**

出示议事会的提案，熟悉麻糍制作的过程。

师：这是我们上次通过的"麻糍怎么做"提案，我们一起来说一说麻糍制作的过程，也可以学一学打麻糍。

**二、自由探索，主动合作**

**（一）大胆创想，分组合作**

提问引出糯米和大米，分组尝试制作麻糍。

师：麻糍除了用糯米以外，还可以用什么做呢？麻糍用大米和糯米有什么区别呢？

**（二）初次尝试，实践体验**

探索利用石臼、碗、盆等不同大小与材质的容器捣糯米和大米。

师：刚才两组都捶打失败了，为什么会失败？

小结：经过讨论，幼儿发现第一次锤打失败是因为工具太小，捶打的力气也不够大。

**（三）回顾反思，调整方式**

1.幼儿实践操作，观察发现。

师：第一次捶打失败了，你们还有什么更好的办法来制作麻糍吗？

糯米组用敲打和滚的方式，不断地翻面调整，均匀受力面。通过这样的方式，糯米组幼儿能看到部分拉丝，但是大部分还是颗粒状的米粒；大米组幼儿看到了颗粒状的米粒，没有黏性。

2.反思原因。

糯米组：幼儿发现接触面越大，越容易打出黏性，所以需要更大的容器来盛放，同时还发现在糯米热的时候用滚的方式更省力，敲打的方式虽累，但更容易让中间的部分变黏。

大米组：大米还是不能变黏。

3. 调整方式，利用大捣池，邀请幼儿园的保安叔叔来帮忙。结果糯米组成功啦，大米组失败。

结论：糯米制成的麻糍有黏性，大米制成的是颗粒状的，没有黏性。糯米更适合做麻糍。

### 三、创新吃法

1. 结合生活经验，用多种方式品尝麻糍。

师：麻糍可以揉成圆球蘸糖吃，用豆沙卷着吃，还可以用油煎着吃。

2. 拓展思维，开拓麻糍新吃法。

3. 引导幼儿思考麻糍还可以有哪些吃法，探索麻糍的新吃法。

图 2-2-22　打麻糍

图 2-2-23　搓麻糍

## 活动推荐 6　探玩活动——大米和糯米的区别

### 活动目标

1. 认识大米和糯米，能通过观看外部特点、触摸等方式比较两者的不同。

2. 通过捶打两种米，感受黏度，得出糯米更适合打麻糍的结论。

### 活动准备

经验准备：吃过大米和糯米制作的食物。

物质准备：生大米、生糯米、熟大米、熟糯米、石臼、锤子、记录纸、笔等。

## 活动过程

**一、谈话引出话题**

1. 通过看、摸、闻等方式近距离观察大米、糯米，说说它们的不同点。

师：今天老师带来了大米和糯米，小朋友们，看看大米和糯米有什么区别。

2. 闻一闻大米和糯米的味道。

3. 观察大米和糯米外形的特征，触摸两种米表面的质感。

4. 幼儿与同伴沟通，探讨结果。请幼儿代表来说一说大米和糯米的区别在哪里。

**二、多种方式比较大米和糯米的异同**

1. 大米和糯米的种类及其特点。通过大小、形状、质地的对比，让幼儿了解不同米的种类，并与其实物对照检查。

2. 说说大米和糯米的相同点和不同点。

师：谁来说说你的发现？

3. 结论：相同点是都可食用，颜色都是白色，形状都是椭圆形等。不同点是大米的形状两头尖一些，糯米更圆一些，摸起来糯米会有更多的粉等。

4. 比较煮熟的大米和糯米。幼儿分成小组，每个小组由五名幼儿组成。每组都提供两份米，引导幼儿通过品尝、触摸、敲打等不同方式感受两种米的不同特性。

**三、讨论：使用糯米做麻糍的原因**

1. 分组分享煮熟的大米与糯米的异同。

2. 幼儿自主讨论使用糯米做麻糍的理由。

幼儿分享自己的理由。教师播放幼儿操作时的视频，说明原理。

3. 结论：原来用糯米做的麻糍温热软烂，糯糍糍黏糊糊，味道非常好。

**四、延伸：了解各种各样的米的生长过程**

我们生活中有各种各样的米，如小米、大米、糯米、黑米等。古代的劳动人民最早以捕猎和采集为主要的获取食物的方式，后来，人们开始种植农作物。教师带领幼儿一起认识各种各样的米的生长过程。

图 2-2-24  触摸比较

图 2-2-25  分组探究

## 活动推荐 7  美术活动——麻糍畅想

### 活动目标

1. 了解传统美食麻糍的制作方法。

2. 大胆创新，尝试用超轻黏土制作不同的麻糍，增强动手操作能力。

3. 喜欢手工制作，体验创作的乐趣。

### 活动准备

经验准备：吃过麻糍制作的食物。

物质准备：各色超轻黏土、纸盘、制作的模具。

### 活动过程

**一、谈话导入，引出主题**

1. 回顾制作麻糍的经验，罗列需要用到的工具和材料。

2. 厘清制作麻糍的步骤，引导幼儿利用表征的形式记录。

3. 引导幼儿关注制作麻糍的重点步骤和注意事项。

**二、甜甜麻糍，我来做**

1. 教师出示并介绍不同的材料，幼儿观察认识，自主选择材料。

师：今天，老师带来了不同的材料，你们看一看，摸一摸，选择自己需要的材料制作麻糍吧。

2. 幼儿用超轻黏土制作甜甜的麻糍，选用不同的模具制作不同风味的麻糍。

3. 将制作好的麻糍装盘，并通过绘画装饰纸盘，让麻糍看起来更加漂亮。

4. 教师对个别能力弱的幼儿进行指导，帮助他们一起制作麻糍。

### 三、麻糍大分享

1. 将幼儿的麻糍作品展示出来，请幼儿介绍自己制作的麻糍的特点。

师：向同伴展示你制作的麻糍，并介绍麻糍的味道和形状。

2. 欣赏同伴的作品，请幼儿选出自己喜欢的麻糍作品，并说明理由。

师：这么多的麻糍，你最喜欢哪一盘呢？为什么喜欢？

### 四、延伸活动

将材料投放在美工区供幼儿操作，制作出更有创意的麻糍美食。

图 2-2-26 扁扁麻糍

图 2-2-27 黑黑麻糍

图 2-2-28 各式麻糍

## 活动推荐 8 社会活动——分享麻糍

### 活动目标

1. 知道传统美食麻糍的特点及制作过程。

2. 大胆自信地向他人介绍美食麻糍，表达完整、清晰。

3.愿意和同伴分享麻糍，体验分享的喜悦。

### 活动准备

经验准备：吃过麻糍。

物质准备：麻糍图片、纸、笔、麻糍。

### 活动过程

**一、谈话导入，引出主题**

1.教师出示麻糍图片，激发幼儿兴趣。

2.教师提供实物麻糍，请幼儿品尝麻糍，交流吃麻糍的感受。

**二、分享麻糍，体会愉悦**

1.推销麻糍。教师通过提问，帮助幼儿梳理麻糍的特点（甜甜的、香香的、糯糯的等），引导幼儿向他人展示、推销麻糍。

师：还有这么多的麻糍，我们可以和大家分享，分享的时候你会和别人说什么呢？你会怎样推销麻糍？

2.麻糍大分享。幼儿分组，与他人分享麻糍，将麻糍赠送、分享给同伴、老师、保安叔叔等。

同伴组：教师和幼儿一起前往不同班级将，麻糍送给自己的好朋友，增进同伴情谊。

后勤组：教师和幼儿将麻糍送给后勤线上默默服务的叔叔阿姨们，如大门口的保安叔叔、食堂阿姨，引导幼儿珍惜他人的付出，学会尊重他人。

教师组：与老师分享麻糍，表达心中的感谢和爱意，敬爱老师。

3.幼儿自由交流，聊一聊分享的心情、感受。

师：在分享麻糍的过程中，他们对你说了什么？你的心情怎么样？

小结：分享是一件快乐的事，让我们一起学会分享吧。

**三、绘画分享喜悦**

教师引导幼儿将自己的分享经历和感受画下来，幼儿自主绘画，完成后向同伴展示、介绍分享的趣事，感受分享的喜悦。

**四、延伸活动**

将幼儿分享的绘画装订成册投放在语言区，供幼儿们阅读。

图 2-2-29　幼儿分享麻糍

图 2-2-30　分享麻糍记录

## 活动推荐 9　展示活动——年俗会上的麻糍铺（方案）

### 活动背景

为了让幼儿更好地了解中华民族的传统节日，让年俗走近幼儿，融入幼儿的一日生活，在新春佳节来临之际，我们围绕年俗周主题开展了"年俗会上的麻糍铺"活动。

### 活动目的

1. 了解麻糍的来历，学习打麻糍、制作麻糍。

2. 品尝麻糍，知道麻糍种类的多样性。

3. 感受新年的喜庆氛围。

### 活动准备

桌子、桌布、邀请函、店铺牌子、包装袋、打麻糍的工具、架子等。

### 活动过程

**一、准备工具**

提前将打麻糍的工具准备好，比如：石臼、糯米、捣池。

## 二、布置小铺

1.师幼共同探讨开一个店铺需要准备哪些东西，引导幼儿大胆创想，设计麻糍铺的海报以及店铺名称。

2.幼儿自主设计邀请函，邀请园长妈妈、哥哥姐姐、弟弟妹妹以及老师们品尝麻糍。

3.邀请"大力士"保安叔叔帮忙打麻糍。

## 三、出摊

1.打麻糍，保安叔叔为主，幼儿为辅。

2.幼儿将打好的麻糍擀平，用刀将麻糍切成自己喜欢的形状，可以是块状或球状。

3.切好麻糍，将麻糍放在芝麻中翻滚，裹上好吃的芝麻，并用包装袋装好。

## 四、全员分享

幼儿将包装好的麻糍分发给全员品尝。

图 2-2-31　邀请函

图 2-2-32　麻糍铺分发麻糍

## 七、课程评价案例

### 糯糯麻糍我来做

**活动背景**

　　寿昌古镇素有"美食天堂"之称，其中软糯香甜的麻糍堪称一绝。在为期两周的麻糍探索活动中，孩子们不仅品尝了美味的麻糍，还目睹了打麻糍的过程，深入了解了麻糍的历史渊源和丰富品种。他们探索了麻糍的多种食用方法，更在体验中大胆提出了自己制作麻糍的想法。如今，我们正式踏上了麻糍制作的探究之路。

**活动推进**

**第一次制作**

开始打麻糍了，孩子们分组进行，用石臼、瓷碗、面盆、竹臼打麻糍。不同的小组用不同的容器，他们也遇到了一些问题。

面盆组，孩子们两人或三人同时在盆中捶打糯米。

石臼组，孩子们奋力地用石臼把糯米敲碎，随着敲击次数的增加，糯米的黏性也增加了！邵一然说："好黏呀！好难打！"陈述说："爷爷说，很黏的时候，加了水就不黏了！"一然加了水，又敲了两下说："真的不黏了！"

竹臼组，一博说："敲糯米太累了。"睿睿说："是的，做麻糍的师傅，应该也很累吧。"

| 组别 | 问题 | 原因 | 办法 |
|------|------|------|------|
| 石臼组 | 一次只能一个人敲打麻糍，很慢 | 容器太小 | 1. 换大的容器，用捣池和木棰。<br>2. 请老师和保安叔叔来帮忙。 |
| 瓷碗组 | 刚开始好打一些，后面糯米越来越硬了 | 动作太慢 | |
| 面盆组 | 我们可以一起打，但是，还是没成功 | 力气不够 | |
| 竹臼组 | 棒子敲打糯米太累了，我都想换其他的东西敲 | 工具太小 | |

图 2-2-33　石臼组打麻糍

图 2-2-34　面盆组打麻糍

**分析**：通过实际操作我们发现，孩子们对于麻糍制作需要的工具有了更深的认识，知道了不同的工具、容器有不同的用处。能从失败中汲取经验，学会反思，结合生活经验，提出建议，尝试解决问题。能从不同的角度解决问题：一是觉得材料太小所以导致失败，提出更换大的容器；二是觉得自己力气太小，需要成人的帮助。

**第二次尝试**

"我们还剩下很多糯米，还有其他办法打麻糍吗？"孩子们决定进行第二次尝试。这次，他们没有盲目地直接敲打，而是总结之前的经验，通过讨论的方式解决问题。

汪勋：我们直接放桌子上一起敲，肯定一下子就能成功。

艾米：直接放桌子上有点脏吧？我们要不还是像做月饼那样在桌子上铺上保鲜膜吧。

乐乐：对了，那把糯米也用保鲜膜包起来，这样就不会粘在擀面杖上了。

在实际操作时，孩子们还尝试了更省力的滚动碾，但保鲜膜被用力敲打时破了。

| 方案 | 结果 |
| --- | --- |
| 用保鲜膜包裹糯米后，用擀面杖敲打 | 在经历反复的大力捶打之后，糯米从粒状变成无粒状的拉丝状态，但是，保鲜膜容易混入其中，难以分离 |
| 用保鲜膜包裹糯米后，用擀面杖滚动碾 | 更省力一些，但是效果不如捶打，米粒较多，并且容易因面积变大导致保鲜膜破裂 |

图 2-2-35　擀面杖打麻糍

图 2-2-36　糯米拉丝

**分析**：经过第二次尝试，孩子们有了新的发现：接触面越大，越容易打出黏性；趁米热的时候用滚压的方式更省力；反复捶打时，米会分到两边，要及时翻动；中间粗两边细的擀面杖更好用……不断地发现问题，解决问题。

**第三次尝试**

为了满足孩子们的需求，我们尝试用更大的大石臼打麻糍，孩子们激动极了！艾米说："这是小石臼的升级版吗？"樱桃说："我看到过，我爷爷用这个打麻糍。"谢老师："是的，这叫捣池，是用来捣米的。"乐乐："用大大的石臼，这次我们的麻糍一定能打成了！"不过，最后还是因为力气不足，失败了！最终，孩子们邀请了保安叔叔来帮忙。在保安叔叔的帮助下，我们的麻糍终于成功了！我们转换容器，再次加热。趁着麻糍热乎乎时品尝，感觉的确比第一次更细腻，更好吃了。

图 2-2-37　体验大棰子

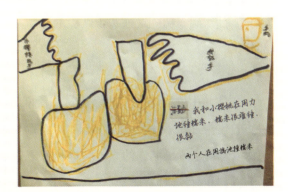

图 2-2-38　绘画感受

| 工具对比 | 结果 |
| --- | --- |
| 捣池 VS 小石臼 | 西西：捣池是用大石头做的，真是太重了！我们好多小朋友一起用力，都推不动。 |
| 研磨棒 VS 木槌 | 依依：小的石臼棒子拿起来很容易，小木槌很重，我要和乐乐、安安一起才拿得起来。大木槌就更重了，要很多小朋友一起。 |

图 2-2-39　用大石臼打麻糍

**分析**：孩子们对新工具表现出了浓厚的兴趣。他们认真观察、感受比较，这说明他们具备了一定的观察能力，能够注意到环境中的新事物，并主动提出问题。第三次的操作验证了之前的猜想，打麻糍就是需要大容器、大锤子、大力气和长时间的捶打才能成功。这种基于经验的想象和推测能力是孩子们认知发展的重要组成部分。

### 活动反思

1.体验中建构麻糍知识。 通过三次麻糍制作活动，幼儿从失败到成功，经历了知识的建构过程。他们不仅在行动中获得了制作麻糍的直接经验，更在失败与反思中深入理解了麻糍制作的要点。这种基于亲身体验的知识建构方式，比单纯的讲授更为深刻和有效。此外，制作麻糍活动也促进了幼儿对工具选择和使用的认知，使他们明白了正确使用工具在麻糍制作中的重要性。

2.相信幼儿，给予时间。 三次的制作体验，我们提供了多种容器，供幼儿自行选择。 相信幼儿，能让他们更加自信、积极地参与到活动中来，从而取得更好的体验感受。当然，给予幼儿足够的时间去尝试和探索也是至关重要的。如在第二次尝试中，幼儿明白制作麻糍是一个需要时间和耐心的过程。这些充分的实践不仅提高了幼儿的操作技能，也让他们更加深入地理解了制作麻糍的原理和方法。

3.善于发现，积极鼓励。 教师要善于发现幼儿的好奇心和探究欲望。在每次制作麻糍的过程中，幼儿都展现出了对新投入内容的好奇和对制作过程的浓厚兴趣。他们主动提问、主动尝试，渴望了解更多关于麻糍的知识。教师积极回应他们的好奇心，鼓励他们去发现麻糍制作失败的原因、提出解决问题的办法、亲身操作并体验过程。幼儿一次一次解决结果与认知的冲突， 教师给幼儿试错的机会，让幼儿从一次次实验中获得制作麻糍的经验。（施文婷、方燕婷）

品品美食主题：

# 美味的年夜饭

建议年龄段：大班
建议时长：2周

## 主题说明

　　寿昌是远近闻名的美食天堂，老字号的店铺让孩子们从街头馋到街尾。香甜的麻糍、Q弹的水晶糕、热气腾腾的肉圆，还有冒着香气的糕点小食，这些都是令人舌尖痴迷的寿昌味道。

　　通过开展"美味的年夜饭"活动，让孩子们调查年夜饭的来历，再以小组讨论、合作交流的方式进一步了解年夜饭的文化内涵和年夜饭中蕴含的祝福。幼儿自主设计年夜饭的菜谱、座位分布图，自主思考，最后通过亲身体验和实践操作制作年夜饭、品尝年夜饭，从而增强文化自觉和文化自信。

## 主题内核

　　了解年夜饭的来历，尝试探索制作年夜饭，挖掘年夜饭里的文化内涵。

## 主题目标

　　1.认识年夜饭的文化内涵，学习年夜饭中蕴含的祝福。

　　2.通过自主设计、绘画，制作、品尝年夜饭等，进一步走近年夜饭，有传承中华优秀传统文化的意识。

　　3.了解年夜饭的精神内涵，感受在除夕夜和家人热闹团圆的美好画面，萌发对中华优秀传统文化的认同感和自豪感。

## 一、主题分析

### （一）幼儿学情分析

**原有经验点**

1.幼儿都是土生土长的寿昌人，了解寿昌人过年的习俗及礼仪。

2.幼儿有制作爆米花、糖葫芦的经验，知道茶点的寓意，体验、制作过茶点。

**兴趣关注点**

1.了解年夜饭中常见的菜式，尝试自己制作年夜饭中的美食。

2.对年夜饭感兴趣，有进一步探究的欲望。

**成长需求点**

1.了解年夜饭是阖家聚餐，体验传统中国年喜庆欢乐的氛围，培养对中华传统文化的热爱。

2.了解元旦和春节的区别，知道春节的由来和传统习俗，探索各国、各地区吃年夜饭的风俗。

### （二）资源盘点利用

**教材共性资源**

1.图片资源：各类美食图片。

2.音乐资源：《年夜饭》。

3.视频资源：《美食宝典》。

4.幼儿用书资源：绘本《过年》，故事《团团圆圆年夜饭》，诗歌《祝酒辞，年夜饭》。

**园本个性资源**

1.实践基地：幼儿园、家中。

2.家长资源：家长对于如何准备菜谱、挑选新鲜食材、如何制作菜肴等了如指掌。

3.绘本资源：《年夜饭》《好忙的除夕》《饺子》《年年有鱼》。

## 二、主题流程图

### （一）主题行进路径

表 2-3-1 "美味的年夜饭"主题行进路径

| 脉络 | "话"新年 | | 我们的年夜饭 | | | | | | | | 品年味 | | | |
|---|---|---|---|---|---|---|---|---|---|---|---|---|---|---|
| 序号 | 活动1 | 活动2 | 活动3 | 活动4 | 活动5 | 活动6 | 活动7 | 活动8 | 活动9 | 活动10 | 活动11 | 活动12 | 活动13 | 活动14 | 活动15 |
| 活动内容 | 好忙的除夕夜 | 年夜饭的来历 | 设计菜谱 | 热气腾腾的年夜饭 | 年货购物清单 | 彩色汤圆 | 自制春卷 | 香香的肉圆 | 包饺子 | 美味的腊肉 | 甜甜的糕点 | 我设计的座位分布图 | 邀请函 | 筹备年夜饭 | 幼儿园的年夜饭 |
| 实施路径 | 语言活动 | 调查活动 | 小组活动 | 美术活动 | 数学活动 | 美食制作 | 美食制作 | 美食制作 | 美食制作 | 美食制作 | 美食制作 | 数学活动 | 制作活动 | 实践活动 | 体验活动 |

### （二）关键经验分析

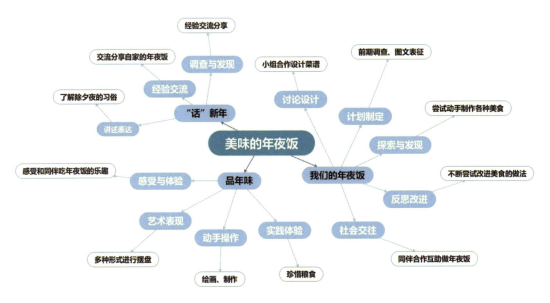

图 2-3-1 "美味的年夜饭"关键经验分析图

## 三、家园共育

### 致家长的一封信

亲爱的家长朋友：

　　您好！

　　红红火火过春节，团团圆圆年夜饭，"年文化"是很宽泛的概念，是中国传统民族文化的一个重要组成部分，根植于每个中国人的意识形态之中。年夜饭又叫团圆饭，是"年文化"的重要组成部分。传统中国年即将到来，除夕对于我们中国人来说十分重要。一家团聚在一起，围桌而坐，吃年夜饭，看春晚，是家家户户最热闹、最愉快的时刻。为了增添别样的"年味"，一月份幼儿园将特别推出"品年味"系列活动。在过年氛围中了解中华民族的传统文化习俗，学习优秀传统文化，进一步增强 文化自信。

　　在这个主题中，我们希望您能与孩子共历以下过程：

　　1. 和孩子一起完成《新年美食》调查表。

　　2. 与孩子讨论并设计"我家的年夜饭菜单"。

　　3. 和孩子一起动手做肉圆，品味醇香的年味。

　　4. 和孩子一起了解春卷的制作方法，学习并尝试制作春卷。

　　5. 和孩子一起置办年货、干果、糖果等，寻找过年的烟火气。

　　6. 关注传统民俗文化，感受欢乐、祥和的传统节日气氛。拍摄有年味的照片、视频，记录身边的美好，感受家乡的变化、感受亲人的温暖。

　　让我们和孩子一起，探索寿昌的年味吧！

## 四、区域设置

### （一）阅读区

1.年夜饭调查表：说说菜名和菜的寓意。

2.美食宝典：搜集年夜饭的美食图片，供幼儿看看、认认、说说它们的故事。

3.绘本阅读：投放绘本《过年》《团团圆圆年夜饭》，供幼儿自主阅读。

4.邀请函的设计：以前书写的形式设计邀请函，邀请家长、老师以及同伴参加班级年夜饭。

图2-3-2　幼儿自主阅读

图2-3-3　设计邀请函

### （二）数学区

1.拼图：提供各类年夜饭的美食图片，进行美食拼图。

2.年夜饭人数统计：投放记录表，供幼儿实践操作，探索年夜饭的总人数。

3.年夜饭菜品数量：提供菜谱，供幼儿统计年夜饭菜品数量。

图2-3-4　年夜饭拼图

图2-3-5　年夜饭人数统计表

## （三）科学区

1.饺子和面团比例：提供面粉、水、量杯等，记录数据，利用材料进行实验，探索面粉和水变成面团的比例。

2.番薯粉的制作：提供番薯、石墨、石臼等，探索番薯变成番薯粉的过程，并进行记录。

图2-3-6 探索面粉跟水的比例

图2-3-7 探索磨番薯粉

## （四）建构区

座位分布图：设计座位分布图，利用低结构材料搭建座位场景，并进行介绍。

图2-3-8 座位分布图

图2-3-9 建构年夜饭座位场景

## （五）扎染工坊

1. 型糊染桌布：投放型糊染、型糊粉、刮板、型糊模具、蓝靛泥、布料等进行年夜饭桌布制作。

2. 扎染餐垫：投放布料、皮筋、颜料等材料，幼儿自主设计并进行餐垫的扎染。

图 2-3-10  型糊染桌布

图 2-3-11  扎染餐垫

## （六）角色区

1. 制作美食：幼儿自制年夜饭美食，包括各种美味糕点、鸡腿等。

2. 美食买卖：幼儿积累当老板、店员的日常经验。

图 2-3-12  美食制作

图 2-3-13  品尝美食

## 五、主题推进思路

表 2-3-2　"美味的年夜饭"主题展开思路

| 主题展开思路 | 活动名称 | 核心经验 | 基地体验 | 主题探索 | 游戏畅玩 | 生活浸润 |
|---|---|---|---|---|---|---|
| "话"新年 | 好忙的除夕夜 | 了解不同饮食文化的年夜饭，在集体面前大胆清楚地介绍自己家的年夜饭。 | | ✓ | | ✓ |
| | 年夜饭的来历 | 调查了解中国农历新年与年夜饭的由来，并学习除夕夜年夜饭的相关知识。 | | ✓ | | ✓ |
| 我们的年夜饭 | 设计菜谱 | 了解各种菜品，制定菜谱，体验设计菜谱的乐趣，激发对年夜饭活动的兴趣。 | | ✓ | ✓ | ✓ |
| | 热气腾腾的年夜饭 | 尝试围绕主题自主选择辅助材料丰富作品，大胆创新。表现出年夜饭的丰盛。 | | ✓ | ✓ | ✓ |
| | 年货购物清单 | 学习根据物品的特征进行分类并计数，体验购买年货的快乐。 | ✓ | ✓ | | ✓ |
| | 彩色汤圆 | 学习制作汤圆的技巧，主动参与制作汤圆，体验与同伴合作制作汤圆的乐趣。 | | ✓ | ✓ | ✓ |
| | 自制春卷 | 了解春卷的做法，理解春卷有如意、消灾去难的寓意并体验与同伴一起动手制作、分享成果的快乐。 | | ✓ | ✓ | ✓ |
| | 香香的肉圆 | 掌握制作肉圆的技巧，尝试自己制作肉圆并体验与同伴共同制作肉圆的快乐。 | | ✓ | ✓ | ✓ |
| | 包饺子 | 尝试自己包饺子，体验与同伴共同包饺子的快乐，乐于与同伴一起包饺子。 | | ✓ | ✓ | ✓ |
| | 美味的腊肉 | 了解腊肉的制作方法，体验过年腌腊肉的喜悦，感受过年氛围。 | | ✓ | ✓ | ✓ |
| | 甜甜的糕点 | 了解过年的各种糕点，体会过年吃甜食的吉祥意义，体验与同伴共同制作连环糕的快乐。 | | ✓ | ✓ | ✓ |
| 品年味 | 我设计的座位分布图 | 了解座位票中"排"与"座"的意义，学习按座位票中的两个条件，对号入座的正确方法。 | | ✓ | ✓ | ✓ |
| | 邀请函 | 了解邀请函的意义与作用，能用废旧材料、绘画、拼贴等方法制作邀请函。 | | ✓ | ✓ | ✓ |
| | 筹备年夜饭 | 了解年夜饭是中国新年的传统习俗，主动参加筹备年夜饭的活动，感受年味。 | ✓ | ✓ | ✓ | ✓ |
| | 幼儿园的年夜饭 | 感受幼儿园年夜饭热闹、喜庆的氛围，体会团团圆圆的快乐，通过观察、体验、制作年俗美食，感受浓浓的年味。 | ✓ | ✓ | ✓ | ✓ |

## 六、活动内容

### 活动推荐 1　语言活动——好忙的除夕夜

#### 活动目标

1. 了解代代相传的除夕风俗习惯。

2. 懂得温暖、团圆、有情有味过年的深厚感情和对传统节日的传承与热爱。

#### 活动准备

经验准备：了解过自己家的年夜饭。

物质准备：绘本《好忙的除夕》，幼儿记录本人手一份。

#### 活动过程

**一、自由探讨，回忆年夜饭**

1. 教师提问，帮助幼儿回忆。

师：过年那天你们家会做什么呢？

2. 幼儿与同伴沟通，探讨结果。

小结：原来，过年那天我们会贴对联、放鞭炮，还要准备丰盛的年夜饭。

**二、阅读绘本，理解故事内容**

1. 阅读绘本《好忙的除夕》，带领幼儿逐页观察页面，感受忙碌的除夕。

师：妈妈在做什么？（做菜）

师：奶奶在做什么？（蒸糕）

2. 引导幼儿了解年夜饭桌上菜肴的寓意。

（1）吃鱼：年年有余。

（2）吃菜头：好彩头。

（3）吃年糕：年年高。

小结：年夜饭桌上有很多必不可少的菜肴，例如鸡、鱼、汤圆、春卷、八宝菜等。

### 三、探讨交流，知道菜的寓意

1.幼儿探讨，说出自己了解的年夜饭的菜肴寓意。

2.幼儿创编，分享自己喜欢的菜肴的寓意。

小结：年夜饭，又称年晚饭、团年饭、团圆饭等，特指年尾除夕（春节前一天）的阖家聚餐。中国人的年夜饭是家人的团圆聚餐，这顿饭是年尾对一家人来说最重要的一顿晚餐。传统年夜饭是在除夕祭祖后才食用的，吃年夜饭前先拜神祭祖，待拜祭仪式完毕后才开饭。

### 四、活动延伸

与同伴之间自主选择材料创作年夜饭创意画，记录并分享。

图 2-3-14　绘本《好忙的除夕》

图 2-3-15　集体教学活动

## 活动推荐 2　调查活动——年夜饭的来历

### 活动目标

1.感受年夜饭阖家团圆、喜庆、热闹的氛围，萌发热爱中华传统文化的情感。

2.学习记录除夕夜年夜饭的相关小知识，了解中国农历新年与年夜饭的由来。

### 活动准备

各种年夜饭的图片、年夜饭记录表。

## 活动过程

### 一、经验唤醒，了解年夜饭

1.我知道的年夜饭。

师：过年时你们的年夜饭有哪些菜呢？

2.了解年夜饭的寓意。

师：什么时候吃年夜饭？年夜饭的寓意有哪些？

### 二、问题梳理，年夜饭我想知道

1.年夜饭必不可少的菜肴。

师：说一说你们知道哪些菜是年夜饭一定要准备的。

2.讨论制作年夜饭的材料。

（1）幼儿分组选择一张菜肴的图片进行讨论。

（2）记录制作年夜饭需要哪些材料。

3.了解年夜饭中各类菜肴的寓意。

（1）幼儿分组选择几道菜并讨论其中的寓意。

（2）交流分享各组菜的寓意。

小结：年夜饭的菜肴都有着美好的寓意，例如鱼——年年有余，肉圆——团团圆圆，鸡——大吉大利，年糕——年年高升，等等。

### 三、小组合作，设计记录表

1.组建新年小分队。

幼儿自由组合，形成调查小分队进行调查。

2.设计年夜饭记录表。

**中国年味——年夜饭调查表**

1.请小朋友们了解除夕年夜饭中的传统饮食有哪些？

2.幼儿和家长共同记录（幼儿绘画、家长帮助配文）。

姓名：

| 我家年夜饭吃什么 | | | |
| --- | --- | --- | --- |
| 菜名 | | | |
| 寓意 | | | |

图 2-3-16　幼儿调查记录

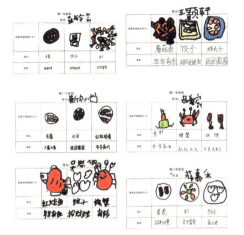

图 2-3-17　年夜饭调查

# 活动 3　小组活动——设计菜谱

## 活动目标

1. 了解各种菜品，制定年夜饭的菜谱。
2. 体验小组合作设计菜谱的乐趣，萌发对年夜饭活动的兴趣。

## 活动准备

经验准备：了解合理的营养结构。

物质准备：白纸，笔，画板。

## 活动过程

**一、谈话引题，唤起经验**

1. 幼儿根据自己的经验，再现年夜饭的场景。

师：小朋友们，年夜饭上你们都吃什么菜呢？

2. 引出主题——设计菜谱。

师：年夜饭中的菜都是你喜欢的吗？幼儿园也想给小朋友们做一顿年夜饭，现在请你们说说自己喜欢吃的菜吧！

197

## 二、分组讨论，绘制菜谱

1. 以组为单位，讨论、梳理幼儿园年夜饭中小朋友们最想吃的菜。

师：请大家四至五人一组，分组聊一聊自己最喜欢吃的菜。

2. 引导幼儿以自己的方式记录菜品所需的数量、烹饪方法、器皿等。

师：这些喜欢吃的菜，是怎样变成桌上的美味佳肴的呢？

3. 幼儿讨论记录，教师巡回指导。

师：除了肉圆、饺子等美食外，我们还会吃什么菜呢？肉菜之外，还有哪些你们喜欢的美食呢？

小结：每一道美味佳肴的诞生，都需要经过很多道程序。器皿的选择、材料数量的确认、烹饪步骤等都在考验大家的能力。

## 三、分享交流，我的菜谱

1. 小组代表进行分享。

2. 幼儿自主评价。

图 2-3-18　幼儿菜谱设计

## 活动推荐 4　美食制作——彩色汤圆

### 活动目标

1. 学习制作汤圆的技巧，主动参与制作汤圆。

2. 体验与同伴合作制作汤圆的乐趣，喜欢传统节日的习俗。

## 活动准备

经验准备：有制作汤圆的经验。

物质准备：课件，糯米粉若干，胡萝卜、橙子、菠菜等着色材料若干，豆沙、芝麻等馅料若干，锅具一组。

## 活动过程

### 一、导入部分

1. 出示课件，谈话激趣。

师：小朋友们，这是什么？

2. 梳理制作五彩汤圆的流程。

小结：制作彩色汤圆的步骤包括榨汁、和面、夹馅儿和煮熟。汤圆有团圆美满的意思，吃汤圆意味着新的一年团团圆圆，和睦幸福。

### 二、基本部分

1. 引导幼儿观察现有的材料，鼓励幼儿进行分类。

师：小朋友们，制作汤圆的材料都混在一起了，请你们来分类并做好相应的标签。（水果类、蔬菜类、面粉类、馅儿类等）

2. 幼儿自由分组，自由选择制作汤圆的材料。

师：人多做不好汤圆，需要大家分组并选择好自己的场地。同时讨论出你们想要制作的汤圆的颜色，以及制作它需要的材料。

3. 做汤圆前的清洗工作。

幼儿清洗制作汤圆的材料。

4. 制作汤圆，教师巡回指导。

5. 煮汤圆，品尝成果。

### 三、结束部分

师幼共同整理活动现场，并提倡孩子们光盘行动。

图 2-3-19　幼儿动手制作汤圆

图 2-3-20　汤圆成品

## 活动推荐 5　美食制作——自制春卷

### 活动目标

1.感受过年吃春卷的传统习俗，尝试自己动手包春卷。

2.了解春卷的做法，理解春卷如意、消灾去难的寓意。

3.体验与同伴一起动手制作、分享成果的快乐。

### 活动准备

经验准备：前期了解春卷的制作过程。

物质准备：面粉一包、葱一把、肉末一斤、煎饼锅一个、汤勺每组一份。

### 活动过程

**一、观看视频，师幼回忆**

1.师幼共同回忆春卷的制作过程。

师：小朋友们，我们之前一起了解了春卷的制作过程，你们还记得吗？

2.幼儿总结，自由分工。

师：我们马上要开始做春卷咯！你们想分成几组呢？

小结：根据之前的经验，我们知道春卷的制作过程包括：拌粉、做春卷皮、清洗食材、包春卷、炸春卷五步。

**二、小组分工，制作春卷**

1. 小组搅拌面粉和水，制作面粉糊。

（1）幼儿自取材料。

（2）两两合作，教师指导。

小结：制作面粉糊的比例非常重要，水既不能太多也不能太少，可以用筷子来检测状态，能挂在筷子上缓慢流动即为成功。

2. 小组使用工具，制作饼皮。

（1）幼儿自选操作工具。

（2）同伴合作，教师指导。

小结：电饼铛的温度决定了饼皮能否成功，在制作过程中，师幼一起探索制作饼皮最合适的时间。

3. 合作清洗、准备食材。

（1）幼儿清洗所需食材。

（2）倒入所有材料，混合搅拌。

小结：春卷好吃的关键在于馅料，可以使用勺子、瓶盖等工具计量酱油等调味料的多少。

4. 包春卷、炸春卷。

（1）幼儿自取食材包春卷。

（2）师幼合作炸春卷。

小结：包春卷的手法决定了春卷的造型，幼儿还探索了包春卷的方法，让炸出来的春卷更完美。

**三、品尝美食，感受喜悦**

1. 品尝成果。

师：我们一起来尝一尝自己做的春卷吧！有什么感受呢？

2. 分享美食。

师：我们把做好的春卷送给大家尝尝吧！

图 2-3-21　幼儿准备馅料

图 2-3-22　幼儿包春卷

## 活动推荐 6　美食制作——香香的肉丸圆

### 活动目标

1. 简单了解肉圆的制作过程，掌握制作肉圆的基本技巧，尝试自己制作肉圆。
2. 体验与同伴共同制作肉圆的快乐，乐于与同伴一起制作肉丸。

### 活动准备

经验准备：有制作肉圆的经验。

物质准备：肉圆的制作食材、电磁炉、蒸锅。

### 活动过程

**一、食材我来备**

1. 食材分类。

师：我们一起来看一看都有哪些食材，数一数一共有几种。

2. 食材准备。

师：食材准备好了，接下来我们要做什么呢？

3.幼儿自由分工。

幼儿分组洗萝卜、刨萝卜丝、洗切葱花。（提示：使用刨子和菜刀时，教师需时刻关注幼儿，遇到意外及时干预）

## 二、肉圆我来做

1.了解各种调料，知道馅料的调配方法。

师：肉圆的馅料要如何调配呢？

小结：将肉丁用酱油、黄酒调好，静置十分钟，加入萝卜丝，进行搅拌。倒入番薯粉，加适量酱油、盐、食用油进行搅拌，直至拌匀。

2.幼儿自主取材，探索馅料调配。

3.讨论肉圆的制作过程及方法。

4.幼儿分组制作肉圆，教师巡回指导。

## 三、肉圆我来尝

1.品尝肉圆。

师：肉圆蒸熟了，闻着感觉怎么样呢？

2.学会分享。

3.整理桌面。（提示：整理前穿好倒背衣，戴上袖套，进行垃圾分类整理，注意保持个人卫生）

图 2-3-23　幼儿做肉圆

图 2-3-24　蒸肉圆

## 活动推荐 7  美食制作——包饺子

### 活动目标

1. 掌握包饺子的基本技巧，尝试自己包饺子。

2. 体验与同伴共同包饺子的快乐，乐于与同伴一起包饺子。

### 活动准备

经验准备：了解饺子的制作过程。

物质准备：饺子图片、面粉、饺子馅、案板、擀面杖、锅具、餐具等。

### 活动过程

**一、经验唤醒，激发探索欲望**

1. 你们在家里见过爸爸妈妈包饺子吗？说一说饺子是怎么包的？

2. 你们知道饺子皮是怎么做出来的吗？

小结：制作饺子需要面粉、擀面杖，以及制作饺子馅的各类食材，等等，按照包饺子的步骤进行制作。

**二、分组制作，动手实践**

1. 食材准备组，探索馅料调配比例。

（1）幼儿自取食材，准备做饺子。

（2）合作洗切食材，知道白菜的清洗步骤。

（3）幼儿自主操作，调配白菜饺子的馅料。

2. 揉面团组，幼儿探索面粉与水的比例。

（1）分成三组后实验，探索面粉与水的比例。

（2）两三人合作揉面团，教师巡回指导。

3. 擀面皮组，多种材料探索饺子皮的形状。

（1）幼儿自由擀皮，教师巡视。

（2）寻找多种材料，探索形状。

4.包饺子组，幼儿探索不同形状的饺子。

小结：根据前期准备的饺子馅料以及饺子皮，尝试自己包饺子。

### 三、美食分享，品尝美味

1.包好的饺子放在锅中煮，了解冷水、热水下锅的区别。

2.品尝美味的饺子，互相交流包饺子的技巧和心得。

图 2-3-25  幼儿揉面团          图 2-3-26  饺子展示

## 活动推荐 8  美食制作——美味的腊肉

### 活动目标

1.了解腊肉的制作方法，学会简单地腌肉。

2.体验过年制作腊肉的喜悦，感受过年的氛围。

### 活动准备

经验准备：提前了解腊肉的制作过程。

物质准备：猪肉、盐、糖、香料等食材；砧板、碗、锅等炊具。

### 活动过程

**一、视频导入，师幼回忆**

展示腊肉的照片和视频，引起幼儿兴趣。

师：小朋友们，你们看这是什么？腊肉是怎么制作的？有什么特点？

**二、自由组队，合作腌肉**

1. 总结腊肉的腌制过程，简单解释每个步骤的目的和原理。

腌腊肉的步骤分为清洗食材、腌制腊肉和晾晒腊肉三个部分。

2. 介绍腌腊肉的佐料。（花椒、八角、香叶、桂皮、盐、老抽……）

3. 幼儿自由组队，拿取材料。

4. 幼儿操作，教师巡回指导。

师：大家在腌腊肉的过程中可以仔细瞧瞧肉的颜色、形状有什么变化。

**三、展示成果，收获喜悦**

1. 小组展示自己制作的腊肉，分享成果并进行晾晒。

2. 引导幼儿回顾制作过程，总结学到的知识和经验。

3. 幼儿分享趣事。

师：你们觉得腌腊肉过程中最有趣的事是什么？

图 2-3-27　师幼一起煮佐料

图 2-3-28　幼儿腌腊肉

**活动推荐 9　美食制作——甜甜的糕点**

**活动目标**

1. 了解过年的各种糕点，体会过年吃甜食的吉祥意义。

2.体验与同伴共同制作连环糕的快乐,乐于与同伴一起制作连环糕。

## 活动准备

经验准备:吃过甜甜的糕点、实地调查过各种糕点。

物质准备:薄荷水、凉开水、米粉、糖粉、食用油、连环糕模具等。

## 活动过程

**一、谈话活动,经验唤醒**

1.金牌讲解员:分享过年时食用的美味的糕点。

2.了解每一种糕点背后的寓意。

**二、自主探索,动手实践**

1.介绍做连环糕的食材与工具。

2.了解做连环糕的配比及工具的使用。

3.幼儿自主尝试拌粉。

(1)分成三组后实验,探索粉油比例。

(2)分享失败与成功的经验。

小结:我们先在盆中加入糖粉,然后在糖粉外围加入熟米粉(米粉、糯米粉),再在糖粉中加入少许食用油搅拌均匀。

4.幼儿自主尝试填模、制坯并脱模。

(1)分组自主探索连环糕脱模的完整性。

(2)脱模后成品展示,幼儿分享经验。

小结:在脱模的时候要将拌好的粉填入模具中,轻轻按压,再刮去模具表面多余的粉,然后继续按压,直到压紧实为止,最后轻轻敲击模具,完整的连环糕就脱模完成啦!

**三、美食分享,品尝美味**

1.把制作完成的连环糕放在锅中蒸,了解蒸煮持续的时间。

2.品尝甜甜的糕点,互相学习制作连环糕的技巧。

图 2-3-29　参观糕点铺

图 2-3-30　幼儿自制连环糕

## 活动推荐 10　数学活动——我设计的座位分布图

### 活动目标

1. 通过自制座位票，了解座位票中"排"与"座"的意义。
2. 学习按座位票中的两个条件，对号入座的正确方法。

### 活动准备

一张大的"排""座"；1—4排的"排"标记；笔。

### 活动过程

**一、情境导入，引出主题**

师：小朋友们，过几天我们幼儿园要举办一场属于幼儿园的"年夜饭"，大家都要凭票入座，你们能找到自己的位置吗？

**二、认识座位票，了解其含义**

1. 认识排，幼儿自做"排"号。

师：看！这里的椅子已经排成了几排，请小朋友们找个小椅子坐下来，请第一排的小朋友们站起来，请第二排的小朋友们挥挥手，请第三排的小朋友们点点头，请第四排的小朋友们举双手。请小朋友说说你是怎么知道你是坐第几排的？

2.认识"座",幼儿制作座位号。

师：数一数每排座位都有几张椅子。请问你是坐在几号座位的？请所有 5 号座的小朋友站起来，请所有 4 号座的小朋友点点头，请所有 3 号座的小朋友挥挥手，请所有 2 号座的小朋友站起来，请所有 1 号座的小朋友举双手。

3.认读座位票。

师：请小朋友们把你们椅子下面的纸打开，这就是座位票，请小朋友们读一读你的座位票。

幼儿："三排 4 号……"

### 三、交换座位票，尝试看票找座位

1.个别幼儿根据座位票找座位。

师：小朋友们，你们手上都有一张座位票，我请几位小朋友来找一找自己的座位。

2.集体找座位，进行验证。

师：请大家根据自己的座位号找到位置并坐下。

3.交换座位号再次进行找座位。

师：拿好座位票上来，找个好朋友和他交换座位票，然后找到好朋友的座位坐下去。

小结：当我们看座位票找座位时，要先找到"排"，再找到"座"。

### 四、幼儿自制座位票，进行巩固认识

幼儿根据现场的"排"和"座"自制座位票进行找座位游戏。

### 五、活动结束

师：小朋友们知道得真多！以后你们就可以看座位票自己找座位了，不用再麻烦爸爸妈妈了。下次我们再来玩看座位票找座位的游戏，好吗？

图 2-3-31　幼儿操作

图 2-3-32　座位验证环节

## 活动推荐 11　实践活动——筹备年夜饭

### 活动目标

1.知道春节是我国的传统节日，了解年夜饭是中国新年的传统习俗。

2.主动参加筹备年夜饭的活动，乐于动手制作年俗美食，感受浓浓的年味。

### 活动准备

桌子、椅子、展板、各类美食铺、美食的制作材料等。

### 活动过程

**一、了解心愿，我想要的年夜饭**

小朋友们，马上要过年了，我们要为大家筹备一场幼儿园的年夜饭。你们想要一场怎样的年夜饭呢?

**二、交流讨论，年夜饭上的美食**

1.你们希望幼儿园的年夜饭有哪些美食?

2.说一说选择这些美食的理由。

3.小组合作制作菜谱。

**三、统计汇总参加年夜饭的人员**

1.确定参加年夜饭的对象。（全体幼儿、老师、保安叔叔、厨房阿姨……）

2.根据班级人数以及发出的邀请函统计人数。

**四、实地考察，筹划场地布置**

1.幼儿自行组队，带上记录表，在教师的陪伴下到操场察看。

2.小组合作了解并完成记录表《座位分布图》。

**五、筹备菜肴，实践体验**

1.说说年夜饭菜谱上有哪些美味的菜肴。

2.分班自由选择一种年夜饭菜肴，进行准备。

### 六、小组分工，布置场地

根据实地考察后完成的座位分布图，幼儿自行讨论，划分小组进行分工合作（桌子组、桌布组、桌签组、摊位组、美食操作组等），进行场地布置。

图 2-3-33　幼儿统计人数

图 2-3-34　幼儿美食操作

## 活动推荐 12　体验活动——幼儿园的年夜饭

### 活动目标

1. 感受幼儿园年夜饭热闹、喜庆的氛围，体会团团圆圆的快乐。
2. 通过观察体验、实践操作制作年俗美食，感受浓浓的年味。

### 活动准备

经验准备：家长引导幼儿回忆并说说过年吃年夜饭的场景。

物质准备：建议幼儿携带照相机、手机等拍摄工具，以儿童的视角进行拍摄记录。

### 活动过程

1. 活动前以班级为单位布置好场地，营造氛围。
2. 伴随着音乐《过年好》，孩子们入场。
3. 品尝美食摊位上的各类美食。

4.集体入座，欣赏节目——舞龙表演。

5.年夜饭后，与同伴交流分享自己吃过的美食。

图 2-3-35　舞龙表演

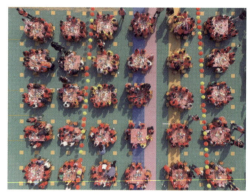

图 2-3-36　幼儿园的年夜饭

## 七、课程评价案例

### 一场属于孩子们的年夜饭

**活动缘起**

中国人一年中最珍视的一餐莫过于年夜饭，它承载着团圆、喜庆和美好的寓意。在美食汇聚的寿昌古镇，人们对这顿特殊的晚餐更是寄予了深厚的情感。那么，孩子们眼中的年夜饭又是怎样的呢？

随着孩子们对年夜饭的探索欲望日益浓厚，我们决定与他们一同走进这顿特别的晚餐。孩子们纷纷表达了自己对年夜饭的理解和期待。

图 2-3-37　师幼讨论年夜饭

许王智："我觉得年夜饭是很粘牙的饭。"

张可悦："年夜饭是一家人坐在一起，围着一张桌子吃饭。"

吴思依："年夜饭是一家人在一起，吃丰盛的饭。……"

听着孩子们的回答，我们深感他们对年夜饭的纯真理解和热切期待。于是，"一场属于孩子们的年夜饭"就此拉开帷幕！

**教师的分析：**

年夜饭的意义不仅仅在于食物的丰盛，更在于家人之间的团聚和亲情的传递。无论是城市还是农村，无论是年轻人还是老年人，都会将年夜饭视为一年中最重要的一顿饭。它不仅是一种传统，更是一种情感的表达和家庭的纽带。在中国传统文化中，年夜饭蕴含着深厚的文化内涵和人们对美好生活的期许。

### 活动推进

**调查：年夜饭吃什么？**

家家户户在年夜饭上都会吃些什么呢？我们通过发放调查表，让幼儿以访谈家长、照片回忆、表征记录的方式将往年的年夜饭进行记录。回园后，孩子们对于自己家会吃的菜肴与同伴进行交流和分享。

图 2-3-38　幼儿绘画

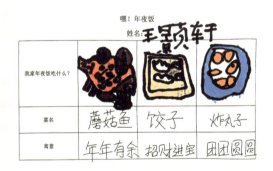

图 2-3-39　年夜饭调查表

通过孩子们的调查，我们发现年夜饭的菜品丰富多样，每一道菜都寓意着吉祥和幸福。鸡、鱼、汤圆、莲藕等菜品都是年夜饭上的常客。鸡象征着吉利，意味着来年事事顺利；鱼则寓意年年有余；糕意味着一年更比一年高。了解各式菜品的寓意后，幼儿园根据孩子们的喜好策划了一顿属于孩子们的独一无二的年夜饭。

### 设计：幼儿园的年夜饭

**（一）设计菜谱、分发邀请函**

谈话中，孩子们了解到今年是他们在幼儿园度过的最后一个春节，为了留下念想，经过激烈的讨论，大家提出想在幼儿园吃一顿年夜饭的想法。于是，大家开始着手准备这顿独特的年夜饭：访谈幼儿，了解幼儿喜欢的菜品；设计菜谱，每个班都出一道特色的菜肴；构思场地，全园幼儿共同参加；分发邀请函，让年夜饭更有家的味道……

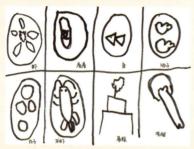

图 2-3-40　幼儿爱吃的菜

图 2-3-41　幼儿爱吃的年夜饭

图 2-3-42　幼儿设计的菜谱

图 2-3-43　幼儿绘制邀请函

图 2-3-44　幼儿分发邀请函

### （二）探索制作、春卷上桌

作为年夜饭的发起班级，我们是不是应该上一道别样的菜呢。"琳琅满目""雍容华贵"的菜肴让人无从下手，最终通过投票，大家一致选定了春卷，作为我们班的菜品。

徐梦妤："春卷皮是用什么做的呢？"

吕希宸："是面粉！"

王梓昕："玉米粉吧。"

方瑞轩："先用玉米粉和水搅拌在一起，再加个鸡蛋。"

对于春卷皮的制作，孩子们都缺少经验，根据日常生活中的经历，孩子们纷纷表达了自己的看法。为了满足孩子们的好奇心，我们一一进行尝试。

图2-3-45　讨论制作春卷皮的材料

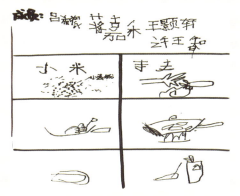

图2-3-46　讨论结果

图2-3-47　烙春卷皮

图2-3-48　烙春卷皮

经过不断的尝试，孩子们还发现面团的状态不仅和粉的种类有关系，还和加水

量的多少有很大关系。有的组加水多，面粉成了粘手并且会往下滑的状态，有的组加水量超级多，面粉就成了流动的状态。这两种方法都可以制作春卷皮吗？哪种状态效率更高呢？一次次地总结经验，孩子们得出了结论：两种方法都可以制作春卷皮，但对于刚接触春卷皮的我们来说，流动状态的面粉更容易操控，而且不容易烫伤。找到办法的孩子们开始动手制作春卷，准备年夜饭。

**开席：品尝年夜饭**

**（一）年夜饭前的准备**

全园三百五十余位幼儿的年夜饭马上就要开始了，场地布置、座位安排、桌签设计、节目准备……处处都有孩子们忙碌的身影。

图 2-3-49 搬桌子

图 2-3-50 放桌签

**（二）年夜饭开始啦**

经过孩子们几天辛苦的准备，丰富的年夜饭闪亮登场！有香喷喷的肉圆，脆脆的春卷，糯叽叽的麻糍……快来看看吧！

图 2-3-51 幼儿品尝年夜饭

### （三）年夜饭的感受

年夜饭活动完美落下帷幕，作为本次策划人——大二班的小朋友，他们的心里一定很有感触，听听他们是怎么说的吧！

翁阳子逸："今天的年夜饭吃完，我肚子饱饱的，有太多好吃的东西了！"

方景琰："虽然舞龙很累，但是吃了年夜饭就超级开心！"

费佳诺："今天的年夜饭太好吃了！"

吴雅昕："大家一起吃年夜饭太开心了啦！"

## 活动反思

年夜饭活动的实施，增加了幼儿对"年"的感知，同时也传承了中国传统文化，幼儿在一次次的行动中建构新的经验，而教师追随着幼儿的兴趣和需要，从个体的经验出发到班集体再到家庭，新年里的美好将留在幼儿的记忆里。

### （一）厘清项目发展主线

我们以"年夜饭"为主线，以幼儿自主提出的问题为分支，鼓励幼儿发现问题、自主结对、制定计划、实践探索、不断调整，在自主探究、自主思考、自主学习中解决问题，在探究年夜饭的过程中感受年味。

### （二）尊重文化本身内涵

我们以"年夜饭的来历"为起点，了解年夜饭团聚的意义，调查年夜饭菜肴的寓意以及怎么制作这些菜肴等，基于幼儿已有的经验，鼓励幼儿自己布置年夜饭现场，进行大胆想象，设计、创造作品，在活动中感受春节的各种习俗，激发幼儿对年夜饭的憧憬……我们看到了幼儿主动参与活动的积极性，在一步步实践的过程中，幼儿建构着自己对年夜饭的认知。

### （三）关注幼儿深度学习

在整个项目活动中，幼儿一直围绕着主题，全身心地积极投入，同伴间相互合作与探究。我们可以看到，过程不是一帆风顺的，但是面对问题，教师给予幼儿思考的空间：当春卷皮不成型时，幼儿对面粉跟水的比例进行反思和调整。幼儿整个探索都是被肯定的：关于菜品的选择也是从幼儿的讨论中来的，幼儿自己确定菜谱。这一系列的支持与回应帮助幼儿迁移已有经验，最终解决问题，是一种有意义的学习过程。（甘叶钰、周英）

## 其他活动样态

打麻糍、品糍粑，已是幼儿园每年的传统。今年，我们邀请了爸爸、爷爷来园一起打麻糍。"加油，加油"的呐喊助威声不断，热闹非凡！

幼儿参与完整的种植、养护、收割油菜的活动，他们不仅仅是观察者，更是积极的参与者。当油菜成熟后，幼儿收割并将之晒干，尝试用PVC管做工具，打出油菜籽，榨出菜油。

在年俗周体验活动中，幼儿参与制酱肉的活动。通过熬酱料、涂抹酱料、晒肉等过程，幼儿可以亲身体验到传统年俗的魅力，感受到食物的美味和烹饪的乐趣。

　　幼儿经过几天辛苦的准备，丰富的年夜饭即将闪亮登场！有香喷喷的肉圆，脆脆的春卷，糯叽叽的麻糍……快来看看吧！

　　全园师幼穿上大红袄，一起包饺子、打麻糍、敲大鼓、舞布龙、学礼仪、说祝词、猜灯谜……最后分组围坐在 30 张桌子前，欢享亲手参与制作的"年夜饭"，感受传统年俗的浓浓氛围。

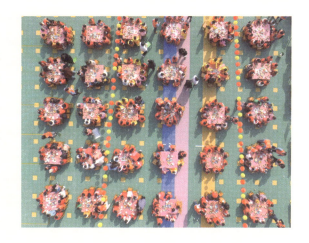

　　伴随着欢快的音乐，年夜饭开宴啦！看到餐桌上摆放着的各式各样的菜肴，孩子们都抑制不住地发出欢呼："哇！这么多好吃的！""我都流口水啦！""好想吃！"

幼儿园的种植园里，茄子已悄悄长大……自己种植、自己养护、最后自己亲手采摘，幼儿看到了茄子从无到有，从小到大的生长过程，深刻地体会到了劳动的辛苦，也感受到了丰收的喜悦。

幼儿通过磨番薯粉、过滤、洗、晒等步骤，成功做好番薯粉。从前期调查准备到后期自己动手，幼儿在活动过程中发展了动手动脑的能力，在探究学习的同时也感受到了自己动手的乐趣，还体会到了番薯制品的美味。

又到了一年一度的"枇杷节"，孩子们见证了枇杷从开花到结果再到成熟的过程，他们对于枇杷垂涎已久，也早已按捺不住激动的心情。在采摘过程中，孩子们为了能采摘到成熟的枇杷，使出浑身解数，用智慧和力量摘下成熟的枇杷。

种植地的白菜成熟了，拔下来的白菜放在班级里会坏掉，怎样储存白菜不会坏掉呢？经过幼儿投票，最终决定用腌制的方法储存白菜。一起来看看他们的腌制过程吧！

为了让幼儿亲身体验采摘柿子的乐趣，在教师的引导下，孩子们共同出谋划策，表述自己想到的办法：抱着树摇一摇、爬树、上梯子、用竹竿等。开始摘柿子了，瞧！孩子们有的踮起脚尖、有的提着小筐、有的在树下捡柿子。

吃肉圆是建德的传统习俗，幼儿在憨憨奶奶的带领下，一起来做建德美食——肉圆，幼儿兴致勃勃地参与到活动中，体验多彩多姿的劳动，品味多姿多彩的幸福。

# 主题 ■ 3
## ——玩玩民俗

舞龙、打鼓、唱大戏，捏面、扎纸、赶大集……它们是寿昌老百姓逢年过节的保留活动，古镇上传承百年的手艺人更是比比皆是，小班幼儿最喜欢赶集，中班幼儿被技艺精湛的舞龙折服，大班幼儿探秘起了扮相惊艳的婺剧。幼儿在丰富的探学活动中，感知家乡民俗文化，亲家乡、爱家乡！

**再次探学**

梳理问题，制定计划，深入体验，再次探学

**展示分享**

民俗展示，争做"非遗"传承人

**实践探索**

操作体验，探索发现

**主题确定**

确定主题，展开讨论

**探寻民俗**

初步了解，实地探究，体验民俗

玩玩民俗主题：
# 一起去赶集

建议年龄段：小班
建议时长：2 周

## 主题说明

对于寿昌人来说，每年的农历二月初十都是特别的日子，也是一年之中最热闹的日子。寿昌会举办传统庙会和物资交流会，古老的小镇张灯结彩，大街小巷摆满各式货摊和琳琅满目的货品。我们从幼儿逛过的"二月十"集市入手，激发幼儿对家乡文化的兴趣，培养幼儿热爱家乡的情感。

幼儿和家长一起去赶集，了解"二月十"的由来，感受"二月十"的热闹氛围。小班幼儿对于角色扮演游戏非常感兴趣，我们经常听到小朋友在游戏中叫卖：好吃的糕点，快来买呀，快来买呀！基于幼儿的兴趣，引导和鼓励幼儿开设幼儿园里的庙会，在游戏体验、实践操作中开启一场美妙的"二月十"赶集之旅。

## 主题内核

通过调查，了解"二月十"的由来；走进"二月十"，感受集市热闹的氛围；开展集市游戏，了解当地特色文化。

## 主题目标

1. 通过调查、实地探究等，进一步了解集市，感受家乡集市的特点和魅力。

2. 了解"二月十"传统庙会的由来，能用简单的语言大胆阐述集市的特征。

3. 以"赶集"游戏为载体，通过角色扮演，唤醒生活经验，感受游戏带来的快乐，提高社会交往与语言表达能力。

## 一、主题分析

### （一）幼儿学情分析

**原有经验点**

1. 知道寿昌"二月十"传统集市，对集市有初步认识。

2. 知道集市里有各种各样的店铺，售卖各种商品。

3. 逛过集市，有购买过集市商品的经验。

**兴趣关注点**

1. 为什么"二月十"这天开展集市？

2. 在幼儿园也可以玩赶集游戏吗？

3. 幼儿园的赶集游戏可以怎么玩？

**成长需求点**

1. 了解寿昌"二月十"集市的由来，进一步了解集市的特点。

2. 和哥哥姐姐一起选择场地、设计赶集店铺，在幼儿园进行赶集游戏。

3. 体验赶集游戏，了解、感受家乡民俗文化，激发热爱家乡的情感。

### （二）资源盘点利用

**教材共性资源**

1. 图片资源：商场、集市图片。

2. 音乐资源：《买菜》。

3. 视频资源：《逛逛农贸市场》。

4. 幼儿用书资源：数学绘本《果汁店》《苹果草莓哪个多》，故事《买买买》。

**园本个性资源**

1. 实践基地："二月十"集市。

2. 家长资源：周末家长带领幼儿去逛逛"二月十"集市，帮助幼儿建立对赶集的初步认知。

3. 绘本资源：《赶集》《走呀！去赶集》《街角集市》。

4. 幼儿园民俗活动"寿昌二月十"。

# 二、主题流程图

## （一）主题行进路径

表 3-1-1　"一起去赶集"主题行进路径

| 脉络 | 探秘集市 | | | | | 幼儿园里的集市 | | | | | 集市时光 | | |
|---|---|---|---|---|---|---|---|---|---|---|---|---|---|
| 序号 | 活动1 | 活动2 | 活动3 | 活动4 | 活动5 | 活动6 | 活动7 | 活动8 | 活动9 | 活动10 | 活动11 | 活动12 | 活动13 |
| 活动内容 | 热闹的集市 | 探秘集市 | 『二月十』知多少 | 店铺种类多 | 去呀去赶集 | 集市策划会 | 选定赶集物 | 设计店铺 | 制定价格 | 制作宣传海报 | 赶集计划 | 一起去赶集 | 集市趣分享 |
| 实施路径 | 谈话活动 | 实践活动 | 社会活动 | 数学活动 | 艺术活动 | 实践活动 | 社会活动 | 实践活动 | 数学活动 | 艺术活动 | 实践活动 | 实践活动 | 语言活动 |

## （二）关键经验分析

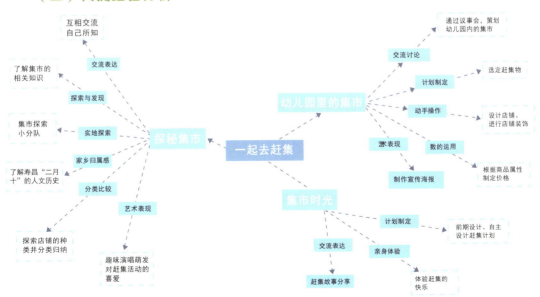

图 3-1-1　"一起去赶集"主题网络

## 三、家园共育

致家长的一封信

亲爱的家长朋友：

您好！

又到了一年一度的寿昌"二月十"交流庙会活动时间。"二月十"交流庙会有几百年的历史，但随着生活节奏的加快，传统节日氛围在慢慢变淡，传统文化需要家园共同传承。在赶集庙会即将到来之际，幼儿园将开展以寿昌"二月十"为主题的教育活动。为了让孩子深入了解家乡"二月十"的传统文化，幼儿园将布置赶集游戏场景，将交流赶集活动融入幼儿的学习、游戏活动中，让孩子了解及熟悉这个传统节日，也为孩子的成长增设独特的学习环境，届时需要家长配合以下几点：

1. 本次创设的"二月十"活动场景需要家长收集一些交流活动的物品。

2. 交流活动是家乡的特色活动，请家长为孩子普及活动历史背景。

3. 活动前期需要家长和孩子一起完成一份调查表。

4. 参加一次赶集活动，并让孩子独立购买一次物品。

感谢您的配合，让我们一起陪孩子感受传统节日的氛围吧！

## 四、区域设置

### （一）阅读区

1.“二月十”集市：搜集“二月十”的图片，供幼儿看看、认认，了解“二月十”。

2.绘本阅读：投放绘本《市场好热闹》，供幼儿自主阅读。

图 3-1-2　给商店提供商品　　　　　　　图 3-1-3　阅读关于赶集的绘本

### （二）角色区

1.开店啦：美工区的作品放到角色区用来布置超市，选择主要商品进行“开店”。

2.商店开业：投放头饰、角色卡等相关道具，鼓励幼儿分角色演绎。

图 3-1-4　布置商店　　　　　　　　　　图 3-1-5　商品扫码付钱

### （三）建构区

1.美食商店：利用低结构材料搭建"二月十"的店铺，并进行介绍。

2.赶集市场：提供各色纸杯、积木、纸板箱等，引导幼儿与同伴一起协商、合作制作"二月十"赶集一条街。

图 3-1-6　搭建商店

图 3-1-7　搭建赶集街

### （四）创织工坊

1.投放竹篮、竹篓等各类竹编制品，供幼儿欣赏。

2.提供彩色纸条、竹篾、扭扭棒、绳子等，引导幼儿尝试进行绕、编等操作。

3.提供竹篾、绳子等，供幼儿编织小船。

图 3-1-8　创意编织

图 3-1-9　竹篾编织

### （五）益智区

1. 商品分类：提供各种不同的商品、店铺，引导幼儿进行商品与店铺的配对游戏。

2. 认识几何图形：投放各种几何图形，鼓励幼儿利用各种图形拼出不同的商店。

3. 店铺大集合：认识各种商店，了解商店的性质。

图 3-1-10　拼图商店

图 3-1-11　商品分类

### （六）娃娃家

1. 逛"二月十"：引导幼儿根据角色开展情境游戏，"爸爸妈妈"带"宝宝"去逛"二月十"，并且购买一些饰品给"宝宝"。

2. 装扮"宝宝"：投放各种发夹、帽子、衣服等，供幼儿打扮"宝宝"。

图 3-1-12　带着宝宝逛集市

图 3-1-13　装扮宝宝

### （七）小厨房

1.烧烤摊：将各种烧烤、串串、烧烤工具等投放在区域内，供幼儿烧烤。

2.甜品店：投放各种颜色的超轻黏土、果汁机、纸杯、吸管，幼儿根据顾客的需要制作不同的"果汁"。

3.小吃摊：投放各种蔬菜、水果、碗筷等材料，供幼儿制作各种美味小吃。

图 3-1-14　"二月十"烧烤摊

图 3-1-15　给"客人"上果汁

## 五、主题推进思路

表 3-1-2　"一起去赶集"主题展开思路

| 主题展开思路 | 活动名称 | 核心经验 | 基地体验 | 主题探索 | 游戏畅玩 | 生活浸润 |
|---|---|---|---|---|---|---|
| 探秘集市 | 热闹的集市 | 知道寿昌"二月十"集市，交流分享集市初印象，感受集市的热闹氛围。 | | ✓ | | ✓ |
| | 探秘集市 | 探究、发现集市的秘密，了解集市店铺的类型、分布，商品买卖的过程。 | ✓ | | ✓ | ✓ |
| | "二月十"知多少 | 了解"二月十"的由来及习俗，萌发对"二月十"传统习俗的喜爱之情。 | ✓ | ✓ | | ✓ |
| | 店铺种类多 | 了解集市上的店铺类型，尝试根据店铺类型进行分类游戏。 | | ✓ | ✓ | |
| | 去呀去赶集 | 通过趣味演唱，进一步萌生对不同集市店铺的喜爱。 | | ✓ | ✓ | |

续　表

| 主题展开思路 | 活动名称 | 核心经验 | 基地体验 | 主题探索 | 游戏畅玩 | 生活浸润 |
|---|---|---|---|---|---|---|
| 幼儿园里的集市 | 集市策划会 | 通过讨论，确定幼儿园里集市的场地、内容、布局、人员分工等。 | √ | √ | | √ |
| | 选定赶集物 | 通过小组讨论、投票，选定赶集物，尝试互动合作，准备赶集游戏。 | | | √ | √ |
| | 设计店铺 | 运用多种材料、工具，设计、装饰店铺，营造吸引人的店铺氛围。 | | √ | | √ |
| | 制定价格 | 运用自己逛集市的经验，给商品制定合适的价格。 | | √ | | √ |
| | 制作宣传海报 | 尝试利用多种材料设计、制作海报，并能大胆表述海报内容。 | | √ | | √ |
| 集市时光 | 赶集计划 | 了解赶集需要的物品，学习有计划地做事情。 | | √ | √ | |
| | 一起去赶集 | 乐于参加赶集游戏，体验赶集游戏的快乐，进一步感受赶集的热闹氛围。 | √ | √ | √ | √ |
| | 集市趣分享 | 交流、分享集市游戏活动，大胆地用多种方式表达自己的感受与体验。 | | √ | √ | √ |

## 六、活动内容

### 活动推荐 1　谈话活动——热闹的集市

### 活动目标

1. 知道寿昌"二月十"集市，交流分享集市初印象，感受集市的热闹氛围。

2. 通过看一看、听一听、说一说了解集市的特点，丰富生活经验。

## 活动准备

经验准备：对寿昌的美食、美景、民俗有初步的了解。

物质准备：寿昌美食、美景、民俗活动的相关视频、图片。

## 活动过程

**一、集市初印象**

1.谈话导入，引出关于集市的话题。

师：寿昌的"二月十"集市开始了，你和爸爸妈妈一起逛过集市吗？

2.鼓励幼儿描述集市的热闹场景（声音、颜色、味道等）。

师：你看到的集市是什么样的？你看到了什么，听到了什么，闻到了什么？逛集市有什么感受？和小伙伴说说你的赶集故事吧。

3.幼儿进行小组交流分享，说说逛集市的初印象。

**二、集市真热闹**

1.欣赏集市图片、视频，感受集市热闹的氛围。

师：周末，老师也去逛了集市，拍了照片，我们一起来看一看。你看到了什么？觉得怎么样？

小结：集市上有各种各样的摊位、商品，有许多人在高高兴兴地赶集，真热闹啊！

2.播放集市相关背景音频（比如叫卖声、音乐声等），营造集市热闹氛围。

小结：音频中出现的是集市上人们讲价的声音、摊贩的叫卖声，还有音乐声，真是热闹。

3.阅读绘本《喜欢热闹的集市》，分享集市故事。

鼓励幼儿讲述自己最喜欢绘本的哪一页，为什么喜欢。

图3-1-16 热闹的集市

图3-1-17 集市故事

## 活动推荐 2 实践活动——探秘集市

### 活动目标

1.通过参观、体验集市，感受集市的热闹氛围。

2.探究、发现集市的秘密，了解集市中店铺的类型、分布以及商品买卖的过程。

### 活动准备

"集市大调查"记录表、纸、笔

### 活动过程

1.参观前，收集幼儿关于集市的问题，并进行梳理，制定调查记录表。

2.带着问题，幼儿在家长带领下实地走进寿昌"二月十"集市，在逛集市的过程中发现集市的秘密。

问题（1）：集市是怎么样的？

问题（2）：集市上有哪些店铺？集市店铺是怎么分布的？

问题（3）：店铺老板是如何叫卖的？顾客是如何买卖商品的？

3.家长可引导幼儿探究、发现集市的秘密，了解集市中店铺的类型与分布、商品买卖的过程。

4.幼儿采访集市老板、顾客，就自己感兴趣的问题进行调查。

5.幼儿和家长一起将探秘集市的体验、发现，用涂鸦、照片、文字等形式记录下来，完成"集市大调查"记录表。

6.幼儿在家长的带领下体验购买商品。

7.幼儿相互交流、分享逛集市的感受、发现、故事。

图 3-1-18　逛集市

图 3-1-19　集市大调查

图 3-1-20　集市真热闹

## 活动推荐 3　实践活动——集市策划会

### 活动目标

1. 通过讨论，确定幼儿园里集市的场地、内容、布局、人员分工等。

2. 乐于积极参与讨论，萌发幼儿园小主人的意识，体验参与活动的快乐。

### 活动准备

经验准备：对集市特征有初步了解。

物质准备：纸、笔、课件。

### 活动过程

**一、谈话导入，引发兴趣**

以问题导入，引发幼儿想在幼儿园里开集市的兴趣。

师：幼儿园里可以开集市吗？幼儿园里的集市会是怎么样的呢？

**二、讨论——幼儿园里的集市**

**（一）集市场地设置在哪里？**

1. 带着幼儿在园内实地考察，寻找场地。

在逛幼儿园的时候，幼儿可以用拍照的形式进行记录，以便后期班级投票时选择场地。

2. 幼儿进行小组讨论选择集市场地。

提问：你觉得集市场地选在哪里最好？为什么？

小结：空旷、交通便利的场地适宜摆放很多店铺，便于顾客逛集市、选购商品、开展集市游戏。

**（二）集市上卖什么？**

1. 小组讨论：幼儿园里的集市开设哪些店铺？可以卖什么呢？

2. 梳理、汇总幼儿的讨论结果，形成集市店铺清单。

**（三）店铺如何分布？**

1. 小组讨论 12 家店铺如何分布，并绘制分布图。

2. 教师引导幼儿，可根据店铺特色分布排列，也可根据店铺的场地需要分布排列。

3. 幼儿分享讨论结果，展示绘制的摊位布局图。

**（四）集市人员分布**

小组讨论：老板需要做什么？营业员需要做什么？明确不同岗位的任务。

图 3-1-21 幼儿实地考察

图 3-1-22 讨论设计场地图

## 活动推荐4 实践活动——设计店铺

### 活动目标

1. 欣赏各种店铺设计，了解店铺空间布局和门面装饰。

2. 能运用多种材料、工具，设计、装饰店铺，营造吸引人的店铺氛围。

3. 愿意和同伴一起参与设计店铺，体验小组合作的快乐。

## 活动准备

经验准备：逛过集市店铺，对店铺设计有粗浅的生活经验。

物质准备：店铺图片，彩纸、剪刀、固体胶、纸盘、画笔、桌子、柜子等。

## 活动过程

**一、店铺设计我知道**

1. 引出设计店铺。

师：上次，经过小朋友们的投票，已经确定了准备开设的店铺。店铺需要好好设计一番才能更好地吸引顾客，那我们就来设计一下自己的店铺吧。

2. 出示有特色的店铺设计照片。

师：请小朋友来说说这些店铺里的空间和门面分别是怎么创设的。

3. 教师介绍店铺设计的重要性，梳理店铺设计的方法。

提问：店铺应该怎么设计呢？小朋友逛集市的时候看到的店铺是怎么样的？

小结：我们要对店铺进行空间的划分，以方便顾客选购，门面需要设计得美观、有特色，吸引顾客。

**二、店铺区间划分**

1. 讨论：店铺怎么划分区间？

师：店铺里面有买卖区和制作区，那我们怎么划分这两个区间呢？

2. 师幼合作，利用桌子、柜子等方式分隔店铺区间。

**三、店铺装饰**

1. 讨论：店铺如何装饰？

师：我们班级店铺的门面该怎么设计才能更好看，更吸引顾客呢？

2. 幼儿绘画设计图。

3. 出示店铺装饰所需要的材料、工具：彩色纸、剪刀、固体胶、纸盘、画笔等。

4. 根据设计图，幼儿分组装饰店铺，教师及时指导。

### 四、分享交流

展示幼儿设计、装饰的店铺，并请幼儿进行介绍与分享。（教师观察幼儿装饰的情况，装饰结束之后幼儿相互欣赏自己制作的店铺）

图 3-1-23　小组设计

图 3-1-24　装饰店铺

## 活动推荐 5　艺术活动——制作宣传海报

### 活动目标

1. 欣赏各式各样的海报，了解海报设计的基本元素和作用。
2. 尝试利用多种材料设计、制作海报，并能大胆表述海报内容。

### 活动准备

经验准备：幼儿见过店铺里的海报。

物质准备：记号笔、水彩笔、彩色纸等。

### 活动过程

#### 一、问题导入

1. 抛出问题，引发讨论：怎么样让更多人知道我们的店铺呢？如何吸引更多的顾客呢？
2. 引出给店铺设计宣传海报的想法。

## 二、海报我知道

1. 出示各类海报，幼儿欣赏。

提问：海报上有什么？为什么要这样设计？让幼儿了解海报上的内容与设计意图。

2. 根据幼儿的讨论，教师利用导图的方式梳理幼儿的经验，形成设计海报的主要元素思维导图。

提示：此环节可以让幼儿分组，每组一张海报，让幼儿近距离观察，明确海报上的时间、地点、种类、价格等要素。

## 三、海报我设计

1. 讨论：我们班级店铺的海报应该怎么设计呢？

提示：在梳理幼儿经验时教师要注意引导幼儿结合自己的生活经验，了解生活中海报的样子，再结合自己的想法进行创作。

2. 幼儿利用彩色纸、彩笔等多种材料设计、制作海报，教师进行巡回指导。

提示：在这个环节要给幼儿充足的时间，教师要鼓励幼儿充分表达自己的意见，大胆地制作海报。

## 四、我设计的海报

1. 幼儿介绍、分享自己设计的海报。

2. 幼儿投票选出最佳海报。

提示：投票前可以让设计海报的小朋友进行拉票活动，让投票环节更具趣味性。

图 3-1-25　海报设计

图 3-1-26　海报

## 活动推荐6 实践活动——赶集计划

### 活动目标

1. 了解赶集需要的物品，学习有计划地做事情。

2. 讨论、明确赶集的地点、内容，并尝试制定简单的赶集计划。

### 活动准备

经验准备：有制作计划书的经历。

物质准备：计划书、笔、纸。

### 活动过程

**一、讨论计划书**

1. 抛出赶集的话题，萌发幼儿为赶集做计划的意愿。

2. 师幼共同讨论赶集游戏需要带的物品。（小包包、钱币等）

提示：教师要引导幼儿联想以前赶集的经历，回想自己所带的东西，也可以回忆爸爸妈妈所带的东西。

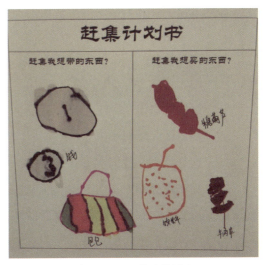

图 3-1-27 展示计划书

3. 引导幼儿想一想：自己去赶集最想去哪里逛，想做些什么？想买些什么？想玩些什么？

4. 师幼共同讨论赶集安全注意事项。

提示：此环节教师要调动幼儿赶集的经验，分组进行讨论，在讨论的过程中教师要注意引导幼儿用完整的语言来表达自己的意见，给每位幼儿都留有自我表达的时间。

## 二、制定计划书

1. 出示计划书，师幼共同讨论什么是计划书。

2. 幼儿制定自己的"赶集计划书"。

提示：教师要引导幼儿在制作计划书时考虑得更全面、完整一些。

## 三、交流计划书

请幼儿向同伴、老师介绍、分享自己的"赶集计划书"。

## 活动推荐7 语言活动——集市趣分享

### 活动目标

1. 交流、分享集市游戏活动，大胆地用多种方式表达自己的感受与体验。

2. 在说一说、画一画、评一评的活动中，提升自主意识和能力。

### 活动准备

经验准备：赶集经验。

物质准备：幼儿逛幼儿园里的集市视频、纸、笔、集市评价表。

### 活动过程

**一、好玩的集市**

教师播放幼儿赶集小视频。

师：这是什么？他们在干什么？

**二、集市趣分享**

幼儿以开小火车的方式与大家分享自己赶集市的游戏体验。

分享一：逛集市后的感受。

分享二：你最快乐的事情是什么？

分享三：你在赶集活动中，发生了哪些有趣的事？

分享四：在赶集游戏中，你遇到了什么问题？是怎么解决的？

提示：这个环节可以先让幼儿相互分享，然后小组分享，最后请几位幼儿在集体面前分享，引导每位幼儿都参与交流讨论，在交流时教师要引导幼儿大胆地说出自己的想法。

小结：幼儿园里的集市真好玩，小朋友自己当老板，自己设计店铺，玩买卖的游戏，和同伴一起逛集市，买自己喜欢的商品，真有趣。

### 三、集市我来评

1.评一评集市中最美味的小吃、最棒的表演、最好玩的游戏等。

师：你最喜欢集市上的哪个店铺？为什么？

2.幼儿投票选出最喜欢的店铺。

提示：可以在投完票后，邀请幼儿来讲一讲自己投票的原因。

### 四、集市的故事

1.幼儿画出幼儿园里的赶集故事。

师：我们玩了那么多好玩的游戏，也看了精彩的表演，让我们把这些美好的事情用画笔记录下来。

2.交流、分享幼儿的赶集故事。

师：你在赶集的时候做了什么有趣的事情呢？快和你的好朋友一起分享一下吧！

表 3-1-3　"集市我来评"调查表

集市我来评

| 评价内容 | 幼儿选择用爱心涂色和涂鸦的方式进行记录 |
| --- | --- |
| 你喜欢赶集游戏吗？ | ♡　♡　♡　♡　♡ |
| 钱花完了吗？ | |
| 买了什么东西？ | |
| 你最喜欢的店铺是？ | |
| 你最快乐的事情是什么？ | |

图 3-1-28　幼儿分享集市故事

243

## 七、课程评价案例

**幼儿园里的集市**

**活动缘起**

"二月十"是寿昌镇的传统集市，大街小巷摆满了各种各样的摊位，卖衣服的、卖包包的、卖小吃的，还有娱乐游戏场所……附近的人们都赶来逛集市，街上人山人海，好不热闹。孩子们也在家长的带领下逛了集市，看了琳琅满目的商品，品尝了独特美味的小吃，感受了热闹非凡的景象。逛集市是幼儿非常感兴趣的事情，回园后常常听到孩子们在交流赶集的那些事儿。

航航："妈妈带我去集市玩海盗船，真有趣。"叮当："我爸爸给我买了好吃的糖画……"兴趣是最好的老师，孩子们对集市充满浓厚的兴趣，也积累了关于集市的生活经验。一场别开生面的"幼儿园集市"就这样开始了！

**活动推进**

**故事一：幼儿园里可以赶集吗？**

教师："幼儿园里可以赶集吗？"

航航："可以，可以有好吃的，又有好玩的。"

叮当："把我们造出来的纸作品展示给大家看。"

萱萱："可以在操场上赶集，这样更加热闹一些。"

小小："不可以，街上才可以赶集。"

萱萱："操场这么大，当然可以赶集了，不信我们去看看。"

**教师思考：** 幼儿园里办集市的提议引发了孩子们的兴趣和向往，他们纷纷发表自己的见解，围绕关键问题"幼儿园里可以赶集吗？"进行了讨论，从自身经验出发阐述自己的观点，并说出理由。

**教师助推一：** 让孩子们带着问题去寻找答案，我们一起走遍幼儿园，探寻幼儿园的每一个场地，寻找合适的赶集区域。大部分人都认为幼儿园小山坡旁边的小树林有一间间的小房子，进行赶集游戏最合适了。

**故事二：集市策划会**

问题 1：幼儿园里的集市是什么样子的呢？

西西："集市上有许多东西，我们小朋友可以当小顾客来买东西。"

小小："集市上有一个个摊位，我们每个班级可以摆一个摊位。"

图 3-1-29　顾客买东西

图 3-1-30　有很多摊位

问题 2：集市上会有哪些人呢？

图 3-1-31　卖气球的人

图 3-1-32　买东西的人

图 3-1-33　老板

图 3-1-34　打扫卫生的人

问题3：我们可以在集市上卖什么东西呢?

可乐："我们可以卖糖葫芦。"

图图："我把我们的作品拿出去卖。"

涵涵："我们可以把我们种的青菜拿出去卖。"

轩轩："马路上有老奶奶卖烤番薯，我看买的人有很多，我们卖这个吧。"

孩子们你一言，我一语，商讨小集市上要卖的物品，最后通过讨论、投票选择了开设一个寿昌糕点铺。

**教师思考：**我们支持幼儿的想法，与他们一起开展了一次幼儿园里的集市之旅，让幼儿真正成为幼儿园的小主人。在哥哥姐姐的带领下，孩子们一起策划集市活动，围绕关键问题"集市是什么样子的?""集市上有哪些人?""集市上可以卖什么?"展开讨论。给幼儿提供一个畅所欲言的机会，我们便能获取孩子真正想要的东西，把集市搬入幼儿园，打造不一样的场景。

**教师助推二：**征集了孩子们的想法后，我们开始了行动，结合各班及幼儿园的实际情况，以班级为单位，通过投票、小组讨论，对幼儿想要在赶集中体验的项目进行罗列、梳理。

表3-1-4　集市游戏主题与材料

| | 游戏主题 | 游戏材料 |
|---|---|---|
| 小龙人赶集一条街 | 饰全饰美 | 各类手工饰品、帽子、白T恤、手工鲜花…… |
| | 烤乐滋 | 烧烤架、番薯…… |
| | 畅饮吧 | 各类饮料、饮料机…… |
| | 美好时光糕点屋 | 各种材料制作的糕点…… |
| | 寿昌早点铺 | 手工包子、豆浆、粉干、肉圆…… |
| | 甜蜜蜜糖果屋 | 糖画、各种各样的糖、糖葫芦…… |
| 小龙人赶集体验区 | 游戏主题 | 游戏材料 |
| | 舞龙队 | 锣鼓、龙珠、道具龙 |
| | 小龙人剧场 | 走秀服装、音箱、面具 |
| | 民间游戏 | 滚铁环、跳花绳 |
| | 套圈乐 | 套圈、各类奖品、玩偶 |
| | 银行 | 银行卡、钱 |

### 故事三：美好时光糕点屋开张了

小班第一次游戏就吸引了许多幼儿参加。洋洋在柜子上拿了一瓶饮料转身就走了，凡凡和何钰两位售货员对此有些不知所措，两个人都不说话，一会儿看看老师，一会儿看看顾客。过了一会儿，茉莉来了，何钰小声地问："你要买什么？"茉莉说："我要买糕点。"何钰把柜子里的糕点递给茉莉，茉莉拿起糕点走了。一旁的凡凡也学着何钰的样子问雷雷："你要买什么？"雷雷说："我要吃棒棒糖。"何钰在货柜中找了下没找到，说道："我们没有棒棒糖。"雷雷说："都没有我喜欢的棒棒糖，不好玩！"一脸不高兴地走了。第一次游戏在忙碌中结束。

**教师思考：** 小班幼儿购物经验不足，缺乏开店的经验，他们在游戏中的角色意识比较模糊。"售货员"比较胆怯甚至不懂得如何跟"顾客"交流；"顾客"随意拿走物品，买东西时不排队，缺乏购物经验。商店中物品种类不够丰富，无法满足幼儿的游戏需求，导致在游戏过程中出现了混乱的局面，游戏情节不能深入推进。

**教师助推三：** 在日常教学活动中，组织幼儿观看购物视频，发动家长带领幼儿进行购物社会实践活动，引导幼儿观察顾客和老板买卖商品、讨价还价以及货币交易的过程，进一步帮助幼儿丰富生活经验。幼儿知道了购物时要遵守秩序，付完钱才能把物品带回家，进一步明确了游戏规则。

图 3-1-35　我要买糕点　　　　　　　图 3-1-36　给你糕点

### 故事四：赶集趣分享

孩子们穿梭在幼儿园的集市中，边逛边买，尽情地品尝美食，购买心仪的商品，这里俨然成了一个小社会。瞧，套圈游戏场地上，孩子们眼睛睁得大大的，看着对面的玩偶，扔出手中的圈。投中了！投中了！孩子们欢呼雀跃。在小龙人剧场，孩子们自主选择服饰打扮自己，尽情展示自我。

"快来买呀，快来买，走过路过不要错过！"叫卖声不绝于耳，小老板们推销商品，招揽生意，耐心地为小顾客服务。小顾客们这里看看、那里玩玩，一会儿玩集市游戏，一会儿购买商品，一会儿到店铺打工制作商品，享受着游戏的快乐，幼儿园里的集市好不热闹。

图 3-1-37　实地赶集

赶集后，各班组织幼儿进行了交流与分享，幼儿将自己的赶集故事画下来，与同伴、老师交流与分享。

又又："我喜欢集市上扎染的衣服。"

甜甜："我喜欢玩投掷的小游戏，我投中了许多好玩的物品。"

玛玛："我们班糖画也有许多小朋友来买呢。"

小溪："我们的东西都卖完了，真是太好玩了。"

果果："我喜欢去投圈的地方，实在是太好玩了。"

小宝："集市上太热闹了，有好多好玩的和好吃的。"

图 3-1-38　套圈真好玩

图 3-1-39　卖糖葫芦

**教师思考：** 通过幼儿的游戏故事分享，教师可以清楚地了解幼儿的兴趣所在，这也是幼儿游戏感受、体验的情感表达，通过交流与分享，回顾游戏经历，促进了幼儿语言表达能力的提升。

### 活动反思

**（一）自主实践，游戏体验**

在整个游戏过程中，我们秉持幼儿在前、教师在后的原则，充分倾听儿童的想法，以幼儿为主体，给予幼儿充分的时间和空间，引导幼儿主动学习，让他们在游戏体验中思考、探索，培养他们的动手和动脑能力。幼儿在游戏中不仅提高了语言表达能力，还提升了社会性，学会了分工合作，实现了深度学习。

**（二）源于生活，延续经验**

在赶集游戏活动中，幼儿将赶集的生活经验融入游戏中，这些生活中的场景通过幼儿的形象，以角色扮演的形式得到了再现。教师关注幼儿的经验。游戏前，幼儿初步感知热闹的"二月十"游戏，自主安排游戏计划；游戏中，教师以幼儿的兴趣点来确定游戏目标，生发游戏内容，从而对其实践的内容进行汇总和分析；游戏后，幼儿自由地表达想法、分享交流，获得积极、快乐、自然的体验。（熊珈鸣、沈文静）

玩玩民俗主题：

# 五龙的秘密

建议年龄段：中班
建议时长：2周

## 主题说明

  每逢元宵佳节，寿昌镇村村都有舞龙庆丰年、迎太平的习俗，至今已有一千七百多年的历史。多年来，寿昌幼儿园一直致力于挖掘幼儿园周边环境资源和人文资源，充分利用地方资源开展民俗活动，通过实地观察、体验、思考、探索、操作等形式，激发幼儿浓厚的学习兴趣、丰富的想象力和创新精神，培养幼儿自主、合作、探究等学习能力。

  寿昌幼儿园结合地方资源，从"探寻五龙"入手，带领幼儿寻龙、识龙、探龙等，在师幼共同合作、家长积极参与的过程中，一起走进五龙的美丽传说。多样化的活动，促使幼儿初步了解、熟悉寿昌本土龙文化，感受龙文化民俗与民族精神的息息相关，体验探究、创造、游戏的快乐，促进幼儿综合素质的均衡发展。

## 主题内核

  带领幼儿探访五龙遗址，借助实地观察、体验、探索等形式，激发幼儿浓厚的学习兴趣，培养幼儿爱祖国、爱家乡的情感。

## 主题目标

  1. 知道"五龙献瑞"的传说，了解五龙的种类、象征的意义、制作五龙的过程，理解友善的五龙给老百姓的帮助以及"五龙献瑞"与当地人民的精神风貌之间的关系。

  2. 探访五龙遗址，掌握舞龙的技能，尝试利用身边的材料制作五龙，并用自制的五龙道具做游戏。

  3. 认同家乡文化，在亲身体验、自主发现、合作探索和想象创造中感受自制五龙和舞龙游戏的乐趣。

# 一、主题分析

## （一）幼儿学情分析

### 原有经验点

1. 观看过舞龙表演，知道每年的元宵节、步行街固定表演日都有舞龙表演。

2. 知道寿昌有五条龙，而且每条龙的颜色都不一样。

### 兴趣关注点

1. 为什么五条龙的颜色不一样？它们分别代表什么？

2. 龙的外形是什么样的？它们的每个部位都有什么特征？

3. 我们可以用哪些材料制作五龙？

4. 舞龙队需由几个人组成？

### 成长需求点

1. 观赏、感受龙的美，了解龙的形状特征。

2. 通过观看、模仿，尝试画出龙的形态。

3. 通过舞龙游戏，加强身体协调能力和团队协作能力。

## （二）资源盘点利用

**教材共性资源**

1. 图片资源：各种各样的五龙形态、舞龙表演。

2. 视频资源：《舞龙灯》。

**园本个性资源**

1. 实践基地：幼儿园有五条不同的龙，供幼儿进行舞龙表演。

2. 家长资源：古镇舞龙队的家长来园教幼儿舞龙的姿势、动作。

3. 绘本资源：《舞龙灯的传说》《龙的传说》。

## 二、主题流程图

### （一）主题行进路径

表 3-2-1　"五龙的秘密"主题行进路径

| 脉络 | 探寻五龙 | | | | 探秘五龙 | | | | | 制作五龙 | | | 舞动五龙 | | | |
|---|---|---|---|---|---|---|---|---|---|---|---|---|---|---|---|---|
| 序号 | 活动1 | 活动2 | 活动3 | 活动4 | 活动5 | 活动6 | 活动7 | 活动8 | 活动9 | 活动10 | 活动11 | 活动12 | 活动13 | 活动14 | 活动15 | 活动16 |
| 活动内容 | 步行街上的舞龙表演 | 寻五龙 | 分享五龙秘密 | 寿昌五龙传说 | 探秘计划 | 探秘五龙 | 龙 | 小青龙 | 寿昌的龙 | 制作五龙大讨论 | 巧手造龙 | 五龙大比拼 | 玩转龙 | 舞龙（一） | 舞龙（二） | 五龙献瑞 |
| 实施路径 | 谈话活动 | 亲子调查 | 谈话活动 | 语言活动 | 小组活动 | 集体探学 | 美术活动 | 音乐活动 | 社会活动 | 小组活动 | 制作活动 | 展示活动 | 区域活动 | 音乐活动 | 音乐活动 | 展示活动 |

### （二）关键经验分析

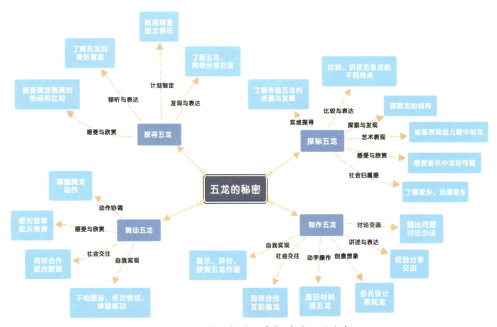

图 3-2-1　"五龙的秘密"关键经验分析

## 三、家园共育

**致家长的一封信**

亲爱的家长朋友：

您好！

舞龙源自古人对龙的崇拜，起源于生活，流行在民间。每逢喜庆节日，人们多以舞龙的方式祈求平安和丰收。在寿昌，每逢佳节，步行街上都能看到舞龙表演，民间也流传着五龙的传说。为了让孩子们了解寿昌的五龙，更好地继承和弘扬中华优秀传统文化，我们充分利用本土资源，结合孩子的生活经验，生成了"五龙献瑞"主题活动。

在这个主题中，我们希望您能与孩子共历以下过程：

1. 与孩子一起寻找寿昌的五条龙分别在哪几个村。

2. 向身边的长辈了解寿昌龙的民间传说，了解龙的相关知识。

3. 搜集并与孩子一起观看舞龙表演的影像资料，引导孩子学舞龙的动作。

4. 和孩子一起完成有关龙的调查表。

5. 和孩子一起收集制作五龙的废旧材料。

让我们和孩子一起探索"五龙的秘密"吧！

## 四、区域设置

### （一）语言区

1. 投放舞龙相关的绘本，如《过年啦》《舞龙灯的传说》，了解龙文化习俗。

2. 搜集寿昌五条龙的图片，供幼儿认认、说说五龙的颜色、形状等特征，并知晓每条龙所属的村落。

3. 五龙之不同：投放寿昌五龙图片，引导幼儿观察每条龙的不同特征，并说说自己喜欢哪条龙及理由。

图 3-2-2　五龙大不同

图 3-2-3　《你好，神奇的中国龙》系列书

### （二）陶泥工坊

1. 设计五龙：提供彩纸、画笔和寿昌五龙图片，引导幼儿自主设计、创新表现寿昌五龙的形态特征。

2. 制作五龙：提供陶泥、拉坯机、垫子、海绵、刻刀、擀面杖、竹签、装饰材料等，引导幼儿大胆创新，运用揉、捏、团、拍、揉塑、泥条盘筑等技巧制作形态各异的龙。

图 3-2-4　成品龙

图 3-2-5　做龙

### （三）数学区

1.统计龙：提供各种颜色的龙的图片，引导幼儿进行分类，统计相同的龙的数量。

2.龙鳞排序：投放 ABAB 或 ABBABB 自制龙鳞模式卡若干，空白模式卡若干，根据模式卡提供的龙鳞图片，引导幼儿按规律排序。

图 3-2-6　统计各色龙

图 3-2-7　龙鳞排序

### （四）建构区

1.设计龙：引导幼儿回忆关于龙的认知，自行分组。

2.搭建龙：提供多种建构材料，引导幼儿尝试利用各种材料自主搭建龙头、龙身、龙尾等。

图 3-2-8　设计龙

图 3-2-9　搭建龙

### （五）表演区

1. 练习舞龙：提供自制龙、龙珠、音乐等供幼儿自主合作练习舞龙。

2. 表演舞龙：提供自制的五条龙、龙珠、舞龙服装、音乐等，引导幼儿在舞台上大胆表演舞龙。

图 3-2-10　练习舞龙动作

图 3-2-11　表演舞龙

### （六）科学区

1. 旋转龙：提供彩纸、超轻黏土、木棒、记号笔、蜡烛，引导幼儿利用热气的原理舞动龙。

2. 跳舞的龙：提供吸管、纸杯、扭扭棒，引导幼儿利用声音的声波震动，将震动传达到纸杯，带动龙跳动起来。

图 3-2-12　旋转龙

图 3-2-13　跳舞的龙

## 五、主题推进思路

表 3-2-2 "五龙的秘密"主题展开思路

| 主题展开思路 | 活动名称 | 核心经验 | 基地体验 | 主题探索 | 游戏畅玩 | 生活浸润 |
|---|---|---|---|---|---|---|
| 探寻五龙 | 步行街上的舞龙表演 | 用较为完整的句子讲述自己看到的舞龙表演，并用简单的图画或符号表现。 | ✓ | ✓ | | ✓ |
| | 寻五龙 | 能够和家长一起调查、了解龙的类型、形态、材质、作用、文化内涵。 | ✓ | | | ✓ |
| | 分享五龙秘密 | 知道并会讲述寿昌的五条龙存放的位置，集中注意力倾听同伴分享的寻龙故事。 | | ✓ | | ✓ |
| | 寿昌五龙传说 | 学习并理解寿昌五龙故事，掌握基本的故事表达能力。 | | ✓ | ✓ | |
| 探秘五龙 | 探秘计划 | 通过谈话、讨论、计划等活动，提升自主计划能力。 | ✓ | ✓ | | ✓ |
| | 探秘五龙 | 多种途径了解寿昌五龙的相关知识，能用较为流畅的语句向采访对象提问。 | | ✓ | ✓ | ✓ |
| | 龙 | 在创作表现的过程中，能够具体突出龙的外形特征，大胆用各种色彩和线条进行表现。 | ✓ | | ✓ | ✓ |
| | 小青龙 | 学唱歌曲，能根据歌曲内容，大胆创编与之相匹配的动作，提高表现力。 | | ✓ | | ✓ |
| | 寿昌的龙 | 能说出寿昌与五龙有关的风土人情，畅想家乡美好的未来。 | ✓ | ✓ | ✓ | ✓ |
| 制作五龙 | 制作五龙大讨论 | 能大胆地说出自己对于制作五龙的想法，与同伴进行想法碰撞，自行组队制定计划。 | | ✓ | | ✓ |
| | 巧手造龙 | 尝试用不同材料制作龙，体验制作与合作成功的乐趣。 | | ✓ | ✓ | ✓ |
| | 五龙大比拼 | 愿意自信地展示自己制作的龙，能积极、自信地用完整的语言介绍自己的龙。 | | | ✓ | ✓ |
| 舞动五龙 | 玩转龙 | 自主选择道具、自主进行表演游戏，增强同伴间的合作与交流。 | | ✓ | ✓ | |
| | 舞龙（一） | 尝试设计五龙造型，感知龙的各个部位的特征，提高想象力和创造力。 | | ✓ | ✓ | |
| | 舞龙（二） | 了解舞龙的各种造型，与同伴合作舞龙造型。 | | ✓ | ✓ | ✓ |
| | 五龙献瑞 | 通过舞龙表演，锻炼体格，感受艺术气息，愉悦身心，激发民族自豪感。 | | ✓ | ✓ | ✓ |

## 六、活动内容

### 活动推荐 1  谈话活动——步行街上的舞龙表演

**活动目标**

1. 能够用较为完整的句子讲述自己看到的舞龙表演。

2. 尝试用简单的图画或符号表现自己想要了解的关于寿昌的龙的内容。

**活动准备**

经验准备：有在步行街上看过舞龙表演的经历。

物质准备：图片、纸、笔等。

**活动过程**

**一、谈话，引出话题**

教师提问，引出步行街上的舞龙表演。

师：小朋友们，昨天步行街上好热闹，是在做什么呀？

师：步行街上有舞龙表演，十分好看。你们看到了几条龙？

小结：有的小朋友说看到了一条黄龙，有的说看到了两条龙，一红一黄。其实，都没有说完整，我们寿昌的舞龙表演有五条龙。

**二、同伴交流，经验分享**

1. 交流观看舞龙的感受，教师鼓励幼儿用较为完整的句子表达。

师：谁想分享一下自己看了舞龙表演的感受？你喜欢舞龙的什么动作？看到舞龙你想到了什么？

2. 和同伴进行关于寿昌的龙的话题的自由交流，教师倾听。

师：大家可以和身边的小朋友说一说你们看到的步行街上的舞龙表演，你们有什么感受？

### 三、小组讨论，分享记录

1.小组交流讨论，用简单的图画、符号进行记录。

师：寿昌的龙对于我们寿昌人有不同的意义。你们想知道哪些关于龙的问题？小组讨论，用纸笔记录下来，等会儿来分享。

2.幼儿分享想知道的问题，用思维导图进行记录。

小结：幼儿想了解很多关于寿昌的龙的知识。有外形方面的，想知道它们有多长，有多重，爪子有几只；有关于龙的习性方面的，想知道它们吃什么，睡觉吗，龙角有什么用；等等。

图 3-2-14　讨论：我想知道龙……

图 3-2-15　观看舞龙表演

## 活动推荐 2　亲子调查活动——寻五龙

### 活动背景

寿昌的历史，蕴含着丰富的教育资源。寿昌五龙的类型、形态、材质、作用、文化内涵等涉及多领域的知识，值得幼儿去探索发现。为了感受家乡的变化和发展，激发幼儿爱家乡、爱祖国的情感，我们开展了亲子实践寻五龙活动。

## 活动目标

1. 知道自己的村子里的龙存放的位置。

2. 能够和家长一起调查了解龙的类型、形态、材质、作用。

3. 感受家乡的变化和发展，激发自己爱家乡、爱祖国的情感。

## 活动准备

调查表"我家附近的龙"、记号笔等。

## 活动过程

### 一、 讨论：关于五龙我想知道的……

1. 幼儿分组讨论关于五龙想知道的问题。

2. 梳理问题，制定调查表。

第一，家附近的龙存放在哪里；第二，龙在以前是什么；第三，现在又变成了什么。

### 二、实地寻龙，观察记录

幼儿带上调查表，在家长的陪伴下外出寻找村子里的龙存放的位置。

### 三、观察形态，比较特征

建议一：观察龙的外观、形态，说说看到的龙是什么样子的，是用什么做的。

建议二：回忆在其他村子里看到的龙的特征，比较眼前这条龙和其他龙的相同点和不同点。

### 四、体验舞龙，感受快乐

建议一：拿起龙珠、龙头、龙身、龙尾，感受龙。

建议二：和小朋友合作一起来挑战舞龙。

图 3-2-16　体验舞龙

请幼儿用图画或者符号的方式记录所属村落的龙的名字，龙存放的地点，龙的寓意以及现在的样子。家长们用文字在一旁备注。

## 活动推荐 3　谈话活动——分享五龙秘密

### 活动目标

1. 知道寿昌的五条龙分别在哪个村子里，并且知道龙存放的位置。
2. 能够集中注意力倾听同伴分享的寻找龙的故事，会轮流发言。

### 活动准备

经验准备：有和同伴、家长一起寻找村子里的龙的经历。

物质准备：调查表《我家附近的龙》、纸、笔。

## 活动过程

**一、回顾经历，梳理谈话内容**

1. 教师提问，帮助幼儿共同回顾寻龙活动。

师：昨天你们和爸爸妈妈一起去做了一件什么事？你们找身边的龙，有没有遇到什么困难？

2. 教师到小组内倾听幼儿的谈话，留意内容讲述完整、讲述方式新颖的幼儿，指导不愿或不敢交谈的幼儿。

**二、展示结果，述说舞龙感受**

1. 每个小组展示自己的调查表，分工合作说明自己小组的调查结果。

小结：大家分别找到了红、黄、绿三种颜色的龙，一共在五个不同的地方找到了龙。它们有不一样的名字，分别是小黄龙、小青龙、小石龙、小火龙、小泥龙。

2. 出示幼儿尝试舞龙、写生五龙、与龙合影的照片，鼓励幼儿大胆表达舞龙的感受，拓展话题。

师：你们看这是谁？他在做什么？我们请他来分享一下吧！说一说你们当时的感受。

小结：大家找到龙之后都觉得很兴奋，做了一些很帅的动作和龙合影，还有幼儿试着举起龙，可是因为太重了，抬不起来，要大人一起帮忙才行。

**三、欣赏照片，分享寻龙趣事**

1. 教师出示幼儿寻龙路上的照片，师幼共同欣赏照片。

2. 幼儿和同伴自由交流寻龙时有趣的事，用绘画的方式记录下来。

小结：今天大家分享了很多寻龙趣事。从大家的分享里，我们知道了原来寿昌的五个村都有自己的龙。外形上龙很漂亮，很大，很重。龙代表了很多美好的寓意。小石龙代表勤劳，小青龙代表安康，小火龙代表活力，小黄龙代表幸福，小泥龙代表智慧。

图 3-2-17 分享调查表《我家附近的龙》

图 3-2-18 绘制寻龙趣事

## 活动推荐 4　小组活动——探秘计划

**活动目标**

1. 通过谈话、讨论、计划等活动，提升幼儿的自主能力。
2. 增强同伴间的合作与交流。

**活动准备**

经验准备：观看过步行街上的舞龙表演。

物质准备：纸、笔。

**活动过程**

**一、谈话交流，激发兴趣**

请幼儿说一说最想探秘五龙的什么，需要准备哪些材料（工具）。

小结：有的想探秘五龙的长度，有的想探秘五龙的颜色，有的想探秘五龙的龙头，所需的材料也各有不同。

**二、分组讨论，制定计划**

将幼儿分组，探秘内容相同的幼儿为一组进行讨论，制作计划，将内容记录下来。

**三、分享记录，互动交流**

1. 请每组派一位代表分享计划，鼓励幼儿相互分享自己的探秘记录，增加彼此之间的互动和交流。

2. 在分享过程中发现有些材料是相同的，有些材料是不同的，相同的材料大家可以一起准备。

**四、材料整理，探学准备**

幼儿将计划中所需的材料进行整理、搜集，如水杯、小黄帽、画板、笔、纸、记录表等，为下次的集体探学做准备。

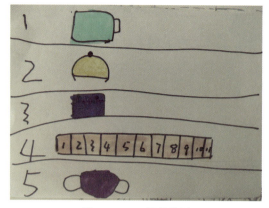
图 3-2-19　探秘计划

图 3-2-20　材料搜集

## 活动推荐 5　集体探学——探秘五龙

### 活动目标

1. 通过询问、实操等多种途径了解寿昌五龙的制作材质、结构组成。

2. 能用较为流畅的语句对采访对象进行提问。

3. 喜欢参加实践探究活动，愿意了解寿昌五龙的秘密。

### 活动准备

经验准备：有过采访其他人的经验，有去过村委会存放五龙的地方。

物质准备：采访单，笔，小黄帽、水杯。

### 活动过程

**一、回顾计划，明确任务**

1. 教师引导幼儿回顾探秘计划，强调各小组的探秘重点。

2. 教师分组带队出发至寿昌五个村放置龙的地点，路上注意安全。

**二、自行分组，探秘五龙**

1.调查组：测量五龙的长度、记录五龙的颜色等外部特征，统计龙的构成部分，感知龙的制作材料。教师及时用手机或者相机记录幼儿的调查过程。

2.采访组：采访负责人以及舞龙队。

师：我们先听阿姨（叔叔）给我们介绍一下黄龙（青龙、泥龙、石龙、火龙）的故事。

师：故事听完了，大家有想问的问题可以问阿姨（叔叔），还有舞龙队的叔叔们。

幼儿自行选择对象询问感兴趣的问题。教师及时用手机或者相机记录。幼儿根据舞龙队员们的回答在采访单上进行记录。

**三、分享结果，交流发现**

参观结束回到班级，幼儿自由讲述调查、测量、统计的结果，以及采访舞龙队、舞龙负责人的过程，教师邀请个别幼儿在集体面前大胆讲述。

小结：通过实地触摸、测量、统计、采访，幼儿了解了更多关于寿昌五条龙的知识：发现龙头龙尾特别重，龙身很长；知道制作龙需要不同的材料；河南里的龙有两条，一条新龙，一条旧龙。还知道了舞龙是一件需要经常练习，还需要力气、需要耐心、需要毅力的事情等。

图 3-2-21 探秘计划

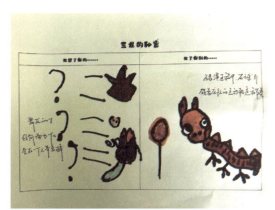

图 3-2-22 材料搜集

## 活动推荐 6  小组活动——制作五龙大讨论

### 活动目标

1. 知道五龙制作的基本步骤。

2. 通过分组讨论，初步确定材料，分工搜集，尝试互动合作。

### 活动准备

笔、记录表。

### 活动过程

**一、讨论五龙制作**

1. 反思回顾，激发幼儿做龙的兴趣。

师：我们学了这么多关于寿昌五龙的知识，你们想来做一做龙吗？想制作一条什么样的龙呢？

2. 小组讨论，分组合作。

师：有的小朋友想制作雪花片的龙，有的想用纸杯制作龙，我们应该怎么办呢？

讨论结果：我们可以分组进行不同材料的制作，根据小朋友的讨论，我们可以分成雪花片组、蛋托组、小木块组、纸杯组、布料组。

记录：以小组的形式讨论龙怎么做，并把讨论的结果记录在记录表中。

**二、材料大搜集**

1. 材料搜集，废旧材料再利用。

师：我们确定了用哪些材料制作龙，接下来回家和爸爸妈妈一起搜集材料并将材料带回幼儿园。

2. 材料分类，归纳整理。

将搜集来的材料进行分类整理。

图 3-2-23 材料搜集

图 3-2-24 讨论记录表

## 活动推荐 7 制作活动——巧手造龙（方案）

### 活动背景

废旧材料来源于我们的日常生活，也是一种很好的自制玩具材料。随着五龙主题活动的不断推进，利用废旧材料制作五龙激发着幼儿对舞龙的欲望。因此，我们开展了制作活动"废旧材料做五龙"。

### 活动目标

1. 知道龙的制作方法，体验制作的乐趣。
2. 小组合作制作龙，感受团队的力量。

### 活动对象

全体中班幼儿及教师。

## 活动准备

雪花片、小木块、蛋托、纸杯、胶带、颜料、画笔等材料。

## 活动过程

**一、参照设计图，小组合作**

1.提醒幼儿按照前期设计好的五龙设计图中的造型以小组（雪花片组、小木块组、蛋托组、纸杯组、布料组）的形式开始制作。

2.注意各小组制作的侧重点。

雪花片组：掌握雪花片的搭建技巧，熟练地拼插，注重色彩的搭配，合理搭立体造型呈现龙。

小木块组：引导幼儿利用平铺围合、垒高围合的建构方法合作搭建龙。

蛋托组：引导幼儿感受凹凸不平的外形特点，鼓励幼儿大胆想象。

纸杯组：纸杯材质的特性给搭建带来了一定的挑战性。注重培养幼儿的平衡能力以及幼儿间的合作能力。

布料组：收集废旧衣物，把废旧衣物裁剪成做龙需要的布料，缝制成龙身。

**二、幼儿操作，教师巡回指导**

1.引导幼儿与小组同伴协商合作，鼓励幼儿大胆利用现有的材料制作龙。

2.龙的大致轮廓建构完成后，引导幼儿利用绘画材料画龙点睛。

**三、作品展示，同伴互评**

将幼儿制作好的龙陈列在班级一角，请幼儿互相说一说每组龙设计得如何。

图 3-2-25 废旧蛋托制作龙

图 3-2-26 旧布料制作龙

# 活动推荐 8　音乐活动——舞龙（一）

## 活动目标

1. 赏析音乐，学习舞龙的基本动作。

2. 配乐舞龙，体验与同伴合作舞龙的乐趣。

## 活动准备

经验准备：观看过舞龙表演。

物质准备：音乐《中国龙舞曲》、五条道具龙。

## 活动过程

**一、播放视频，引出主题**

师：视频中的叔叔们舞龙都做了哪些动作？我们来学一学，做一做这些动作。

小结：舞龙的动作很丰富。有时往左摆动；有时往右摆动；有时要一蹲一站；还有的时候要绕圈跑。那什么时候做这些动作呢？我们跟着音乐来听一听。

**二、结合生活经验，初步感受音乐**

**（一）感受第一段音乐，学习小跑步动作**

1. 播放音乐，引导幼儿讨论 A 段音乐可以用什么动作来舞龙。

2. 请个别幼儿示范小跑步动作，集体练习小跑步，播放 A 段音乐。（教师强调踮起小脚尖跑）

**（二）感受第二段音乐，学习左右摆动动作**

1. 播放音乐，引导幼儿根据音乐的旋律讨论此段音乐可以用什么动作来舞龙。

2. 根据幼儿的讨论，集体练习左右摆动动作。

**（三）感受第三段音乐，学习蹲起交替动作**

1.倾听音乐，感受音乐的节奏，知道哪个节点交替动作。

2.幼儿自由练习蹲起交替动作，再结合音乐练习。

**（四）感受第四段音乐，学习绕圈跑动作**

1.第一组先跑，第二组紧接着第一组龙尾跑，依次类推，跑成一圈。

2.幼儿跟着音乐自由练习，教师观察幼儿的绕圈跑水平并做适当引导。

### 三、分段练习，熟悉音乐

**（一）完整欣赏，了解结构**

师：刚才你们在练习舞龙的时候，有没有发现老师给你们配上了震撼的音乐？我们一起来完整地欣赏一遍，听一听这个音乐有几段。

小结：音乐总共由四段构成。

**（二）出示图谱，理解乐段**

1.结合第一段音乐，做小跑步动作。

师：小朋友已经听出来有四段音乐，哪一段音乐适合做小跑步动作？我们来听听，思考应该怎么跑。（听音乐，画图谱）

2.结合第二段音乐，做左右摆动动作。

师：第二段适合做什么动作？听听看，想想应该怎么左右摆动。（听音乐，画图谱）龙有点重，左右摆动的时候要拿好龙，不能掉到地上哦！

3.结合第三段音乐，做蹲起交替动作。

师：第三段适合做什么动作呢？蹲起交替的时候要听清楚换动作的节拍哦！（听音乐，画图谱）

4.结合第四段音乐，做绕圈跑动作。

师：最后一段你们觉得适合做什么动作？我们来听一听。（听音乐，画图谱）

**（三）倾听音乐，完整表演**

1.幼儿分成五组，每组六人，舞动五条龙，跟着音乐完整练习，教师提醒幼儿认真倾听音乐，注意识别什么音乐换什么动作。

2.随着音乐再次舞龙。

图 3-2-27　舞龙图谱

图 3-2-28　幼儿练习舞龙

# 活动推荐 9　音乐活动——舞龙（二）

## 活动目标

1. 了解舞龙的各种造型，能与同伴合作舞龙。

2. 乐于参与舞龙活动，体验与同伴合作舞龙的乐趣。

## 活动准备

音乐《中国龙舞曲》，小龙、龙珠等道具。

## 活动过程

**一、观看舞龙视频**

提问：你在这个舞龙视频中看到了什么，他们是怎样舞龙的？

小结：在上次的活动中，幼儿已学习了舞龙的基本动作，但没有舞龙的造型，这次我们可以尝试进行舞龙造型的设计。

**二、我喜欢的舞龙造型**

1. 幼儿自由交流喜欢的舞龙造型。

2. 幼儿自行组队，设计舞龙造型。

小结：舞龙的造型有很多。舞龙的人采用走、跑、跳、跃、翻、钻、蹲、滚、蹿、穿等步法，不断变化阵式。表演出蛟龙漫游、龙翻身、神龙摆尾、神龙翘首、龙头钻洞等动作。

### 三、舞龙造型舞一舞

1. 分组展示舞龙造型。

师：刚刚你们都组队进行了设计，现在请小朋友们上来给大家展示你们分别是什么舞龙造型。

神龙摆尾组：看，这组小朋友的重点是将龙的尾巴呈现给大家看！

蛟龙戏珠组：哇！这组小朋友在舞动两条龙，一会儿往左，一会儿往右，它们在不断地抢夺一颗火珠，灵活多变。

龙头钻洞组：看，他们随着音乐不断地舞动龙头，龙头在一次次的盘旋中钻进钻出，惟妙惟肖。

2. 配乐造型。

引导幼儿倾听并识别音乐节点，尝试将造型融入每段音乐节点中。

小结：每组幼儿都呈现出自己喜欢的舞龙造型，而且每一组的舞龙造型都是不一样的。

### 四、完整舞龙

**（一）第一遍练习舞龙**

跟着音乐节奏舞出龙的造型，感受音乐的快感，享受舞龙的欢乐。

**（二）第二遍练习舞龙**

提问：跟随音乐舞龙时，你发现了什么问题？为什么在舞龙过程中会出现龙头或龙身拉扯的现象？

小结：原来，在舞龙的过程中，小朋友没有配合好，默契度不够，分工不够明确。在下次的舞龙过程中应注意这些细节。

**（三）完整舞龙**

播放舞龙音乐，幼儿跟着音乐再次舞龙。经过前几次的练习，幼儿已经能熟练地舞龙，最后能跟着音乐节奏呈现舞龙造型。

图 3-2-29 舞龙造型"龙头钻洞"

图 3-2-30 舞龙造型"神龙翘首"

## 活动推荐 10 展示活动——五龙献瑞（方案）

### 活动背景

通过前期的调查五龙遗址、述说五龙故事、设计舞龙造型、舞动舞龙等活动，幼儿对五龙的秘密有了更深层次的认识，并以五龙献瑞的方式进行表演，传承五龙文化。

### 活动目标

通过舞龙表演，锻炼体格，感受艺术气息，愉悦身心，激发民族自豪感。

### 活动准备

五条龙、龙珠、音箱、音乐、表演服装等。

### 活动过程

**一、制作邀请函**

幼儿根据时间、地点，制作"五龙献瑞"邀请函。

## 二、分发邀请函

幼儿将制作完成的邀请函分发给其他班的小朋友、老师、保安叔叔、食堂阿姨等，邀请他们前来观看五龙献瑞的表演。

## 三、五龙献瑞

幼儿在欢腾的音乐中舞动五龙，左右摇摆，上下抖动，展现舞龙的高光时刻。

图 3-2-31 "五龙献瑞"邀请函

图 3-2-32 "五龙献瑞"表演

## 七、课程评价案例

### 五龙的秘密

**活动缘起**

在聆听了"五龙传说"后，孩子们的兴趣被点燃，纷纷围坐，迫不及待地分享各自的见闻。

"老师，我们寿昌真的有龙吗？"

"老师！我知道东门有一条龙，它叫青龙！"

"老师！我奶奶告诉我，寿昌有五条龙呢！每条龙都有它的故事，可神奇了！"

…………

孩子们的热情讨论和好奇心促使我们决定开展一场关于"五龙秘密"的活动。

在这项活动中，孩子们将通过各种形式来探秘五龙，深入了解寿昌古镇的文化和历史。我们期待孩子们能从中感受到传统文化的魅力，并在实践中生起对家乡文化的热爱和尊重。

### 活动推进

### 实录一：制作五龙

**案例描述：**孩子们迫不及待地想要动手制作龙，他们分组设计龙，选择不同的材料搭建龙头、龙身、龙尾。此时，他们发现原来龙并不是那么容易搭建成的。于是，他们的探秘活动开始了……

### 探秘一：分组设计，绘制设计稿

孩子们说干就干，他们开始绘制设计稿。他们分成了几个小组，将龙分为几大部分进行绘制，也将需要用到的工具以及造型进行了设计绘制。每组都分享了完成的设计稿，讲解了自己组里所需要的材料以及龙的造型应该如何呈现。

图 3-2-33　工具图

图 3-2-34　设计稿

### 探秘二：选择材料，分组制作

"老师，我们可以用什么材料制作龙？"孩子们经讨论发现，可以用蛋托、纸箱、纸杯、雪花片等制作龙。通过前期的实践，他们对龙的基本形态有了一定的了解。根据之前的设计，将孩子们分成纸杯龙、雪花片龙、纸箱龙、蛋托龙等四个小组。

**纸杯龙：**孩子们在尝试搭建的过程中，首先遇到的问题是龙身有多长。孩子们进行了探索。他们利用纸杯进行搭建，而纸杯只有一种形态，于是如何摆放纸杯能够形成龙身成为孩子们探究的主要问题。他们先将纸杯直直地摆成了一条，但由于班级场地的限制，龙身的长度不够，他们再度进行思考与讨论。有的孩子说："我们舞龙时有盘龙的造型，我们在班里也可以这样摆放啊！"于是，孩子们进行了第二次尝试，有的将龙身弯曲摆放，有的盘旋摆放，这样就可以根据自己想要的造型搭建龙身了。

图 3-2-35　纸杯搭建龙

图 3-2-36　纸杯龙作品

**纸箱龙**：用纸箱做龙，孩子们做得非常得心应手，一个接一个的纸箱不断被拼接，龙身马上就做好了。可他们在做龙头时犯了难，他们不知道应该怎样更好地固定。起初用报纸做龙角，可是报纸比较软，很容易塌下来，龙角做好没多久便倒了下来，这时杰旻提出："我们是不是应该在报纸里面放根细细的棍子？这样才能将龙角立起来，不容易倒下。"于是，纸箱组的孩子们采纳了杰旻的意见。果然，龙角比之前更加立体。解决了龙角的问题，龙头的问题便迎刃而解了。

之后，孩子们开始给龙身装饰漂亮的颜色，用事先制作好的纸浆在龙身上上色，将龙身全部涂满。

图 3-2-37　用纸箱制作龙

**分析:**

在了解龙、制作龙的过程中,幼儿从画设计图、讨论材料、进行制作、发现问题再到解决问题。制作舞龙的部分告一段落了,孩子们对于龙的造型结构已有清晰的认识。兴趣是最好的老师,通过制作,他们从粘贴、裁剪中学会了发现问题、解决问题。在这个过程中,教师没有直接帮忙,而是作为一个引导者、支持者,始终追随孩子的兴趣,充分提供探索、合作的机会,尊重和支持他们的想法,让他们在一次次与同伴的相互合作中完成龙的制作,体验本次课程活动中制作的乐趣。

图 3-2-38 雪花片龙作品

**实录二:舞动五龙**

**案例描述:** 一次户外散步时,我们经过教学楼前的展示架,一诺兴奋地呼喊:"老师,快看,咱们幼儿园就有龙和鼓,我们可以舞龙啦。"基于孩子的发现,我们一起去仓库找到了这些道具。孩子们通过展示架中的照片找到线索,解决了舞龙道具的难题。有了舞龙道具的加入,他们兴奋不已,一系列的想法在脑中迸发。

在练习前,我们先举起龙的各个部位,如:龙头、龙身、龙尾。初步感受完后,孩子们通过自己的方式,确定了每人的位置。舞龙的动作是什么样的呢?他们说出了自己的想法。小易:"在舞龙的时候双腿要分开,我们要学会蹲马步。"问问:"所有小朋友抬头挺胸,像龙一样威武。"轩轩:"眼睛都要看着龙头,跟着龙头做向下、向上的动作。"尤米:"龙很灵活,我们做跳跃动作的时候要快,轻巧。"暖妹:"我

们还要学会向左、向右翻转的动作。"熟悉动作后，我们练习边喊拍子边向上、向下、向左和向右跳跃，孩子们跟着节奏尝试舞动龙的身体。

通过前期观看舞龙队的表演，孩子们设计出了多种舞龙队形，最终我们确定了七个队形：直线双龙行进、原地8字、跑双圆、起伏行进、穿龙、矮跑大圆、"中"字造型。孩子们在活动中大胆地尝试探究，学会了观察和思考，并敢于提出自己的想法和建议。舞龙激发了幼儿的自主性和创新性。

在练习时，妙旋问："老师，我们鼓乐队可以为舞龙队加油鼓劲吗？"于是，鼓乐队也展开了练习。一声声"咚咚咚"，鼓乐队的孩子们练习起来也是气势如虹，鼓声不断。

图 3-2-39　幼儿设计舞龙造型

图 3-2-40　五龙献瑞表演

经过一段时间的练习，在尝试了不同的动作，磨合队形，又多次配着音乐进行练习后，孩子们将龙舞动得活灵活现。到了展示的时候，我们邀请了其他班的老师和同学观看了演出。

**分析：**

在准备舞龙道具，确定队名和队员，排练舞龙，最后进行舞龙展示的活动中，孩子们积累了许多生活经验。结伴搬运道具，自己起队名，最终投票决定等，孩子们一直在发现问题并尝试着解决问题，他们在一次次的同伴协商合作中完成了舞龙表演。

由于舞龙小队的成员是孩子们自发组建的，在前期确立小组长以及第一次分工合作时，他们的合作状态并不理想，但到后来练习队形时，孩子们默契地完成了练习，这是一次次合作后才达到的质的飞跃。舞龙成果的显现，是他们实际合作带来的现实情感体验。作为教师，也要抓住教育契机，对幼儿的合作行为进行积极的强化。

### 活动反思

**（一）源于幼儿已知经验，激发兴趣**

活动来源于幼儿感兴趣的话题，以幼儿已知经验为起点，对幼儿的探索行为予以支持，这是一种自下而上的生成性课程。整个活动关注幼儿的主体地位，尊重幼儿的学习特点，为师幼互动、幼幼互动以及幼儿与材料互动提供机会。通过活动，幼儿各方面能力的培养渗透到了各个领域，如识龙、寻龙、画龙、拼龙、制龙等。各种形式的教学活动一方面促进了幼儿综合能力的发展，另一方面推动了幼儿、幼儿园、社会之间协调发展，幼儿在园内开展龙文化活动，园外的家长积极参与，促进了幼儿在社会性方面的能力发展。

**（二）追随幼儿学习兴趣，尊重想法**

本次"五龙秘密"班本活动的生成源于幼儿的兴趣。在整个过程中，我们始终追随幼儿的兴趣，给他们提供充分的探索、合作的机会，尊重和支持幼儿的想法。在整个活动的过程中，孩子们通过"寻龙—探龙—制龙—舞龙"，在自主学习、实际操作、合作游戏中感受舞龙的热闹氛围，感知中国传统的龙文化和吉祥喜庆的民俗意义，了解中华民族的历史，增强民族认同感和归属感。

**（三）追踪幼儿活动过程，支持行为**

孩子们在"提升认知—搜集讨论材料—制作—发现问题—解决问题—用自己的成果进行表演"的过程中，不断拓展对五龙活动的认知与经验。在多次制作中，孩子们表现出了积极主动、认真专注、乐于探索的学习品质。从一个普通的纸箱到一条活灵活现的龙，在各种互动中他们不断讨论、思考、尝试解决问题，在一次次的同伴相互合作中体验着本次课程活动的乐趣。（邹琼、黄婷）

玩玩民俗主题：
# 水街婺剧

建议年龄段：大班

建议时长：2 周

## 主题说明

　　婺剧作为中国非物质文化遗产，有着悠久的历史，深受建德人的喜爱。建德婺剧团每年都有送戏下乡活动，寿昌街上也有婺剧戏迷的演出，每周四下午会有表演。孩子们在这样的环境中耳濡目染，也对此充满好奇。因此，为了让孩子们更好地了解民族优秀传统文化，我们本着亲历探究、快乐体验的原则，结合大班幼儿的学习特点和兴趣，开展了"水街婺剧"系列活动。

　　孩子们通过欣赏、了解、交流、制作、表演，感受了婺剧的魅力。活动在潜移默化中，提升了孩子们的综合素质和水平，同时点燃了他们心中传承的火苗，将中国优秀的传统文化精神植入孩子心中，让传统艺术文化在孩子中得到传承。

## 主题内核

　　了解婺剧的唱腔、头饰、服装，并在看看、玩玩、做做中感受婺剧的美和魅力，体验婺剧表演的乐趣。

## 主题目标

　　1. 了解婺剧这种传统戏曲艺术，萌发幼儿对婺剧的好奇心和喜爱之情。

　　2 欣赏婺剧表演，认识婺剧的服饰、头饰；了解人物背景和鲜明的色彩运用及画法，从而喜欢上婺剧。

　　3. 在了解、交流、制作、表演中感受婺剧的魅力，将中国传统文化精神植入心中，进行传承。

## 一、主题分析

### （一）幼儿学情分析

**原有经验点**

1. 对戏曲有初步的认识，知道戏曲是以唱念做打的综合表演为中心的戏剧形式。

2. 知道婺剧的发源地在金华，是非物质文化遗产。

**兴趣关注点**

1. 婺剧中的行头色彩艳丽，形式多样，行头是如何制作的？

2. 婺剧中人物脸上的图案很漂亮，要如何画？

3. 舞蹈动作和打斗的过程很激烈，想参与表演吗？

**成长需求点**

1. 了解婺剧是浙江传统戏曲艺术，萌发对婺剧的探索之情和喜爱之情。

2. 欣赏婺剧表演，了解婺剧的文化和戏服的特点。

3. 认识婺剧的服饰和头饰，学做简单的戏服、头饰。

### （二）资源盘点利用

**教材共性资源**

1. 图片资源：各种各样的婺剧行当。

2. 音乐资源：《戏说脸谱》。

3. 视频资源：《婺剧》。

4. 幼儿用书资源：绘本《不一样的哇呀呀》，故事《这就是中国戏曲》，诗歌《"非遗"之赞》。

**园本个性资源**

1. 实践基地：寿昌周宣灵王庙、幼儿园。

2. 家长资源：家长都是地地道道的寿昌人，对婺剧的名段、服装、兵器以及头饰都了如指掌。

3. 绘本资源：《三打白骨精》《有戏》《游园》。

## 二、主题流程图

### （一）主题行进路径

表3-3-1    "水街婺剧"主题行进路径

| 脉络 | 初识婺剧 | | | | | | 婺剧进行时 | | | | | | 婺剧小舞台 | | |
|------|------|------|------|------|------|------|------|------|------|------|------|------|------|------|------|
| 序号 | 活动1 | 活动2 | 活动3 | 活动4 | 活动5 | 活动6 | 活动7 | 活动8 | 活动9 | 活动10 | 活动11 | 活动12 | 活动13 | 活动14 | 活动15 |
| 活动内容 | 好看的水街戏曲 | 了解婺剧大行动 | 我知道的婺剧 | 婺剧进校园 | 小记者行动 | 婺剧行当对对碰 | 漂亮的婺剧戏服 | 戏服我来做 | 婺剧头饰 | 各种各样的头饰 | 婺剧名段 | 表演计划 | 剧本我设计 | 我的戏台我做主 | 婺剧小舞台 |
| 实施路径 | 谈话活动 | 亲子调查 | 谈话活动 | 欣赏活动 | 采访活动 | 数学活动 | 团讨活动 | 制作活动 | 社会活动 | 制作活动 | 艺术欣赏 | 小组活动 | 小组活动 | 探玩探究 | 仪式展示 |

### （二）关键经验分析

图3-3-1    "水街婺剧"关键经验分析

# 三、家园共育

**致家长的一封信**

亲爱的家长朋友：

您好！

戏曲是古代人们生活中最重要的休闲娱乐节目，深受人们的喜爱，其在中国传统文化中占有重大地位。即便到了 21 世纪，戏曲也是人们生活中必不可少的一部分。人们在观赏戏曲时，最先吸引他们的总是戏曲表演者脸上那多种多样的脸谱。

建德地区有一种为大家所喜爱的戏曲——婺剧。作为中国非物质文化遗产，婺剧不仅注重声腔，更融入了优美的舞蹈和精彩的武打。虽然建德婺剧团有送戏下乡的活动，幼儿园也有婺剧进校园的活动，但是孩子们对于婺剧还是知之甚少，因此我们想通过这次探剧之旅，让孩子们更深入地了解这一独具地方特色的艺术形式，将婺剧的魅力传承下去。

在这个主题中，我们希望您能与孩子共历以下过程：

1. 与孩子一同去周宣灵王庙欣赏婺剧表演。

2. 和孩子一起完成有关婺剧行头的调查表。

3. 收集废旧布料，来园与教师一同参与戏服制作。

让我们和孩子一起，探索水街婺剧吧！

## 四、区域设置

### （一）语言区

1. 婺剧小百科：说说婺剧的角色以及相关知识。

2. 走进婺剧：收集婺剧漂亮的戏服图片，供幼儿看看、认认并说说它们的故事。

3. 绘本阅读：投放绘本《人类的衣服》，了解制作戏服的步骤，供幼儿自主阅读。

图 3-3-2　分享交流婺剧小知识

图 3-3-3　讲婺剧小故事

### （二）数学区

1. 婺剧行当对对碰：提供各式戏服、戏帽等行当图片，进行行当配对。

2. 婺剧头饰找规律：提供婺剧戏帽和头饰的图片，发现其对称的规律并做好记录。

3. 分类：提供婺剧戏服的里衣，外衣，云肩，长短款和冷暖色系的戏服等供幼儿进行婺剧分类。

图 3-3-4　戏服分类

图 3-3-5　婺剧头饰找规律

## （三）表演区

1.演绎婺剧片段：投放婺剧人物图片、婺剧动作图片等，让幼儿学习婺剧动作并进行演绎。

2.婺剧《三打白骨精》：投放自制的《三打白骨精》中的婺剧头饰和服饰，用自己的方式探索婺剧表演。

图 3-3-6　学习婺剧动作

图 3-3-7　婺剧表演

## （四）建构区

我的戏台我做主：绘制戏台设计图，利用纸杯、木片等低结构材料搭建戏台，并进行表演。

图 3-3-8 戏台设计

图 3-3-9 建构戏台

### （五）缝纫工坊

1. 婺剧服装大制作：投放各种布料、纽扣、亮片、缝纫机、针线等，幼儿通过设计、裁剪、缝纫、装饰等进行婺剧服装制作。

2. 婺剧头饰：投放各种布料、扭扭棒、毛球、发箍等材料进行头饰创作。

图 3-3-10  裁剪衣服

图 3-3-11  缝纫婺剧服饰

## 五、主题推进思路

表 3-3-2  "水街婺剧"主题展开思路

| 主题展开思路 | 活动名称 | 核心经验 | 基地体验 | 主题探索 | 游戏畅玩 | 生活浸润 |
|---|---|---|---|---|---|---|
| 初识婺剧 | 好看的水街戏曲 | 了解戏曲的文化、历史和艺术特色，萌发爱家乡、爱传统民俗的情感。 | √ | √ | | √ |
| | 了解婺剧大行动 | **能自主制定调查计划，并用符号、图画等方式记录调查结果，调查婺剧脸谱、角色、服饰和名段等，了解它们背后的故事。** | √ | | √ | √ |
| | 我知道的婺剧 | **能大胆地说出自己喜欢的婺剧人物、特点。** | | √ | | √ |
| | 婺剧进校园 | 了解婺剧的角色、外形及唱腔的特点并尝试学一学婺剧的经典动作，体味戏剧之美。 | √ | | √ | √ |
| | 小记者行动 | **明确采访计划和任务，体验与同伴合作的乐趣。** | √ | √ | | √ |
| | 婺剧行当对对碰 | 认识婺剧中的各种服饰、脸谱，尝试根据各种行当的特点进行配对。 | | √ | √ | √ |

| 主题展开思路 | 活动名称 | 核心经验 | 基地体验 | 主题探索 | 游戏畅玩 | 生活浸润 |
|---|---|---|---|---|---|---|
| 婺剧进行时 | 漂亮的婺剧戏服 | 欣赏婺剧戏服，感受婺剧戏服的不同特点，能尝试用线描的方式绘制婺剧戏服。 | | ✓ | ✓ | ✓ |
| | 戏服我来做 | 学习简单的裁剪方法，运用不同的材料制作戏服，体验动手操作的乐趣。 | | ✓ | ✓ | ✓ |
| | 婺剧头饰 | 幼儿通过头饰表演，了解婺剧丰富的文化内涵，认识剧中各角色的主要特征。 | | ✓ | | ✓ |
| | 各种各样的头饰 | 通过图片欣赏各种婺剧人物的头饰并积极参与创作活动，表达自己对婺剧头饰的感受。 | | ✓ | ✓ | |
| | 婺剧名段 | 欣赏婺剧经典片段，了解角色和他的性格特点，能大胆说出经典片段的情节和自己喜欢的角色。 | | ✓ | ✓ | ✓ |
| 婺剧小舞台 | 表演计划 | 通过讨论了解婺剧人物的特征、性格、服装等，并制定详细的计划，提升表演经验。 | | ✓ | ✓ | |
| | 剧本我设计 | 在了解婺剧剧本的基础上创编新剧本，体验与同伴共同创作剧本的快乐。 | | ✓ | ✓ | ✓ |
| | 我的戏台我做主 | 乐意与同伴共同商量舞台搭建方案并形成统一的意见。 | ✓ | ✓ | | ✓ |
| | 婺剧小舞台 | 能对婺剧艺术感兴趣，以积极的态度模仿婺剧唱腔、念白及表演动作，初步感受、体验婺剧的艺术特色。 | ✓ | | ✓ | ✓ |

## 六、活动内容

### 活动推荐 1　亲子调查——了解婺剧大行动

**活动目标**

1.能自主制定调查计划，并用符号、图画等方式记录调查结果。

2.了解婺剧的脸谱、角色、服饰和名段等背后的故事，有探究欲望。

## 活动准备

经验准备：提前考察好幼儿园附近的婺剧团。

物质准备：每人一份调查表，一支笔。

## 活动过程

**一、激趣导入，梳理已有经验**

1. 交流、讨论有关婺剧的相关问题。

师：孩子们，你们听过婺剧吗？什么是婺剧？

2. 请幼儿说说身边的婺剧团的位置等相关信息。

师：在我们的身边，哪里可以看到婺剧表演？演出位置在哪里？

**二、制定计划，明确调查任务**

1. 分组讨论，梳理问题。

引导幼儿分组展开讨论，梳理出幼儿对于婺剧最感兴趣的问题，并绘制调查表。调查内容可以包括婺剧脸谱、角色、服饰和名段等。

2. 实地走访，亲子调查。

幼儿邀请家长一起走进水街，寻找婺剧，根据调查表展开调查活动。

**三、提出要求，做好调查准备**

师：出发前，我们需要携带什么物品？

**四、交流总结，分享调查结果**

1. 请幼儿根据调查表上的记录向同伴介绍自己的发现。

2. 教师总结、梳理幼儿的发现，提升幼儿有关婺剧的认知水平。

婺剧俗称"金华戏"，是中国戏曲大家族中一个比较古老的大剧种，迄今已有四百多年的历史。为了让孩子们了解自己民族以及家乡的文化特点，我们一起去开展婺剧大调查吧！

表 3-3-3　婺剧大调查

| 我知道的婺剧脸谱 | 婺剧角色有哪些 | 我喜欢的婺剧服饰（服装和头饰） | 我了解的婺剧名段 |
| --- | --- | --- | --- |
|  |  |  |  |

图 3-3-12　亲子网上查阅资料

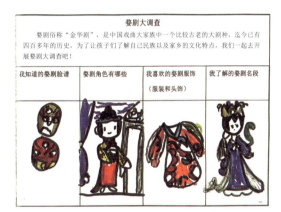

图 3-3-13　婺剧调查记录

## 活动推荐 2　谈话活动——我知道的婺剧

### 活动目标

1. 能大胆地说出自己喜欢的婺剧人物及其特点。
2. 愿意和其他小朋友分享喜欢的婺剧片段。

### 活动准备

经验准备：幼儿看过婺剧，对婺剧的一些行当、片段有所了解。

物质准备：婺剧行当人物图片，婺剧片段的视频、图片。

## 活动过程

### 一、播放婺剧片段，引出谈话话题

师：你们最喜欢婺剧里面的什么片段？为什么喜欢这个片段呢？

小结：原来大家看过这么多婺剧片段，有《三打白骨精》《白蛇传》《三岔口》《赛马》等，老师发现呼声最高的就是《三打白骨精》，小朋友们都觉得非常有趣，孙悟空很厉害。

### 二、出示婺剧人物图片，交流片段内容

1. 出示《三打白骨精》剧照。

师：这个片段中有哪些角色呢？你知道他是什么行当吗？

2. 根据已有经验，说说片段中的剧情。

师：哪位小朋友来介绍一下这个片段讲述了一个什么样的故事？

3. 说说最喜欢的角色。

师：在《三打白骨精》这个片段中，你最喜欢哪个角色？为什么？

### 三、分组自由交流婺剧片段

1. 幼儿分成四组，和旁边的小朋友分享自己喜欢的婺剧片段及行当人物。

2. 提醒幼儿在别人分享的时候学会倾听。

小结：婺剧里面有各种各样的片段及行当，每个片段、行当都有各自的特色，他们的优点都是值得我们学习的。

### 四、金牌讲解员，分享最喜欢的婺剧

每组推选一名代表上台介绍自己看过的婺剧片段，以及最喜欢的人物和理由。

图 3-3-14　婺剧剧照

图 3-3-15　金牌讲解员

# 活动推荐 3　采访活动——小记者行动

## 活动目标

1. 明确采访计划和任务，体验与同伴合作的乐趣。

2. 初步了解记者的工作和采访要求，乐于在众人面前大胆发言。

## 活动准备

记者采访片段、自制记者证、采访设备、调查表、笔等。

## 活动过程

### 一、观看采访片段，了解采访要求

1. 观看视频，了解采访所需。

小结：原来小记者采访需要话筒，还需要采访表，在问的时候要把内容记录下来，问的问题也要根据事先写在调查表上的提纲，不是随便问的。

2. 提问追问，了解采访问题。

师：你要去采访谁？你准备问他什么问题？你怎么记住问题和他说的内容呢？

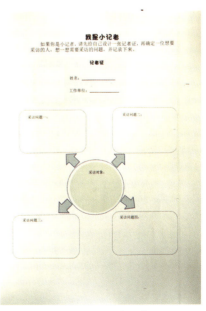

图 3-3-16　采访表

小结：采访婺剧演员之前，我们首先要介绍自己并说明来访原因，同时要征得采访人的同意才能进行采访，采访的问题要事先准备好，然后在别人回答问题的时候把内容记录下来。

### 二、分组交流，讨论采访的对象与问题

1. 幼儿分组讨论采访的对象和问题。

小结：孩子们好奇的问题有很多，例如，脸上的妆是怎么画的，演花旦的都是女生吗，每个行当都有什么特别的本领，等等。

2. 明确小组成员分工。

师：对于谁来设计采访表格、谁来采访、谁来记录、谁来联系等做好分工。

**三、采访进行时，近距离了解婺剧演员**

1. 幼儿分组采访婺剧的各个行当，教师视情况给予帮助。

2. 幼儿结合采访表做好相应的记录。

**四、采访结束，分享采访结果与心得**

1. 请小记者分享自己采访的话题以及被采访者的回答。

2. 通过倾听别人的讲述，知道每个行当都有各自的特点。

图 3-3-17　采访婺剧演员

图 3-3-18　体验婺剧妆造

## 活动推荐 4　小组活动——漂亮的婺剧戏服

**活动目标**

1. 欣赏婺剧视频中行当的戏服，感受婺剧戏服的美好。

2. 了解婺剧戏服的常见种类，萌生制作婺剧戏服的行动意愿。

![活动准备]

经验准备：有设计并制作衣服的经验。

物质准备：《三打白骨精》婺剧视频，云肩、褶子、帔、抱衣抱裤等图片，白纸，笔，画板。

![活动过程]

**一、观看视频，激发兴趣**

1.观看《三打白骨精》视频，欣赏行当的戏服。

师：视频中每个人的戏服一样吗？

2.再次欣赏戏服，说说感受。

师：你喜欢谁身上的戏服？为什么呢？

小结：婺剧中的戏服会根据每一位角色的人物性格来设计，非常漂亮。男生和女生的戏服也是不一样的。

**二、欣赏戏服，观察特征**

1.欣赏戏服中常见的种类，理解并记忆。（帔、褶子、云肩、抱衣抱裤）

师：图片上的四套戏服有什么不一样的地方吗？

小结：孙悟空穿的上衣、裤子被称为抱衣抱裤，上面的豹纹更是凸显出孙悟空勇猛的性格。白骨精的衣服非常漂亮，让人一看就挪不开眼睛，是花褶子加云肩的组合。

2.进一步理解，幼儿对戏服进行分类。

师：刚刚我们欣赏了帔、褶子、云肩、抱衣抱裤，现在谁可以来挑战一下戏服的分类呢？

小结：女帔较短，及膝，配有裙子，是夫人和小姐的主要服饰；褶子是人人都可以穿的便服，带有刺绣图案的叫花褶子，纯色的叫素褶；抱衣抱裤也叫英雄衣、短打衣，是精通武艺的江湖人士衣橱的必备。

3.再次欣赏，感受图案的对称美。

师：戏服的图案上有一个特别的秘密，你们发现了吗？谁来说一说？

小结：戏服左右两边的图案一模一样，这叫作对称美。

### 三、设计独一无二的戏服

1.幼儿自由分组，确定设计对象。（孙悟空、白骨精、唐僧、沙僧）

小朋友们自由分组，每组七人；挑选一个最喜欢的角色进行设计。

2.小组讨论，根据设计对象的性格特征进行图案设计。

先进行戏服的设计、图案的创想，选取一名绘画好的幼儿绘制设计图。

3.小组展示，分享小组的设计意图。

请四个小组按顺序上台分享，并选取一名幼儿进行设计意图的讲解。

图 3-3-19　小组讨论婺剧戏服

图 3-3-20　婺剧戏服设计图

## 活动推荐 5　制作活动——戏服我来做

### 活动目标

1.学习简单的裁剪方法，运用不同的材料制作戏服，体验动手操作的乐趣。

2.利用各种废旧材料制作戏服，变废为宝，萌发环保意识。

### 活动准备

1.各种旧的报纸、纸箱、塑料袋、彩绳等。

2.各种婺剧戏服的图片。

## 活动过程

**一、参观婺剧戏服店**

1.引导幼儿观察各种婺剧戏服的服饰、装饰特点。

小结：戏服由条纹、色彩、刺绣、面料等几大要素组成。

2.引导幼儿寻找戏服条纹、边刺绣、颜色等装饰的办法。

3.幼儿讨论戏服的特点，教师进行小结。

4.引导幼儿讨论如果穿上这些戏服，会有什么感受。

**二、我是小小设计师**

1.鼓励幼儿构思自己的设计。

师：如果你是小小服装设计师，你想怎么设计这些戏服？

2.引导幼儿根据自己的喜好选择不同的材料制作戏服。（制作的过程中提醒幼儿节约材料）

3.幼儿分组制作，教师巡回指导。

**三、时装秀**

1.作品展示，师幼共赏。

2.分享交流，说说自己设计的戏服有什么特点。

3.穿上自己设计的戏服，进行舞台走秀。

图 3-3-21 制作婺剧戏服

图 3-3-22 婺剧戏服展示

## 活动推荐 6  制作活动——各种各样的头饰

### 活动目标

1. 了解头饰的组成、材料和外形特征。

2. 主动选择材料制作不同造型的头饰，积极参与创作活动。

### 活动准备

经验准备：知道婺剧头饰的对称规律。

物质准备：彩色卡纸、布料、毛线、珠子发箍、毛球等材料。

### 活动过程

**一、出示头饰，引发兴趣**

向幼儿展示一些已经制作好的头饰样品，引起幼儿的兴趣和好奇心。

**二、观察头饰，了解结构**

1. 展示头饰，说出头饰的部分结构。

师：你们能说一说头饰分成几个部分吗？（帽圈和装饰）

2. 了解帽圈的制作方法。

师：帽圈怎么制作？（根据头围大小进行制作）

3. 了解帽圈装饰的材料及造型。

师：帽圈可以用哪些材料装饰？可以做出什么造型？

**三、动手操作，制作头饰**

1. 幼儿自己动手制作头饰，教师巡回指导。

2. 引导幼儿选择自己喜欢的颜色和图案进行设计。

**四、展示头饰，分享经验**

制作完成后，鼓励幼儿展示自己的作品，与其他小朋友分享制作经验和心得。

**五、延伸活动**

组织"头饰秀"活动，让幼儿戴上自己制作的头饰进行表演和展示。

图 3-3-23　制作婺剧头饰

图 3-3-24　婺剧头饰秀

# 活动推荐 7　小组活动——表演计划

## 活动目标

1.初步了解婺剧的基本装扮和所需道具，知道婺剧的表演方式和过程。

2.能以小组合作的形式，结合幼儿已有经验制定一份表演计划。

## 活动准备

婺剧精选片段、画板、画纸、记号笔。

## 活动过程

**一、我知道的婺剧，经验唤醒**

1.说一说自己了解的婺剧。

（1）你们知道婺剧是什么吗？

（2）婺剧里有哪些角色？在哪里表演？

2.经验回顾，观看婺剧精选片段。

师：他们是怎么表演的？你们想来演一演吗？

小结：婺剧里面有各种各样的角色和好看的衣服、头饰，还有许多有趣的道具，不同的角色有不同的装扮。

**二、讨论表演计划内容**

1.制定节目单。

（1）你们听过什么故事呢？让我们把这些故事表演出来吧！

（2）幼儿自主讨论，拟定节目单，进行分组。

2.角色分配。

（1）你们喜欢什么故事呢？选择自己喜欢的故事加入各个小组吧！

（2）你们想在小组里面扮演什么角色呢？（幼儿自主选择想要扮演的角色）

3.服饰和道具准备。

（1）小演员们表演需要漂亮的装扮，我们一起来做一做吧！（自主讨论，选择服饰制作小组）

（2）婺剧表演少不了音乐哦！你们知道婺剧表演需要哪些乐器吗？我们一起去找一找吧！

4.活动时间和地点。

（1）讨论婺剧表演的时间。

师：你们都是在什么时候看的婺剧表演呢？想在什么时候表演婺剧呢？

（2）讨论婺剧表演的地点。

师：你们平时是在哪里看婺剧演出的呢？（幼儿根据园内生活学习经验确定表演地点。）

小结：孩子们决定婺剧表演时间为区域活动时间，表演地点在表演区。

**三、幼儿绘画表演计划**

幼儿根据讨论，划分小组（表演组、服饰组、道具组）进行分工合作并及时记录，制作表演计划。

图 3-3-25 表演计划表

图 3-3-26 分享表演计划

## 活动推荐8 探玩探究——我的戏台我做主

### 活动目标

1. 乐于与同伴共同商量舞台搭建方案并形成统一意见。
2. 探索、发现生活中的多样性及特征，提高敏锐的观察能力。

### 活动准备

提供婺剧戏台图片，大型木质积木，戏台设计调查表若干，水彩笔、剪刀、彩色卡纸若干。

### 活动过程

**一、观看图片，了解婺剧戏台的样式**

师：你们知道这是什么？是用来做什么的？

小结：婺剧戏台，又叫婺剧演出场所，样式繁多，有草台、庙台、祠堂台、会馆台等等。

**二、戏台大调查**

1. 出示调查表，将搭建戏台的结构及所需材料进行记录。
2. 师幼共同讨论戏台的结构。

3.幼儿发挥想象，记录搭建戏台所需材料。（鼓励幼儿大胆表达不同的意见）

## 三、设计大戏台

1.自主设计婺剧戏台。

师：你们想要造一座什么样的戏台呢？建造一座戏台需要什么材料？

2.幼儿根据自己的喜好，设计一座属于自己的戏台。

## 四、搭建戏台大行动

1.幼儿自由分组，合作搭建。

2.寻找所需材料并能自主搭建。

3.相互欣赏，交流经验。

4.评选"最美戏台"。

图 3-3-27　分享造戏台计划

图 3-3-28　搭建我们的戏台

# 活动推荐 9　小组活动——剧本我设计

## 活动目标

1.在了解婺剧剧本的基础上创编新剧本。

2.体验与同伴共同创作剧本的快乐，乐于与同伴共同创作并展示。

## 活动准备

经验准备：知道婺剧名段，已经画出了表演计划。

物质准备：绘本《大"话"西游》，记录纸、笔，相关的动画视频等。

## 活动过程

### 一、剧本研讨会

1. 幼儿分享婺剧，唤醒原有的经验点。

师：我们之前欣赏过许多婺剧名段，你们都还记得吗？你印象最深刻的是哪个名段？

小结：幼儿们分享了许多婺剧名段，有《三打白骨精》《满江红》《梅花三弄》等等，也讲述了其中最精彩的片段。

2. 通过投票统计，共同选出了最受欢迎的婺剧剧本《三打白骨精》。

3. 金牌讲解员，回忆故事中的人物及事物。

在前期欣赏婺剧名段、观看婺剧视频以及家长讲婺剧等的前提下，一起选出了想要表演的婺剧《三打白骨精》，教师带领幼儿一起回忆了里面的人物角色以及故事里面发生的故事。

### 二、《三打白骨精》剧本创作

1. 集体复读故事，重点引导剧情。

师：你最喜欢的角色是什么？他是一个什么样的角色？按照他的性格，他会发生什么样的故事呢？

小结：根据大家的描述，白骨精非常可怕，但是她很漂亮，衣服也非常好看；唐僧会念紧箍咒，但他很善良，也有点笨，有时候被妖怪骗了都不知道；孙悟空的火眼金睛非常厉害，他武功非常高；猪八戒好吃懒做，又馋又笨，走起路来摇摇晃晃的；等等。

2. 幼儿自主尝试，探索创编故事剧本。

3. 师幼创编故事，形成婺剧话本《三打白骨精》。

4. 幼儿复述创编的剧本故事，重点引导故事出场顺序、人物及台词。

小结：幼儿从剧目、冲突、角色、场景、台词五个方面用自己的方式进行了设计，对"三打白骨精"的兴趣在交谈中变得更加浓厚。

### 三、《三打白骨精》剧本展示

1. 将创编的婺剧作品进行整合探索。

2.《三打白骨精》作品展示，幼儿观赏。

小结：孩子们将各自画的故事剧目、冲突、角色及台词等进行了整合，将其变成了一部剧本，而后，老师和幼儿一起将其变成一块大展板，让孩子们观赏得更加清晰。

**四、活动延伸，即兴表演《三打白骨精》**

1. 演绎准备，制作道具。

2. 竞选角色，排练剧本。

图 3-3-29 《三打白骨精》绘本

图 3-3-30 幼儿创编设计的剧本

## 活动推荐 10 仪式展示——婺剧小舞台

### 活动目标

1. 愿意和同伴一起为婺剧表演布置场景，以小组为单位使用道具。

2. 能在集体面前大胆表演，表现自己。

3. 体验与同伴合作表演的乐趣，乐于参与表演游戏。

### 活动准备

服饰、手绢、纸箱等道具，音乐。

### 活动过程

**一、表演前准备**

1. 以小组为单位，布置场景、制作道具。

2. 自由商量角色的分配。

3. 小组讨论场外人员的安排。

4. 自主选择材料制作道具。

## 二、表演进行时

1. 邀请观众入座，准备开场。

2. 幼儿根据剧情表演，教师指导。

## 三、幼儿互评

1. 幼儿评价表演，提出改进意见。

2. 制定下次表演计划。

图 3-3-31　婺剧小舞台

图 3-3-32　表演《三打白骨精》

## 七、课程评价案例

### 当萌娃遇上婺剧

#### 活动缘起

　　"婺剧"是建德地区深受人们欢迎的剧种之一，每逢佳节，各村落都会邀请戏班前来演出。寿昌西湖水街设有戏院，供票友们演出和观赏，这里曾是祖辈们带着孩子频繁出入的地方。

　　恰逢"戏曲进校园"活动，加之丰富的观摩经验，孩子们对婺剧的兴趣越发浓厚。因此，我们策划了为期两周的"水街婺剧"活动。戏曲演员们精湛的技艺、动人

的戏腔、华丽的戏服，让孩子们目不暇接。在深入观摩和访谈后，他们被那些繁复而美丽的戏服深深吸引。为了满足孩子们的兴趣，我们开启了一场婺剧行头的制作之旅。

图 3-3-33　婺剧表演

图 3-3-34　婺剧表演

**活动推进**

**探索：婺剧我知道**

基于幼儿对寿昌婺剧的了解和兴趣点，教师先通过创设问题墙的形式让他们用前书写的方式进行记录，再根据提出的问题进行归纳。

表 3-3-4　问题清单

| 关于婺剧，我知道的 | 关于婺剧，我还想知道的 | 我怎样才能知道 |
| --- | --- | --- |
| 1. 婺剧是浙江省地方戏曲剧种之一。"婺"指的是金华，婺剧源于金华，流行于建德、台州、温州等地。<br>2. 婺剧是以唱念做打综合表演为中心的戏剧表演形式。<br>3. 婺剧中的角色分生、旦、净、丑四类。生、净、丑指男生扮演的角色；旦指女生扮演的角色。 | 1. 婺剧戏服怎么做？<br>2. 戏服的布如何裁剪？<br>3. 戏服的颜色和角色的性格有关系吗？<br>4. 婺剧的头饰是用什么材料制作的？<br>5. 头饰如何制作？ | 1. 和爸爸妈妈一起看书、上网查询资料。<br>2. 邀请有经验的老师来班级上课。<br>3. 采访有经验的裁缝师傅与婺剧演员。 |

图 3-3-35　幼儿问题清单

**实践1：戏服我来做**

通过亲子调查、翻阅书籍和上网查阅资料，幼儿初步了解了云肩的基本图纹、云肩的对称美及云肩的制作过程。他们带着对云肩的好奇心，开启了一场云肩探索之旅。

**（一）关于云肩的设计**

在观看云肩制作视频，梳理婺剧戏服所需材料，归纳婺剧戏服的制作方法后，幼儿决定用自己喜欢的方式设计云肩，并动手制作一件婺剧云肩。

图 3-3-36　幼儿讨论

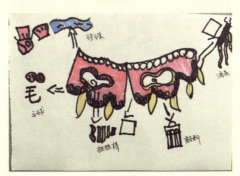

图 3-3-37　云肩设计图

**教师思考：**

在云肩设计活动中，幼儿对于云肩材料的选择有了一定的了解。在对话中发现他们对于云肩的制作过程充满了向往，跃跃欲试。于是我们以小组为单位开始了云肩的制作。

**（二）裁剪、制作云肩**

幼儿根据设计图选取云肩布料，通过测量所得的数据进行打样，尝试用专用裁缝机进行云肩前片与后片的裁剪。幼儿运用已有经验使用缝纫机进行对缝拼接，感受制作云肩的乐趣。

图 3-3-38　云肩裁剪

图 3-3-39　云肩缝合（压线）

云肩的制作分为量衣、打样、裁剪、缝合、设计复杂图案、成品展示六个部分。在缝合的过程中，我们遇到了许多问题。

蓓蓓："线从针孔里面逃走了，缝不起来了。"

雨萱："上面的线用完了，缝纫机在工作，但是布上没有线。"

可乐："林老师的妈妈是裁缝师傅，我们给她打个电话问问吧。"

图 3-3-40　视频采访

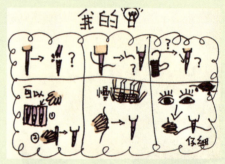

图 3-3-41　采访记录表

在老师的引导下，他们发现问题并通过亲子调查、视频采访的形式解决问题，用自己的方式做好记录。

**教师思考：**

在裁剪、缝合的过程中发现问题，鼓励幼儿以小组交流讨论、调查及采访的形式解决问题，让幼儿进一步巩固云肩的制作技巧。云肩初步完成，但是上面的图案均是平面的、不够立体，幼儿针对这个问题展开了激烈的讨论，于是我们继续对云肩的装饰美化进行深入的探索。

**（三）云肩装饰美化**

幼儿收集各类材料，选择自己喜欢的材料进行装饰美化，教师引导幼儿解读、分析各种图纹的含义，鼓励幼儿运用多种材料进行创作，感受云肩的对称美。

图 3-3-42　装饰美化

图 3-3-43　成品展示

他们通过刺绣、悬挂、系结、附加等方法进行装饰，完成后的云肩看上去非常厚重，很精美。

**教师思考：**

在整个过程中，从自由分组到分工制作，步骤包括设计、测量、剪裁、缝制、拼接……他们不断发现问题、探索方法、解决问题。在亲身体验、实际操作的过程中，他们化身为一个个"小裁缝"，并进行了深度学习。

**实践2：头饰我会做**

在了解并制作了婺剧服饰后，幼儿问起"那婺剧头饰是怎么做的呢？""婺剧头饰和戏服一样是对称的吗？"等问题。他们对婺剧头饰的探索欲望越来越浓厚，于是我们与婺剧头饰的故事就开始了……

**（一）关于婺剧头饰的设计**

基于儿童的立场和视角，通过欣赏婺剧头饰的图片，幼儿总结了许多经验，并决定自己制作一个婺剧头饰。幼儿将自己的想法和制作时需要用到的材料都用自己的方式进行了呈现。

图 3-3-44　幼儿设计头饰　　　　图 3-3-45　头饰设计作品

**教师思考：**

从幼儿的设计中可以发现，幼儿对于婺剧头饰有着初步的感知。经过讨论，幼儿最终选择用发箍、扭扭棒和大小毛球制作婺剧头饰。

图 3-3-46　收集材料

图 3-3-47　收集的材料

### （二）第一次制作婺剧头饰

　　幼儿在收集材料后，选择喜欢的材料制作婺剧行头，教师建议幼儿尝试多种材料和方法进行创作，感受色彩的变化、突出婺剧的人物角色。幼儿用发箍、毛球、扭扭棒等材料完成了婺剧头饰的制作。在教师的鼓励下，他们制作的婺剧头饰丰富多样，非常优美，幼儿进一步了解了对称美。

图 3-3-48　幼儿合作佩戴

图 3-3-49　制作完成

　　教师为幼儿提供了丰富的材料，为进一步制作婺剧头饰积累经验。幼儿在动手操作、亲身体验中感受到了婺剧头饰的对称性，但在制作的过程中，幼儿遇到了许多问题。

　　张显皙："在做头饰的时候我发现扭扭棒粘不了毛球。"

　　刘玥："我在发箍上卷扭扭棒的时候不小心卷歪了，有点不知道怎么做。"

　　江乐博："我都不知道扭扭棒怎么固定在发箍上。"

　　王家辰："我不知道两个小毛球怎么拼接在一起。"

　　李婼瑶："把扭扭棒卷到发箍上的时候，有点歪来歪去的。"

　　冯尘凡："扭扭棒在发箍上不太牢固，总是掉下来。"

**教师思考：**

在老师的引导以及同伴的帮助下，幼儿发现问题并独立解决了问题，能用自己的方式进行表达。

图 3-3-50 幼儿表征

图 3-3-51 幼儿表征

他们在制作头饰的过程中了解婺剧，但是幼儿发现用一个头箍做成的头饰还是太单调了，于是我们继续探索。

### （三）婺剧头饰再探索

"我们可以在头饰上多加些毛球，这样会更漂亮。""我们可以尝试做两层，这样头饰就会显得更大气。"幼儿边尝试边交流，边实践边探索。他们通过不断的加层尝试，合作解决固定难题，不断突破自我，最终成功完成了多重的婺剧头饰。他们兴奋地称赞道："看，我们的头饰越来越漂亮了！"

图 3-3-52 幼儿加层探索

图 3-3-53 头饰成品

### 实践3：婺剧小舞台

幼儿完成婺剧服饰、头饰后，继续欣赏着婺剧艺术家们的精彩表演，又有了设计脸谱的想法！他们发挥自己的想象力和创造力，用稚嫩的画笔、鲜艳的色彩、夸

张的图案，创作出了自己满意的脸谱。

图 3-3-54　幼儿表演

图 3-3-55　幼儿表演

婺剧服饰、头饰的探索虽然结束了，但留给他们的是一次宝贵的经验。戏曲是中华民族精神的化身，历史悠久且内容丰富，经过这一主题活动的探索，幼儿通过欣赏、了解、交流、制作、表演，感受到了婺剧的魅力。

### 活动反思

#### （一）源于生活，起于兴趣

在课程推进的过程中，教师结合家乡的地域资源，将婺剧融入主题中。活动源于幼儿的生活经验和兴趣，通过幼儿的自主讨论、实践、调整，一次次深入制作，以幼儿的兴趣为起点，顺应幼儿的需求。

#### （二）打通教育模式，保持探究热情

通过前期"婺剧进校园"活动，幼儿发现婺剧有非常多有意思的地方，幼儿回忆婺剧表演，通过图片、视频，激发头脑风暴，提出问题。教师归纳整理，通过亲子探学，激发幼儿兴趣，从而更有效地培养幼儿的问题意识。

#### （三）创设个别化环境，提供多样化装饰材料

基于分析与思考，我们发现在设计、染布、打样、裁剪中，幼儿的固有经验与生活经验产生了强烈的思维碰撞，于是，我们创设并投放了多样化的材料，让幼儿进行接合、整烫、调整，直到婺剧戏服成品完成。设计组在完成设计后，装饰组在原有基础上进行创意装饰。

整个过程中，掌握制作戏服的方法、了解头饰的对称性并且用多种材料制作，使幼儿的理性思维和制作能力都得到了明显的提升。通过此次活动，幼儿对婺剧这一优秀传统文化的传承有了更深的理解。（傅琬詠、李嘉淼）

## 其他活动样态

"檀木榔头，杉木梢；金鸡叫，雪花飘。"弹棉花，又称"弹棉""弹棉絮"，是中国传统手工艺之一。幼儿在老师的带领下来到了弹棉花工艺坊，在师傅的介绍、操作过程中感受到了传统手工艺的独特魅力！

"二月十"赶集自主游戏是一种结合寿昌古镇"二月十"赶集活动的游戏形式。在这个游戏中，玩家可以扮演不同的角色，体验赶集的乐趣和挑战。

寿昌古镇每逢节假日都有舞龙民俗表演。瞧，大二班冯满小朋友从容自信、技巧娴熟地领着舞龙队们表演，引来阵阵喝彩！

幼儿园邀请老篾匠进校园展示传统非遗竹编技艺，小萌娃们在老手艺人的带领下一起制作竹制品。在了解了多种竹编的方法后，幼儿对竹编活动充满了兴趣，跃跃欲试，感受到了传统民俗的魅力。

狭小的钟表店里，修表师傅热情地展示修表工具，还将手表拆开供幼儿观看，让幼儿直观地感受钟表的精细与神奇。通过访谈，幼儿了解了师傅四十年如一日的修表工作，纷纷表达了对师傅的敬佩！

为了让幼儿感受中国传统年味，体验古镇民俗，幼儿园在园内创设了二十多个民俗游园项目。如投壶、滚铁环、木射、跳竹竿等。

寿昌幼儿园"纸艺节"正式启动，老师和幼儿共同策划了一场集环保、趣味、创造性于一体的"世界是纸做的"沉浸式互动展览。

舞龙是孩子们的拿手节目，他们手持龙身，踏着鼓点，时而高高跃起，时而俯身冲刺，欢快的节奏和精彩的表演让在场的每一个人都感受到了新年的喜庆气氛。

茶馆品茶，欣赏婺剧，幼儿穿上戏服，体验一把戏曲演员瘾。他们披上戏袍，仿佛置身于戏曲中，学扮相、讲台词、唱戏曲，好生快乐！

313

幼儿参观"寿昌理发店"，对理发步骤、理发工具、头发的去向等有了进一步的了解，同时也深深地感受到了寿昌理发店悠久的历史，激发了幼儿爱家乡的情怀。

幼儿走进寿昌古镇，寻找古镇的"非遗"传承人。来到竹篾店里，幼儿向竹编师傅了解家乡传统民间工艺的历史文化、制作过程和生产用途，学习工匠的精神品质。

"龙文化"渗透在寿昌的角角落落。"五龙"和"舞龙"一时间成为园里的热门话题。为了了解五龙民俗，他们在父母的陪伴下，实地寻找龙，了解五龙传说。

相关研究

# 古镇探学：幼儿项目学习活动的开发实施

教育方式的不断变革引领着幼儿教师审视当前幼儿的学习现状：集体教学多于实践体验；室内游戏多于室外观察；教师主导多于幼儿探究。如何真正解放孩子？将学习的自主权还给孩子？我们需探索一种新的、适宜幼儿学习的方式。

自 2019 年起，寿昌幼儿园尝试在改变原有学习方式的基础上有效促进幼儿多样化的学习和发展。深挖本土资源，以"古镇探学"为新路径，实施由一个核心、两块基地、多种项目组成的课程方案，旨在让幼儿在玩中学、学中玩，实现从"游学"到"探学"的转变。该研究于 2019 年获杭州市教研课题立项。

## 一、古镇探学项目学习活动操作定义

古镇探学。古镇的古民居、传统民俗、美食等浇灌着幼儿的文化之根，成为幼儿活动开展的不竭之本。探学更是让幼儿走进古镇，了解过去、探寻未来，在亲身感受、实践体验、动手操作中参与深层探究的学习活动，促进幼儿全面发展。

项目学习活动。项目学习是指有主题、有任务，需要幼儿在真实情境中解决问题的活动。本课题中的项目学习活动是由多个小项目组成的项目群，而非单一的项目学习活动。通过组织幼儿走出校园，走进寿昌镇，以挖掘建筑文化、饮食文化、民俗文化和古镇新姿等为切入点，让幼儿在教师的支持、帮助和引导下具体开展实施项目学习活动。

图 4-1-1 "古镇探学"项目学习活动内容

## 二、古镇探学项目学习活动内容开发

### （一）"就地取材"：在寿昌古镇中洞悉古今

我们以古镇地域文化资源为背景，以幼儿"乡情"发展为目标，通过幼儿与古镇的亲密接触，深度体验，结合环保文明、保护古镇等活动，培养幼儿对家乡的自豪感和归属感，促进其认知、情感、能力的多元发展。

**（二）"量体裁衣"：在幼儿兴趣中自主生成**

共同建构：在活动开展实施之前，每班教师与幼儿共同讨论，建构项目活动实施框架，进行古镇资源的有效开发与利用。如，在家乡的年味项目活动中，基于活动内容共同构建行动路径。从"寻年味""品年味"到"说年味"，让幼儿在活动中深入了解家乡的民俗文化。

梳理经验：我们以幼儿的视角，围绕幼儿关键经验的发展，从发现、探究、解决问题等角度出发，适时地对活动进行梳理提升。如，在围绕寿昌的亭子开展的项目中，在调查环节，我们不仅看到探究问题的能力，更关注到幼儿发现表达的能力等。

**三、古镇探学项目学习活动的实施**

**（一）建筑文化：欣赏徽派建筑，探究寿昌景观**

1. 探学特点

通过欣赏、探究古镇的建筑，体会寿昌古建筑的结构美、意境美和文化美，激发幼儿对家乡的自豪感和归属感，培养爱生活、乐生活、会生活的建德娃。

（1）艺术启蒙。"老师，原来我们寿昌的房子是徽派建筑，难怪到处都是白墙，我太喜欢了！""老师，廊桥太美了！"……孩子们每日生活在古镇中，对古建筑并没有太多的感受，然而，当我们集体参与古建筑探学时，他们的问题、感叹层出不穷。这样的艺术启蒙恰恰是课堂教学给不了的。我们置身古镇之中，就是艺术的启蒙。

（2）造型美学。古镇探学既要在集体教学活动中推进，更要在实地观察体验中落地。幼儿走进古建筑，观察它的造型特点，探索燕尾脊、认识双龙雕饰、观察窗花造型，通过多次调查和学习，他们在活动中不断提出猜测并研讨古建筑中该造型的价值。

2. 具体实施

（1）走进古镇，搜集资料。幼儿对建筑文化是陌生的，探索古镇的建筑让幼儿更直观地了解建筑文化。由幼儿和教师共同讨论感兴趣、有疑问的有关寿昌古建筑的内容，确定探学地点和路线，并有目的地搜集好相关活动材料。

（2）多元探学，初步感知。亲子探学：教师向家长提供亲子问卷调查表，邀请家长共同参与探学活动。问卷调查表也能为家长和幼儿提供探秘的研究方向和内容。如，"走进翁宅"活动，孩子们想知道翁宅到底有多大，就开始尝试用手臂、身高、脚步和尺子等测量，亲子间共同尝试各种测量的方法促进了亲子之间的互动，也激发了幼儿的探究兴趣。

师幼探学：师幼探学是指幼儿在教师的带领下一起探秘古镇，在亲子探学后进行拓展来解决之前活动遗留的问题，并进行深化。如，孩子们在探寻古建筑的过程中，发现不少人为损坏的痕迹，就提议制作古城保护宣传倡议书，并采用图文结合的形式。通过在朋友圈转发照片、调查表、小视频等内容，让更多的人了解保护古建筑从我做起，从小事做起的理念。

（3）感受、欣赏建筑魅力。前期的探索活动已经激发了幼儿的兴趣及探索的欲望。幼儿感受到了古建筑的魅力，开始尝试分解建筑中独特构造的价值。如老师提出："瓦片有什么用？"大部分幼儿说是为了做屋顶、挡雨等，但也有幼儿问："平常见的瓦片没有花纹，那些雕有花纹的又有什么作用？"随着问题的不断提出，幼儿又开始了新一轮的探学。当瓦片的价值被幼儿挖掘出来后，幼儿对建筑文化、家乡文化的热爱被激发。

3.评价方法

（1）"电台说古镇"探学交流圈。在"寿昌廊桥"的活动过程中，幼儿在"餐前电台"播报对廊桥承重范围的研究，在探学交流圈中开展扑克牌廊桥和拱桥的承重实验。

（2）"童眼看寿昌"探学发布会。幼儿走进寿昌古镇开展古建筑探学，学期结束前以班级为单位，开展"童眼看寿昌"探学发布会，幼儿们分享自己的想法。

**（二）民俗文化：体验工匠精神，感受非遗传承**

古镇有着独特的民俗文化，如天罡拳、五龙献瑞、古法造纸等。幼儿园将地方民俗文化融入幼儿的学习活动中，幼儿通过寻访匠人、合作学习，链接古镇的过去与未来，激发自己的民俗文化认同感和传承意识。

1.探学特点

我们以寿昌地域分布为主线展开探学，每个民俗基地都有明确的目标、内容和形式。以实践驱动为主要学习策略，开展民俗文化探学活动。

（1）民族认同感。"老师，我们元宵节要舞龙！""而且还是五条龙，只有我们这有。"……当我们集体参与民俗探学时，幼儿发现原来每个地方的民俗都不一样，是独一无二的，这极大地增强了幼儿的民族认同感。

（2）技艺传承人。探学古镇"非遗"文化街，幼儿更直观地欣赏到"非遗"技艺，与传承人互动交流。古镇中有许多传承人守护着"非遗"技艺，如五龙、天罡拳、竹编制作工艺等。通过项目活动，幼儿感知家乡民俗文化，传承礼仪、传承工艺、传承艺术、传承服饰。

2. 具体实施

（1）寻访身边的匠人——舞龙达人。国庆节，寿昌步行街上有舞龙表演，孩子们来园时议论的话题都是关于舞龙的，他们对寿昌五龙有着强烈的好奇心。由此我们开展了关于五龙的探学活动。孩子们也有一连串问题："老师！为什么寿昌有五条龙啊？""为什么要舞龙？""它们都有名字吗？""为什么我们寿昌的龙和别的地方的龙不一样？"五龙献瑞基地的建立，为幼儿提供了实践的场所。幼儿可以利用空余的时间和老师、家长、同伴参与到"五龙献瑞"的实践活动中。

（2）走进文化讲堂。幼儿在直接感知、实际操作、实践体验中获得关于五龙的经验。如有的用废旧纸盒、有的用 PVC 管、有的用水杯做龙。过程中幼儿提出许多问题、教师适时指导，师幼一起解决问题。

（3）团体合作学习。园内有纸艺工坊、舞龙创玩、"非遗"学堂等创玩基地，幼儿能在园内进一步探索和表现。

（4）链接过去和未来。在五龙献瑞基地中，常常会生成关于五龙主题的活动，孩子们可以体悟浓浓的"五龙献瑞"民俗文化。如，在大班社会活动"家乡的龙"中，孩子们通过调查有了不同的收获，再通过集体教学互相分享，把历史和未来在展示课中呈现，从古代的五条不同的龙，拓展至五龙给我们寿昌人民带来的改变。

3. 评价方法

（1）"收纳袋"汇收获。在活动开展过程中，把幼儿探学的收获保存下来。活动结束后，可以看到自己的探学足迹，这时候的评价也更具体、有趣。

（2）"小剧场"展风采。幼儿将所学、所获，通过表演的形式在小剧场中进行展示和交流，调动了幼儿参与的积极性，让幼儿在开心的氛围中探索寿昌古镇的传统文化。

**（三）饮食文化：探访食育基地，制作寿昌味道**

我们聚焦寿昌的特色美食，通过"寿昌味道""食育基地"两个板块的内容推进项目学习活动。通过了解美食的味道、形状、色彩，探索其制作过程，幼儿感受家乡丰富多彩的饮食文化，增强对家乡文化的认同感和自豪感。

1. 探学特点

饮食文化探学围绕感受食"美"、了解食"义"、体验食"艺"等内容，让幼儿在品尝中感受其独特的含义，在制作中体验其来之不易。

（1）品：寿昌食"义"。在品尝美食的同时了解它独特的含义，比如"千层糕——

年年丰衣足食""肉圆——圆满""打麻糍——丰收"。幼儿在探学饮食文化的过程中，通过参观、采访等了解食"义"。

（2）做：寿昌食"艺"。幼儿在探寻食"义"后，在园内外食育基地制作寿昌美食。幼儿在种植、收获到制作美食的过程中，感受寿昌食"艺"。

2. 具体实施

（1）寿昌食育基地体验，品味美食。一是收集积累，体验感受。幼儿走进寿昌的909 夜市、步行街"去寻找寿昌特有的美食，通过体验、制作、分享等方式感受寿昌传统美食的味道，了解寿昌传统美食的食"义"。二是师幼探讨，调查发现。在开展传统美食项目活动的过程中，除体验、操作外，更要看到美食背后的含义，了解家乡，热爱家乡。师幼在谈话活动中，一起探讨班级所要开展的美食项目学习活动。

（2）园内基地探索，实践操作。除在园外开展古镇探学项目活动外，园内还有幼儿直接养护的种植园和食品工坊基地。制作食物之前，制作的材料从何而来，这也是我们要和幼儿一起体验探究的。在种植园基地，食材从一粒种子开始，经历种植、养护、收获，为食品工坊提供原材料；收获后的食材来到食品工坊，幼儿可以亲身体验劳动的快乐。例如，在三次探索麻糍的过程中，孩子们结合自己的生活经验，发现问题，积极思考改进办法，解决问题的能力在此过程中得到了持续的增强。

3. 评价方法

（1）寿昌美食推介会。在第一阶段寿昌美食探学活动结束后，我们开展了"品年味，迎新年——美食推介会"。大家以海报、宣传语等形式推荐最喜爱的寿昌美食，幼儿了解寿昌的食"义"，在推介会中提升了语言表达能力。

（2）"百家宴"美食节。结合本地"百家宴"的传统习俗，在开展传统美食项目活动后，将每位幼儿在工坊中制作的美食，摆满整桌，邀请老师同学们品味寿昌的美食。

**（四）古镇新姿：数字经济产业带来航空机遇**

数字经济产业带来的航空小镇为这座古城带来了更多的惊喜和机遇。幼儿在探学古镇过程中，不仅要看到古镇的历史文化，还要看到古镇的未来发展。在古镇新姿的探学活动中，我们主要聚焦于航空小镇，通过寻、探、做、说等系列活动，展开系列探究性学习活动。

1. 探学特点

古镇邂逅航空元素，会产生怎样的化学反应？我们的探学活动不仅要让幼儿看到过去的古镇，更要和幼儿一起展望家乡的未来。

（1）内化爱国精神。在看到自己组装的飞机成功起飞的那一瞬间，幼儿的脸上露出满足的笑容。活动深深地渗透着爱国主义的情怀，在孩子们心中埋下了航天梦想的种子，培养他们热爱航天、崇尚科学的精神。在红色思想的熏陶下，在爱国主题教育的学习中，引领幼儿成长为怀揣"中国心"，勇筑中国梦的中国娃！

（2）重视科技力量。在幼儿的学习生活中，幼儿与航空离得较远，缺乏真实的感受。通过该项目学习活动的实施，幼儿亲身体验了不同于平常的经历，如"飞行员体验"等，不仅提升了幼儿的读图能力、动手操作能力、合作协商能力，还让幼儿萌发了初步的编程思维。

2. 具体实施

（1）观察体验，探寻飞机之源。飞机对于孩子们来说是神奇的，为什么飞机有轮子？为什么飞机有翅膀？……幼儿去机场参观体验，有的幼儿还坐上了模拟舱，狠狠地体验了一把飞行员的感觉。在近距离和飞机接触之后，幼儿对飞机的兴趣更浓厚了，对飞机的理解也越发深刻。

（2）实验操作，玩转科技之趣。幼儿通过实地考察、基地实验等活动，发现、了解与航空相关的信息。主要分为两个部分。第一部分，在航空科普中心进行展品学习的活动；第二部分，在航空研学基地进行探究实验。

（3）创造表现，勇筑中国之梦。幼儿的兴趣不仅限于"画"、"搭"飞机。一天，小鱼儿带来的一架纸飞机在人群中炸开了锅。纸飞机怎么折？幼儿开始了幼幼互助式学习。比一比哪种飞机飞得远、飞得高、飞得最久。

3. 评价方法

（1）"通关卡"：通过趣味问答或者实验等形式获得"通关卡"来换一次当小老师、当值日生的体验。这个过程让幼儿对航空知识更感兴趣，并在闯关问答中回顾探学活动。

（2）"问卷星"：本课题提出"问卷星"的评价方式，让幼儿提出自己在探学活动中的疑问，和同伴、教师讨论，发表自己的观点。

**四、研究成效**

经过一年多的实践，古镇探学项目学习活动收效甚显。教师日常的教学方式由之前的"照本宣科"变为依据地方资源进行实地教学；幼儿的学习方式也转变为以探究性学习为主。幼儿在探学中成长，并习得古镇的历史文化，教师也在项目活动中获得提升。

### （一）提升幼儿自主学习能力

通过古镇探学的多种学习方式去体验和探索家乡，能够促进幼儿学习方式的转变，使活动场所从教室走向校外、走向家乡，教师的"一手掌控"转向幼儿的"自主生成"，使学习活动的内容更加满足幼儿的兴趣需求。幼儿开阔了视野，激发了自主学习的兴趣，学习能力得到了提升。

### （二）形成特色项目学习活动

根据古镇的地域资源和幼儿园的实际需求，我们建立了古镇探学、园内创玩两块基地，以 n 个项目活动构成完整的古镇游学项目群，推动教师对学习活动进行开发、设计、实施，推进古镇探学常态化。确定了建筑文化、民俗文化、饮食文化和古镇新姿（航空小镇）四大类探学活动项目。基地将科研与实践相结合，幼儿边游边学，改变了被动学习的现状，进一步实现自身的全面发展。

### （三）推动教师能力素质升级

教师不再"照本宣科"，打破了原有的教学模式，学会观察幼儿，在互动交流中抓住恰当的教育契机。此研究让教师们明白好的课程不是事先设计的，而是在探学的过程中生成的，优化了教师的教育理念。

# 小使者行动：幼儿古镇文化学习成果展示创新研究

自 2020 年起，寿昌幼儿园推出了"小使者行动"研究，旨在通过幼儿的亲身实践，为寿昌文化的传承与发展贡献力量。这一行动让幼儿以服务者、传播者和传承者的身份参与其中，积极推动古镇优秀文化的传承。此课题已成功获得 2020 年杭州市普通教育课题立项。

"小使者行动"研究以古镇文化学习为基点，以小使者的行踪为主线，围绕"文明小使者"服务"古镇好风景"，"金牌讲解员"传播"寿昌好故事"，"'非遗'小达人"传承"寿昌好文化"三大路径，依托"智多星""体验岗""小导游"等载体开展活动，旨在全方位改变幼儿的学习方式，突出学习场所的真情景、学习方式的真参与、学习活动的真体验，让幼儿在各类真实性社会服务体验中，感受社会中存在的问题，进而更好地解决问题。

## 一、设计：幼儿古镇文化学习成果展示创新之构想

小使者行动。小使者是指以志愿者、讲解员、表演者等身份参与社会服务、文化传播、"非遗"传承等的幼儿的统称。通过服务、传播、传承等三类行动开展多角度、动态化、参与式的研究，是一系列真情境、真参与、真体验的学习实践活动。

古镇文化。古镇中古建、"非遗"、民俗、美食等资源丰富，构筑起幼儿活动开展的基础。相关的建筑文化、饮食文化、民俗文化和古镇新姿等都是幼儿开展小使者行动的资源。

## 二、推进：幼儿古镇文化学习成果展示创新之特色

### （一）转变目标：古镇文化传承

与原有的古镇探学活动相比，小使者行动在基础目标上有所转变，让幼儿由走进古镇、自主探索，转向激发、提升自身的文化传承力。

### （二）升级场景：互动走向融合

小使者行动扭转了幼儿较少走进古镇的状态，同时打通、融合了园内外场馆，整合了各种教学资源，为幼儿搭建更加丰富的展示平台。

### （三）重造路径：引导深度体验

原先古镇探学主要体现在探学，而小使者行动提出的新路径，则侧重于引导幼儿在亲身体验中进行探究性学习，进而自发地成为古镇的服务者、传承者、传播者。

## 三、探索：幼儿古镇文化学习成果展示创新之实践

### （一）"文明小使者"服务"古镇好风景"

我们通过"智多星""亲子研"和"文明墙"三大载体，以智慧分享、成果展示、志愿服务、环保倡议和亲子活动等具体形式开展活动，在文明服务中激发幼儿爱家乡的情感。

◆载体一："智多星"，提出金点子

设立"智多星"平台，让幼儿提出服务"古镇好风景"的金点子，搜集更多关于如何做好"文明小使者"的方法。

1.举样与分析

（1）探学前多样化交流，智慧分享。我们充分利用每一次探学前的时间，对每一次如何更好地开展"文明小使者"活动的话题进行交流，分享自己服务"古镇好风景"的学习方法。

【案例1】

前期对修复廊桥的建筑师进行采访，了解到廊桥的修复更需要我们后续的保护。于是幼儿在小使者行动前，互相阐述、倾听，在与其他幼儿的语言碰撞中，想法逐渐从模糊变得清晰。

探学前交流，重在古镇保护。探学前的交流涵盖了幼儿对古镇保护的理解，在提高幼儿表达欲望的同时激起幼儿保护古镇的欲望。

智慧分享，提供表达平台。运用多种形式的项目活动为幼儿创设更多表达、汇报的平台。让幼儿在说出自己观点的同时锻炼自己。

（2）探学后个性化表达，成果展示。我们在探学后开展具体的"文明小使者"行动时，注重每位幼儿之间的个体差异性，提供不同的活动形式，让幼儿自主选择，最大程度上激发幼儿参与活动的热情。

个性服务，提高活动兴趣。幼儿对行动的方式具有自主选择的权利，根据自己的兴趣、能力等情况来进行选择，为古建筑保护提供自己的一分力，提高活动的积极性。

成果展示，找回文化自信。个性化任务的设计，让幼儿对活动的兴趣更加浓厚，服务形式更加多元化。幼儿找回古镇文化自信，从而乐于主动学习、了解关于古镇的文化。

2. 载体创新策略

（1）整体服务与个性任务相结合。做好古镇文化的传承工作对幼儿园的整体发展与幼儿的个性化发展都起着至关重要的作用，让整体服务与个性任务相融合，助力幼儿多元发展。

（2）文化自信与学习活动相辅相成。幼儿多种形式的学习活动与文化自信相辅相成。让文化在各种形式的"文明小使者"行动中潜移默化地得到传承。

◆载体二："文明墙"，倡议共传承

我们借助"文明墙"载体，让幼儿在"文明小使者"行动中进行多元评价，充分激发幼儿的活动兴趣。

1. 举样与分析

（1）幼幼互评，激发全体动力。通过幼儿分享，如作品展、活动痕迹展板、主题墙等，呈现幼儿的学习活动过程，辨识幼儿的学习收获与成长，在互评中激发全体幼儿参与"文明小使者"行动的动力。

（2）使者发布会，呼吁保护意识。可以是倡议书，亦可以是调查问卷，和大家一起分享交流，并在使者发布会中呼吁大家一起保护家乡古建筑。

（3）小组间互动，创新行动内容。成立小组，进行小组间的交流。交流内容可以是行动后的成果，可以是行动中的问题，还可以是对其他小组的建议。

（4）文明倡议，使者在行动。通过送环保倡议书的行动，幼儿观察与探究事物的意识得到了明显的加强，不论是幼儿的动手能力、观察能力还是与人交流的能力，都得到了很大的提升。

【案例2】

国庆节期间，幼儿和家长一起来到状元廊桥，进行"亲子文明小使者"活动。家长说："说真的，我以为我们家安安都不敢开口，没想到这次活动他让我刮目相看。"

与游客交往，呼吁环保意识。将自制的环保倡议书分发给游客，在与游客的互动交流中宣传保护古镇的文明理念，为服务"古镇好风景"做一些力所能及的事情。

参与保洁行动，获得快乐成就。在亲子研学过程中，不放过古镇里的每一个死角。看着古镇在自己的行动中焕然一新，幼儿和家长的内心都充满了成就感。

2. 载体创新策略

（1）形式多元，改变评价方式。幼儿之间的互评形式更加多元，有活动发言、作品展、主题墙等，改变了以往的师幼评价方式。

（2）亲手布置，增强服务自信。每次评选服务之星、文明之星和文明小使者活动场地都由幼儿亲手布置。激励自己的同时也激励他人，增强服务自信。

**（二）"金牌讲解员"传播"寿昌好故事"**

设置"小播音""小导游"等活动载体，具体从餐前播报、轮流讲师、小主持等创新载体的实施，再到幼儿成为"金牌讲解员"传播古镇故事，让幼儿了解古镇文化、让更多人了解古镇文化。

◆载体一："小播音"，宣传寿昌好故事

我们创设了古镇"小播音"的职位，采用小组合作、轮流讲演等方式，宣传寿昌好故事。每位幼儿都能够条理清晰地表达自己的观点，激发自己传播古镇文化的欲望。

1. 举样与分析

（1）餐前播报，宣传古镇文化。

通过餐前播报班级园内直播栏目的方式，为幼儿搭建宣传古镇的美食美景、美德美育、美人美事的平台，不但让幼儿自己了解古镇的文化，更向其他幼儿宣传了古镇的文化。

【案例3】

每次分享，孩子们都怀着激动的心情，声情并茂地讲述故事。聆听故事的孩子也专心致志，沉浸其中，这种方式很好地提升了孩子们专注倾听的能力，并让孩子们悄悄萌发"我要讲古镇故事"的愿望。

寻访文化，餐前播报。引导幼儿加入此类活动，激发幼儿主动寻找寿昌古镇的美食美景、美德美育、美人美事的欲望，让幼儿参与到幼儿园餐前播报栏目，向大家宣传古镇文化。

小组互动，互提建议。在餐前播报活动中，幼儿播报完成，进行交流和汇报，分享收获。其他幼儿提出不同的想法和改进措施，最后教师对幼儿的餐前播报及时作出评价。

（2）轮流讲师，幼儿个性发言。

在"金牌讲解员"传播"寿昌好故事"的实践活动中，围绕古镇文化主题，小组成员轮流当讲师，这样可以为每位幼儿提供展示交流的机会。

【案例4】

班级之间互相打通，分享自己了解到的寿昌美食美景、美德美育、美人美事等。轮换年段，班级进行巡回分享，让幼儿在不同的场合中，更加大胆自信地发言。

小组轮流，互增动力。在轮流讲师分享会中，幼儿都有轮流分享的机会，一期一期轮换，

激发幼儿学习古镇文化的动力。

共同分享，轮换传播。幼儿收集优秀的寿昌好故事，巡回传播寿昌文化，共同分享优秀的传播方式。

2. 载体创新策略

（1）内容设计源于幼儿，了解古镇。内容都是来自幼儿从古镇探学活动中了解的关于古镇文化的故事，幼儿用自己喜欢的方式进行播报，让大家共同了解古镇。

（2）表达方式吸引眼球，寓教于乐。设置轮流讲师和小小播报员的角色，让幼儿将自己对古镇建筑、民俗、美食等的了解通过形式多样的方式表达出来，活动过程寓教于乐。

（3）幼儿实践传播为主，个性表达。在古镇文化传承的活动过程中以幼儿为活动主体，传播寿昌好故事，学习好方法，在传播古镇文化的同时，也能让幼儿进行大胆的个性表达。

◆载体二："小导游"，介绍寿昌好故事

我们结合古镇的美食美景、美德美育、美人美事，根据幼儿不同年龄阶段的特点进行构建，幼儿根据自己的理解自主绘制导游稿，走进家乡古镇，向身边的大人、游客进行传播。这种方式不仅锻炼了幼儿的交际能力，更培养了幼儿爱家乡的情感。

1. 举样与分析

（1）小主持，讲解员社团。幼儿园内有缩小版的古镇，幼儿可以进行"金牌讲解员"活动的策划与语言表达的准备与练习。在这里，每一位幼儿都可以尝试自己当小导游，准备完成后，分批进行"金牌讲解员"的评选。

园内学习，善于表达。想尝试成为小导游的幼儿，都可以参加园内的讲解员社团，幼儿小组之间主持交流，学习多元表达，大胆发言。

基地模拟，尝试交际。幼儿在园内基地模拟讲解，通过多种形式宣传寿昌古镇的特色文化，在基地模拟中尝试与人交际、与陌生人交际。

（2）导游稿，幼儿聊文化。为了更好地"接待"寿昌古镇的参观者，我们在班级里积极开展"寿昌古镇优秀讲解稿"活动，让幼儿从"一问一答"式的讲解进阶到自己"滔滔不绝"的介绍。

【案例 5】

通过师幼、幼幼互评，孩子们再一次发现了讲述中的一些小问题，尽管之前自己绘制了导游稿，但还是比较杂乱无序的。安诺提出可以加上思维导图、符号等。于是孩子们再次尝试绘制导游稿、导游手册，还学习了专业导游介绍景点的视频。

依托思维导图，丰富讲解内容。对寿昌古镇美食美景、美德美育、美人美事多方面的介绍，涉及古镇的景点、美食、路线等，我们发现幼儿在讲述过程中可借助自己绘制的思维导图，有顺序、有重点地讲述。

开展交流比拼，创新讲解方式。不仅锻炼幼儿的语言表达能力，也让幼儿在了解、观察古镇的过程中，更加深入地了解家乡的历史、特色和人文，并内化成自己的理解，创新各种讲解方式，多元表达。

（3）任务单，古镇小导游。孩子们穿上统一的服装，拿上小话筒，走进寿昌古镇，开始正式上岗。他们用自己的表达方式向古镇中的游客介绍自己美丽的家乡。

【案例6】

孩子们戴上麦克风走进寿昌古镇，来到自己的点位。"爷爷奶奶你们好，我们现在来到的是寿昌古镇的洪家厅，这里有……"有了第一位队员的勇敢发言，孩子们也纷纷鼓足勇气，大胆地向游客介绍了起来。

任务助推，学习交际。幼儿在传承古镇文化的活动中，全方位地了解家乡古镇的历史、特色和人文。通过任务单向游客们介绍景点，学习如何与人交往。

团队互助，共同提升。面对陌生的游客和面对熟悉的朋友的感觉是不同的。在活动中，幼儿虽然害怕、退却，但在团队的鼓励下，都纷纷迈出了第一步。

2.载体创新策略

（1）依托古镇资源，贴合实际。利用古镇资源，借助小导游的形式，引导幼儿了解古镇历史、特色和人文等。幼儿围绕古镇特色争当小导游，更喜欢自己的家乡古镇。

（2）鼓励自主表达，勇于尝试。鼓励幼儿尝试自主表达，给予幼儿发挥的空间与平台。活动中，幼儿自主绘制导游稿，选择讲解方式等。

（3）捕捉动态生成，丰富完善。小导游活动中，教师要及时关注幼儿的活动进程，不断捕捉各种有利信息。推动幼儿认知和体验古镇，丰富幼儿的表达和内容。

（三）"'非遗'小达人"传承"寿昌好文化"

设置"体验岗""达人秀"两大载体，具体为家长进课堂、"非遗"体验岗、基地场馆和古镇表演等创新载体的实施，在"非遗"传承中激发幼儿爱家乡的情感，创新学习成果分享路径。

◆载体一："体验岗"，"非遗"接力棒

在古镇文化传承过程中，尝试以走进古镇、"非遗"体验、创造表现等形式做"非遗"

接力棒。以实践驱动为主要学习策略，让幼儿在亲身感知、创造表现中进行传承，不仅了解了古镇的"非遗"文化，更让幼儿在认知体验中热爱家乡。

1. 举样与分析

幼儿进古镇，传承文化。古镇中有很多"非遗"文化传承人，如竹篾、五龙、面塑、婺剧传承人等，幼儿根据自己的兴趣选择感兴趣的"非遗"文化，不同的职业有着不同的职责与传承的文化。为幼儿提供更多实践的机会，成为我们古镇的小小传承人。

挖掘特色，拓展传承深度。让幼儿走进"非遗"，了解、探索家乡古镇的传统文化。每一种"非遗"文化都有很多资源供幼儿参观学习、实践操作。

"非遗"体验，推动文化传承。幼儿根据"古镇活动安排表"深入体验"非遗"传承人是如何做的。在体验中学习，自愿做古镇文化的传承人。

2. 载体创新策略

（1）关注实践，增强文化传承力。幼儿是文化传承的主体，首先要突出以幼儿为本，其次深挖古镇文化，并以体验表多维度地进行实践体验，从而增强幼儿的古镇文化传承力。

（2）自我探究，拓展"非遗"才能。幼儿的"非遗"体验活动不光是对"非遗"文化的认识，也是对自我探究的过程。让幼儿在古镇"非遗"文化体验中有机会发现自己新的才能。

◆载体二："达人秀"，弘扬古镇文化

充分利用园内外基地，通过前期园外基地的实践体验，感受、学习古镇"非遗"文化。合理利用园内基地，在各个场馆开展班级活动，如五龙馆、纸浆博物馆等，为幼儿搭建自我表现的舞台，做古镇文化传承人。

1. 举样与分析

（1）基地场馆，沉浸式练习。幼儿在基地场馆内可以了解相关"非遗"文化的历史、特点及操作要点。也可以在场馆内进行个人、小组的沉浸式练习。比如在五龙馆中，小组可以舞龙，看似简单的队形也蕴含了深厚的传统文化。

园内基地，展示自我。以班级为单位，各班可以轮流到幼儿园的各个基地场馆进行练习、表演等。幼儿可以在更大的平台上表达表现，展示自我。

古风校园，浸润传承。幼儿园的各个基地场馆展现了我园古镇文化传承的风貌，气息浓厚。幼儿在古风的校园里，可以更加沉浸式地了解古镇文化并传承。

（2）文化传承，"达人秀"展演。幼儿在园内进行创意表达的同时，也将这些活动重新带入古镇，比如舞龙表演、天罡拳等，幼儿在作为小小"非遗"传承人的同时也带动更多古镇中的人加入。

【案例7】

有小朋友提出："老师，我们的舞龙队舞得太好了，应该让更多的人看到！"于是，我们的舞龙队走进了步行街、南门广场进行"达人秀"表演，让更多的人看到舞龙，了解舞龙。街上的行人纷纷反映"舞龙舞得真好，我们这代人都很少有人会舞"。

拓展对象，全员普及传承。幼儿将自己所学的古镇文化内化并表现给更多的人看，拓展受众对象，让古镇的人们都了解古镇文化，呼吁更多的人加入"非遗"传承。

达人表演，以己促思会友。幼儿用自己的方式向古镇的人们和游客展示古镇文化，以己会友。

2. 载体创新策略

（1）活动过程基于幼儿，重体验。活动过程重视幼儿在古镇文化传承中的亲身体验和积极参与，重在让幼儿在体验中学习、了解古镇文化。

（2）活动形式丰富多元，传"非遗"。积极尝试各种古镇文化传承的方式和方法。不断鼓励幼儿自信表现，坚持以幼带幼，以幼带大众，最终达到"传'非遗'"的目的。

#### 四、成效：幼儿古镇文化学习成果展示创新之效果

幼儿园经过"古镇探学""小使者行动"等研究的探索与实践，取得了阶段性的成果。"小使者行动"创设了三条新路径和 n 个活动载体，既符合当下文化传承的需求，又满足了幼儿的学习需要，更促进了教师的专业成长。

##### （一）活动"转型"：从"集体教学"到"具身体验"

幼儿园充分利用周边的古镇资源，创设更加适宜的学习环境，让幼儿在真实的情景中互动学习。我们积极打破学习场所的界限，带领幼儿走进古镇，开展相关活动的学习，真正做到学习内容基于生活。

"小使者行动"全方位地改变了幼儿的学习方式，突出学习场所的真情景、学习方式的真参与、学习活动的真体验。通过各类真实的社会服务体验，幼儿清晰地掌握知识的来龙去脉，也更完善地构建起自己的知识框架和表达方式。

##### （二）幼儿"转身"：从"被动学习"到"自主探究"

在"古镇探学"实施过程中，幼儿更多的是作为学习者的身份参与活动。而在"小使者行动"中，幼儿更多的是发自内心以主人翁的意识参与其中，他可以是古镇的保护者、

传统艺术的传承者，也可以是古镇文化的传播者。这让幼儿更好地适应"学习者→践行者"这一身份的转变。

"小使者行动"的开展，扭转了原先枯燥乏味的教学模式。从最初不太愿意学习古镇文化，变为愿意学，到积极主动地学。这一转变凸显了"小使者行动"的路径创设的可行性和优越性。

### （三）教师"转场"：从"局限教材"到"社会课堂"

打破原有的"古镇文化传承只能在集体活动中体现"的教材局限。教师在活动前，会走进古镇，了解古镇的相关历史，积极发掘幼儿关注的兴趣点，创设适宜幼儿的活动载体及路径。这一过程让教师们更好地体会到教育不仅源于教材，更源于生活。

学习成果分享路径的创新需要教师深度理解为什么教、怎么教。寿昌幼儿园教师在创设载体的过程中，都积极主动地去了解古镇文化，创新能力也得到了显著提升。

# 实践育人：幼儿场景式学习的构建与实施

历经两轮杭州市教研课题，我们深切地认识到，幼儿园及其周边环境不仅是一个物理存在，更是具有实践育人价值的教育资源。2019年至今，幼儿园在丰富幼儿学习资源、拓宽幼儿学习渠道的同时，着重关注幼儿的学习方式，创设幼儿"生"的空间，尊重幼儿"长"的过程，构建幼儿"学"的场景。

## 一、概念界定

### （一）场景式学习

场景式学习是幼儿园开展学习活动的新样态。幼儿园将古镇、农田、民俗馆、航空研学基地等要素进行整合，作为幼儿非正式学习的学习资源，让幼儿在真实的生活情景中进行探索与体验。该样态中的"古镇探学圈·农事实践圈·民俗体验圈·航天研学圈"是幼儿场景式学习的核心部分，涵盖了更具情景性、动态性、生成性和接地性的学习活动。

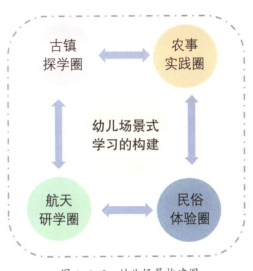

图4-1-2　幼儿场景构建图

### （二）实践育人

实践育人是一个以实践教育为主导的学习的过程。幼儿园通过设立古镇探学圈、农事实践圈、民俗体验圈、航天研学圈等场景式学习，让幼儿参与实践学习。在此过程中坚持目标导向，吸收多元主体的评价意见，进行反馈交互，构建、形成实践育人学习样态的基本流程，将理论教育与实践养成有机结合，拓宽实践育人平台，构筑实践育人新高地。

## 二、跨领域：幼儿场景式学习的构建

跨领域，指社会、语言、科学、健康、艺术等领域，通过领域与领域、领域与生活、领域与社会之间的渗透融合，创设现实情景、问题情景、任务情景，把幼儿的学习任务关

联设计到场景中，从而实现跨领域构建，形成场景式学习的多样化场域。

**（一）学习场域的开发**

1. 聚焦园所资源采集数据

从单一教室学习空间到多样学习环境创建，我园已逐步构建了"场景式学习环境"，包括幼儿园内的所有可能的学习场所，将幼儿的学习和生活场所融合成一个整体，摒弃分散的封闭学习空间。

2. 聚焦古镇资源采集数据

园外一公里步行圈内有：步行街、洪家厅、翁宅、老街、图书馆、天罡拳馆、万松书院等自然和古镇资源。三公里半小时交通圈内有：状元廊桥、航空研学基地、西湖水街、婺剧馆、弄堂等自然和社会资源。

**（二）内容序列的开发**

1. "古镇探学圈"的开发

寿昌古镇拥有独具特色的牌坊、廊桥、房屋、祠堂等建筑，这些建筑物形成了别具一格的地域文化特色，为我们提供了得天独厚的活动资源。同时，这些古建筑也为我们提供了丰富的学习主题和场所。例如，我们可以在廊桥上开展绘画、手工制作等创意活动。

2. "农事实践圈"的开发

借助园区周边自然环境的特点，我们将农村的四季农事活动融入幼儿的学习中，例如，插秧、灌溉、秋收等。同时，我们在园区内展示与农事活动相关的劳动工具和生活器具，让幼儿在游戏中探索、发现并体验这些文化元素。

3. "民俗体验圈"的开发

我们收集并整合了家乡的民俗文化，将适合幼儿体验的内容整理出来，例如，"二月十"庙会、婺剧、舞龙等。这些文化元素不仅拓宽了幼儿学习的广度，也为现场学习提供了更多的机会和资源。

4. "航天研学圈"的开发

随着中国航天事业的不断发展，越来越多的幼儿对航天产生了浓厚的兴趣。而寿昌镇的产业链涵盖通用机场、航空学院、航空基地等，为我们建立"航天研学圈"提供了得天独厚的平台和条件。

### 三、无边界：幼儿场景式学习的实施

（一）古镇探学圈：基于项目学习的生活场景式学习

1. 操作内容

在"探"字上做文章，是一种让幼儿走进古镇，了解过去、探寻未来，在亲身感受、实践体验、动手操作中深层探秘家乡的学习活动。具有问题的情景，对幼儿才能产生极大的吸引力，让幼儿在探家乡的过程中进行深度学习。

2. 操作策略

【案例1】大班"廊桥探秘"

在论桥和寻桥活动中，我们提前做好了参观准备，并前往其他有桥的地方拍照记录，让幼儿画出他们眼中的廊桥。因为他们已经参观过廊桥，所以画起来很得心应手。萱萱画了廊桥的桥头，还自己选择了颜色，她还记得廊桥上写的是"状元桥"。

（1）挖掘古镇场景，贯穿学习全过程。

在古镇探学圈中，古镇生活是一个重要的学习场景，它可以帮助幼儿在探究学习和生活经验之间建立联系，实现相互促进。教师可以带领幼儿一同探索寿昌古镇，观察身边发生的相关现象，积累生活体验和感性认识，从而为学习新知识打下坚实的基础。

（2）开发学习资源，拓展学习多途径。

教师应该打破领域之间的壁垒，促进知识之间的融合，将原本孤立、零散的知识进行整体架构。同时，教师还可以利用幼儿园内和古镇中的素材，引导幼儿实地观察和查阅资料，进行研究性学习。此外，教师还应该及时关注当前的热点问题，制定方案并分组建群，有序地展开研究。

◎学习车：在古镇探学圈中，我们不仅要在集体教学活动中推进，还要通过实地观察和体验来深入理解古建筑的特点。我们不局限于某一种教学环境，而是将每一个具有教育价值的环境都视作课堂。因此，孩子们可以在探索的过程中自由游走，感受更多学习的乐趣。如，为了让幼儿更好地体验古镇探学，我们采取了家长带领幼儿的移动式课堂的方式。家长们可以在放学后、周末等闲暇时间带领幼儿前往古建筑基地开展探秘活动。

◎问题链：通过以关键问题驱动的方式展开学习，我们需要注意以下几点。首先，问题应该是开放性的，能够适应幼儿的年龄和发展阶段，有助于扩展思维、从多角度探究和创造性解决问题。其次，需要思考解决问题的方式是否与幼儿的原有经验相联系，是否采用了多种形式和方法，是否充分利用了各种资源，以及是否整合了所有与幼儿发展密切相

关的知识领域。

◎接社会：为了让幼儿更好地走向社会，让他们与古镇场景更好地接轨，我们设计了一个针对廊桥的项目。该项目的第一个研究主题是"我是廊桥讲解员"，通过幼儿的走访和实地考察，将园内外的学习资源结合在一起，使设计更加贴合实际。

3. 操作评价

（1）搭"评价台"。将评价融入幼儿古镇探索圈的每一个环节，并融入幼儿活动的环境。把这些在探学中真实发生的经历和感受，及时有效地和朋友、老师、家长等分享交流。

（2）颁"金牌章"。每周开展"金牌讲解员"表彰活动，激励并强调每个孩子在探索过程中的表现和成长。这不仅能提高幼儿的参与度，更能让幼儿在活动中体验成功，获得成就感，激发他们的学习兴趣和探索欲望，为幼儿的全面发展提供有力的支持。

**（二）农事实践圈：基于活动体验的实践场景式学习**

1. 操作内容

"农事实践"的样式链接家庭、学校、社会，幼儿以直接参与实践的活动方式走进农事，打造亲子参与的实践场景式学习项目。幼儿们得以亲身参与农事活动，深入了解植物生长的过程，并通过动手实践的方式，锻炼动手能力，提升综合素质。

2. 操作策略

**【案例2】中班"番薯粉的制作"**

（1）第一阶段：幼儿聚焦种植，齐种番薯。

在种植园中，幼儿们听从保安叔叔的指导，认真地挖掘土壤、培植土地、种植番薯。他们体验到了用双手耕耘大地的艰辛和收获的喜悦，了解了番薯的生长过程和所需的养护技巧。在实践中，幼儿不仅锻炼了身体，也培养了耐心、细心和责任感，增强了对自然的认知和爱护之情。

（2）第二阶段：幼儿经验讨论，合作共享。

幼儿在了解了如何制作番薯粉后，开展了一场开放式的讨论和经验分享。幼儿不仅是活动的参与者，更是活动的创造者和推动者。在实施过程中，我们采用对话和调查的方式，聚焦幼儿的问题和经验，以此为基础开展课程，满足幼儿的需求和兴趣，让他们更加积极地参与到活动中来。

（3）第三阶段：幼儿自主探索，学习调整。

3. 操作评价

在收集、洗涤、探索的一系列过程中，幼儿在自己的疑问的引导下，逐步探索番薯粉的制作过程。这种方式可以更好地激发幼儿自己解决问题的愿望。

（1）内生评价——自我"点评"。

每个人都会有自己的光辉时刻，对于幼儿而言，即使是小小的进步也是值得庆祝的。如，在种植番薯的过程中，安安记录自己每天的照料情况，这也是一种自我评估的过程。

（2）相互评价——同伴"点赞"。

教师可以在学习活动中，模仿社交媒体的形式，建立一个"朋友圈"，鼓励幼儿之间相互分享和点赞。通过这种方式，幼儿可以获得及时的认可和支持，同时可以学习如何给他人提供积极的评价。

### （三）民俗体验圈：基于古镇民俗的文化场景式学习

1. 操作内容

在这个学习范式中，幼儿通过寻访匠人、参观传统工艺店铺、合作学习等方式，与古镇民俗文化直接接触。将体验学习贯穿民俗，把风土人情转化为现场学习的场域。这一学习方式有助于幼儿链接过去和未来，激发幼儿的民俗文化认同感和传承意识。

2. 操作策略

【案例 3】水街婺剧

创设情景：幼儿园的宋韵文化节要开幕了，需要表演水街婺剧。面对突然到来的任务——表演婺剧，大一班幼儿集结在一起商量对策，并就当时婺剧的准备情况进行议事。

学习内容结构化处理，形成问题链：

① 调查当时水街婺剧是怎么表演的。

② 调查当时水街婺剧的角色分布。

③ 如何制作戏服？倡议幼儿收集布料，或者使用成品戏服。

④ 如何走步子？

……

（1）场馆体验：创设情景，形成问题链。

问题驱动，将活动的价值和目标体现出来。以问题为核心，创造真实情景，将探学任务与生活联系起来，使用空间视角的转换，在探究一个大问题的同时，形成一个结构化的问题链，引导幼儿进行自主探究学习，实现个性化学习。

问题链的结构化设计可以帮助幼儿明确解决问题所需的步骤和相关知识，让他们在合作学习中更有条理、更有目的地开展工作。

（2）行业体验：联结生活，打造素材库。

通过创设真实场景，教师可以将学校、家庭、社会、自然等多个场景融合在一起，让幼儿在学习过程中更好地理解和运用相关知识。重构空间场域，针对某一知识点，教师可以链接场景进行设计，让幼儿在复杂情景中解决问题，从而提升他们的动手操作能力和解决问题的能力。这样的教学方法不仅可以增强幼儿的学习兴趣和参与度，还能够让他们在学习中更好地理解和运用知识。

（3）场馆实践：模拟情景，提升体验感。

本项目以"水街婺剧表演"为主线，整合各个领域的知识点，模拟水街婺剧表演现场，引导幼儿在解决问题的过程中掌握相关领域的知识并将之运用于实践活动中，同时进行讨论和交流。通过模拟真实情景，从"演员化妆、场景布置、乐队表演、表演告示宣传"等多个活动环节，引导幼儿逐步深入了解水街婺剧的各个方面，提高其生活实践能力。

3. 操作评价

（1）展示性评价——"微信公众号"。

课题组将幼儿民俗体验后的精彩瞬间拍摄下来，制作精美的图片和视频，并通过幼儿园微信公众号"小龙人爱收藏"进行发布。每日更新一期，让家长和幼儿可以在微信平台上观看和分享，进一步扩大活动的影响力和传播范围。

（2）表现性评价——"成长银行"。

采用"成长银行"的形式，例如，在水街婺剧项目活动中，幼儿参与了戏服制作、乐队表演、化妆等环节的工作，他们所获得的"成长金币"可以在"成长银行"中存储，金币数量代表了他们在活动中的成长和进步。可以激励幼儿更积极地参与活动，同时也可以通过"银行存折"的方式记录和评价幼儿的表现。

**（四）航天研学圈：基于直观感知的思维场景式学习**

1. 操作内容

幼儿参与"航天研学圈"，通过实地考察、动手制作等活动深入探究与航空相关的知识。这种基于直观感知的思维场景式学习，代替了传统的教材学习。幼儿可以自主发现和掌握知识，他们获得的信息更加真实、贴近实际。

2.操作策略

【案例4】我的航天梦

当大四班的小朋友在操场上看到直升飞机时，他们提出了希望更深入地了解直升飞机的秘密的愿望。教师了解后知道寿昌古镇有一个航空研学基地，便与该基地进行沟通，预订了一个场地，开展了"我的航天梦"项目活动。在活动中，教师提供各种资料和资源，帮助幼儿了解航空知识，同时引导他们进行实践和探究，从而达到更好的学习效果。

（1）预约包场：指在场景式学习中，提前预订某一场所或设施，作为幼儿进行探究和学习的专属场所。包场的好处在于可以保证学习现场被完整保留，同时防止外部因素干扰幼儿的学习效果。例如，在进行有关航空的学习时，选择一个专门的航空研学基地，可以带来更好的学习体验和环境。在预约包场时，除了选择合适的场所外，还需要注意一些细节问题。比如，在航空研学基地中，可能存在一些危险因素（高空、噪音等），要确保幼儿的安全。

（2）场景协同：指多个场景联合解决同一个问题，幼儿通常以分组的方式进入不同的场景进行探究，最终的成果也是多个学习场景的综合结果。在此过程中，各组需要定期进行交流和沟通，这不仅可以保持一致的进程，也有利于彼此互助，完善正在进行的探究。比如，当大四班的小朋友在航空研学基地玩了几次后，他们提出了一些问题——飞机模型乱停放、找不到自己喜欢的飞机模型、飞机模型遭到破坏等等。教师鼓励幼儿自己来解决这些问题。孩子们提出了一些创意——在飞机基地里设置停机位，给飞机分类、做标识，设计游戏图，还要做一个遮挡的停机棚。为了实现这些想法，大四班的幼儿被分成两组，分别进入"飞机模型馆"和"制作馆"开始他们的制作活动。

（3）1+N研学：是一种以一个航天研学圈为核心，结合N个场景式学习的联动形式，旨在解决某一具体问题。在该联动形式下，幼儿能够在多个场景中进行探究学习，以获得更多的学习体验和思维启发。需要注意的是，多个场景并不局限于园内，也包括园外的场所。教师应始终以解决当前核心问题为中心，及时捕捉和厘清各场景的价值，并将其有效转化和利用，以避免学习的泛化和浪费。

3.操作评价

（1）再现"场"景：儿童议事会。

为了更好地让幼儿在"航天研学圈"中互动和参与讨论，教师采用了"儿童议事会"的模式，将幼儿的问题探究过程和讨论内容分别呈现在适合幼儿观察的问题导图中。这有

助于幼儿更清晰地理解问题和脉络，并集中思考和规划下一步行动。通过在班级墙上呈现"儿童议事会"过程中的所有活动和经验，帮助幼儿梳理和整合信息，并从发散、流程和树状图等多个角度进行呈现，以更好地发散幼儿的联想力和想象力，呈现实际探究的进程，以及帮助幼儿整理信息和归纳总结。

（2）为"场"喝彩：成长档案袋。

每个幼儿都有一个"成长档案袋"，用于记录他们的成长变化。这个档案袋包含了幼儿在航天研学圈中的观察记录、绘画作品集、养成记录和游戏故事记录本等内容。从游戏、学习、运动和生活四个方面全面反映幼儿的发展情况。教师通过记录幼儿的活动、作品和学习过程，可以发现每个幼儿的个性特点和发展需求，为他们提供个性化的学习支持。这种档案袋具有内容多元、持续性强、记录生动等优点，是了解幼儿全面情况的重要载体。

**四、研究成效**

近年来，幼儿园通过"古镇探学""小使者行动""场景式学习"等实践和探索，取得了一些阶段性的成果。其中，场景式学习不仅符合当前课程改革的需要，也满足了幼儿的学习需求，促进了教师的专业成长。

**（一）影响力：搭建了实践育人平台**

场景式学习提供了一种非预设且有教育价值的学习方式，打破了固定的集体教学活动，突出了课程的生成性。在这种学习方式下，幼儿成为学习的主体，表现出"主体性在场、创造性参与、个性化表达"的全新状态。

在场景式学习中，幼儿不是学习某一个知识点，而是通过探究和实践活动，学习多个领域的知识，从而实现综合素质和能力的全面发展，如，观察、探究、分析、判断、沟通、合作等。幼儿的学习内容不仅限于园内，还包括园外更广阔的领域，多样化的探究手段和形式也增加了幼儿对场景式学习的兴趣。

**（二）带动力：创新了幼儿学习方式**

在实施场景式学习后，我们保留了"班"的形式，但它不再是固定的。学习场域是由幼儿自愿选择形成的，而非教师强制安排的。这种学习方式更符合幼儿自主探究的天性，提高了幼儿的学习主动性和参与度。这种教学模式已经从以知识为中心转变为以培养学生的综合素质为核心。

场景式学习实现了学习时间的弹性化，打破了传统教学的空间限制。学习空间无边界，这有助于幼儿更好地发挥自己的创造性和主动性，提高学习效果，全方位、多层次地开展探究学习活动，形成了功能互补的学习阵地。

### （三）学习力：提升了幼儿实践能力

场景式学习为幼儿提供亲身体验的机会，让他们拥有可持续发展的丰富可能性。这种学习方式赋予幼儿自主选择的权利，他们可以找到自己感兴趣的事物，思考和规划自己的学习路径。通过解决真实的问题，他们不断提升品格素养和实践能力，为未来的生活储备力量。

### （四）辐射力：提升了教师专业能力

场景式学习作为一种重要的教育方式，鼓励教师基于真实的学习环境和幼儿的个体需求，落实多样化和个性化的教学方式，提高自身运用动态生成性教育资源的能力。教师不再依赖于传统的教材，而是更加关注幼儿在学习过程中的兴趣、思想、情感和状态。现在，越来越多的教师愿意带领幼儿走出教室，进入自然、真实的场景中进行实践探究，从而获得职业上的满足感和成就感。

# 微研圈：幼儿教师项目化教研提升路径探索

随着"古镇探学"实践体验课程的深化，我们意识到，每位教师对"古镇探学"的理解和实践各不相同。因此，我们根据教师的成长需求和特长优势，借助微项目的形式，衍生出了"微研圈"项目化教研，开展人人参与的教研活动。此研究获 2022 年杭州市教师教育课题立项。

## 一、概念界定

项目化教研：通过项目问题来引导教师进行探究和学习的一种探究式教研方式。依托教研项目而开展，每一个教研项目都有翔实、合理的规划，围绕目标进行任务分解、成员分工、资源分配、工作进度等具体安排。本课题以探学项目、古镇项目、游戏项目、航天项目四大微项目为切入点，通过动态式、沉浸式、体验式、对话式、进阶式、领航式、问题式、行走式等八种方式开展教研，实现教师的专业发展。

微研圈：教师以研究、改进工作和自我发展为宗旨，根据主题内容、优势领域以及自我诉求，自由组合形成小型教研小组，旨在改进教育教学，助力教师群体的专业发展。微研圈主要以探学圈、古镇圈、游戏圈、航天圈为教研主题，教师结合自身优势、兴趣需求自由选择加入其中一个微研圈，从而展开教研。

## 二、研究实践

在确定微研圈内容后，教师可结合教研内容、自身优势、兴趣需求选择加入不同的微研圈，组成教研小组，以项目化形式进行教研，梳理脉络、开展活动，形成"四圈八式"教研路径。教师参与教研的"台前幕后"过程，发挥"第二组织者"的角色，激

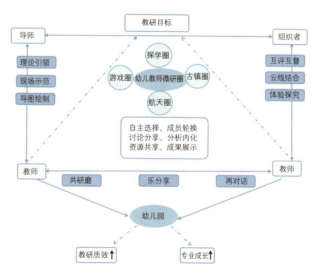

图 4-1-3　微研圈幼儿教师项目化教研路径

发主体性和自主性，从而有利于教研内容的内化。

### （一）"探学圈"微项目教研

"探学圈"通过线上或线下的方式，让教师在探索、实践、交流中进行教研。其内容涵盖多领域，如自然、科学、艺术等，一般从探什么、怎么探、探得怎么样入手，旨在提高教师综合素质和能力，使其成为具有创新精神和实践能力的优秀人才。

1.操作流程

通过形式不同的"探学三步走"，即"探前、探中、探后"展开探学项目教研，通过走进基地、走向自然的实践让教师在玩中学、学中探。

（1）"探前"多样化交流，智慧分享。

探学前，小组进行讨论交流、分工合作、制定计划，并以图文或符号等书面形式，将任务具象化、条理化。

（2）"探中"自主化探索，任务驱动。

园内的种植园地、动物乐园和园外的农作物生长地都是幼儿园开展探学的优质资源，幼儿可以了解农作物的生长过程、种植条件、生产制作过程等。

（3）"探后"个性化表达，成果展示。

小组成员梳理探学过程性材料，形成小组成果。研修小组组织探学成果汇报课，对汇报形式不做统一要求。汇报形式可以是PPT、表演、标本展示等。

2.操作策略

（1）动态式：追踪进程，实时教研。

通过研幼儿、研资源、研学习，不断反思、调整和改进教学策略，以达到更好的效果。教师可以根据幼儿的反应和表现进行及时调整，以提高教学质量。

研幼儿，关注兴趣点。以幼儿发展为中心，从《3—6岁儿童学习与发展指南》的背景出发，分析幼儿发展的核心经验、兴趣需求，在综合分析的基础上，对话儿童，把握核心。

研资源，把握基础点。通过前期的经验和学习，教师了解到幼儿园统一使用的课程文本内容不是唯一的资源，它就像是围绕主题展开的资源库，教师要做的就是丰富资源库并合理地加以利用。因此教师要对资源进行审议、梳理、优化。

研学习，关注成长点。主要探讨幼儿学什么、怎么学、教师如何助推等。从项目单元选择、项目拆解、设计活动、实施评价、修改完善等几个方面关注幼儿自主发展的核心素养和成长需求。

如：以"香甜麻糍"为例，基于幼儿学什么，怎么学，如何助推展开研讨。

表 4-1-1 "香甜麻糍"活动教师助推

| 幼儿学什么 | 幼儿怎么学 | 教师如何助推 |
|---|---|---|
| 了解制作麻糍所需的原材料。 | 通过问卷调查、相关食材收集、询问家长等 | 通过生、熟大米和糯米的对比加深认识 |
| 怎么制作麻糍？ | 通过视频、走访、品尝 | 班级开展打麻糍活动，让幼儿亲身体验、实践操作 |
| 麻糍可以怎么吃？ | 亲子调查、网络搜索、经验回顾 | 统计幼儿搜集到的吃法，在班级进行制作、品尝 |

（2）沉浸式：思辨浸润，深耕教研。

坚持连续深入同一个班级或同一个项目开展现场研讨，通过亲身体验和实践来深入了解幼儿的需求和教学效果，帮助教师解决教育现场中的真问题，提供教育服务。

自主深入，探为先。确保每位教师的参与度，探讨的内容可以是教师在教学中遇到的疑点或者亮点，也可以是幼儿的兴趣点或者重难点以及在日常生活中的思考等。在每位教师提出自己的问题后，由小组成员进行交流与探讨，并进行研究与整理。

场景重构，浸其中。小组在确定教研主题后要集体交流与探讨，制定教研方案，提供解决思路，对其具体操作流程进行重点阐述，分步骤、分层次进行详细介绍，并对最终的结果进行预判，从而把握教研的基本方向。

提炼总结，共成长。在完成一系列的主题微教研后，要对此过程中呈现出来的问题与最终形成的方案进行总结和提炼，得出具有参考价值的规律性经验，为后续的活动提供有效的指引。

**（二）"游戏圈"：微项目教研**

这是一种以游戏为媒介进行教学和学习的方式。幼儿园结合寿昌"二月十"庙会，创设"小龙人"游戏。通过游戏圈的教研方式，教师可以在游戏中学习知识和技能，提高创造力和团队合作能力。

1.操作流程

教师通过组织游戏开发工作坊、创设游戏选择界面，以游戏指导为主题进行教研、开展游戏评价，在一系列的活动中提高自身的创造能力和团队合作能力。

（1）聚焦游戏开发，助推幼儿发展。

以"一街三馆十二坊"为游戏载体，教师根据"一街三馆十二坊"的特点对其中的游戏进行归纳、整理，并在以幼儿为主体的基础上创新游戏内容和游戏玩法，保持游戏的活力，激发幼儿玩游戏的兴趣。

（2）共研游戏菜单，突破选择困境。

幼儿园将古镇的"二月十"赶集活动搬进园内，形成社会联动游戏，突破班级、年龄的界限。以游戏设计和实施为契机，让幼儿自主参与、自我创新、自我发展。因此，教师根据每个店铺、场所以及幼儿的特点对游戏进行梳理与归纳。

（3）探析指导策略，推进深度学习。

教师对指导策略进行深入的探析，其中，三种方法最实用，分别是：开放式指导——教师以看为主，通过粗看、细看、静看对幼儿进行观察；聚焦式指导——教师以"听"为主，问为辅，通过倾听游戏中产生的问题，再以"问"的方式引导幼儿思考、讨论、解决问题；拓展式指导——教师及时关注幼儿游戏的进展，梳理游戏产生的脉络，判断其价值，支持幼儿游戏的延续和升华。

（4）优化评价路径，提升游戏水平。

教研小组可以组织教师进行游戏解析、经验交流分享，从而促使教师关注幼儿游戏，多方面解读幼儿游戏行为，并给予有效的支持与评价，真正做到了把游戏的权利还给幼儿。

2. 操作策略

（1）体验式：角色转换，翻转教研。

体验式是基于实践和亲身体验获得知识和技能的一种方法。为了更深入地推进幼儿园游戏活动的开展，提升教师的观察能力，教师们化身为"孩子"，来到游戏场，开展一场体验式的教研活动。

实地体验，转变视角。教师以角色扮演的形式进行游戏。在活动中，将各种材料自由搭配，在玩法上创造出无限可能。游戏过程中，教师们反复商讨，投入游戏，运用多感官与材料全方位互动，在自主游戏中，大胆挑战，专注探索，快乐游戏。

【案例1】"面塑坊怎么没生意了"游戏研讨

在开展"面塑坊怎么没生意了"这一主题的研讨后，当面塑坊游戏再次因为没顾客而停滞时，教师以民间艺人的身份介入了游戏，发现孩子们的面塑坊游戏又活跃了起来。这一体验让教师们意识到：适时采用角色介入的形式能够助推游戏深入进行，这往往比说教来得更为有效。

**分析**：这一环节，我们侧重把思想转化为实际行动，在交流碰撞中定能生成新的认

识与想法。这时，我们需要为教师提供验证新认识与新想法的方法，帮助他们观察新的教育教学行为，判断其是否有效。效果好时，应强化新认识与新想法；效果不佳时，则需再次调整自己的教育教学行为。

分享体悟，读懂儿童。教师们将游戏经历用绘画表征的方式记录下来，互相分享游戏故事，并用思维导图的方式一同梳理出本组主要材料的多样玩法。教师们共同反思、探讨，了解孩子们在游戏中遇到的问题。

聚力跟进，回归儿童。围绕游戏的选择、指导、评价和内容的开发等主题开展头脑风暴，记录和反思自己的发现、问题、策略等。教师之间相互倾听和记录，在一对一的谈话中，进行二次反思。

（2）对话式：心灵对话，温暖教研。

一是让老师们人人参与，人人都能发表看法。二是由专家、领导或代表作专题长篇点评，其他人默默地听。三是小组讨论，踊跃发言，让教研"平民化"，接地气。

深层对话，由表层走向深入。在教研中，教师针对幼儿在开展游戏中遇到的问题展开讨论，梳理关键问题，通过"发现问题—开展教研—解决问题—总结经验"，提升自身观察游戏、解读儿童的能力。

多维对话，由单一走向融通。通过组内教师互动、组间互动、专家引领、师幼对话等多种方式研讨，基于游戏中的现实状况，疏通堵点、直面难点、消除痛点，明晰教研方向、优化教研路径。

辨析对话，由模糊指向清晰。通过课件分享、轮桌讨论等方式，聚焦主题，展开激烈的讨论。通过辩论和再学习，从多维度、多视角分析问题，提出观点，阐明见解，大胆思维碰撞。

【案例2】基于问题讨论："二月十"赶集游戏前期摊位的设置及游戏材料如何准备？

郑老师：寿昌二月初十庙会历史悠久，已经形成特色，庙会交流中常常渗透出浓郁的乡土气息，如平时难得一见的农产品、农用品在庙会期间会堆得琳琅满目。因此在幼儿园开展"逛庙会"自主游戏也要体现家乡的特色。

邹老师：采用"逛庙会"的形式开展自主性游戏，在选择游戏中的项目时要考虑幼儿的兴趣，要挑选一些幼儿喜欢的、感兴趣的活动。应借鉴一些符合幼儿年龄特征的项目，把它们运用到游戏中去，因此在选择时要有取舍。

毛老师：开展的自主性游戏要具有可操作性，要让幼儿玩得起来，并且愿意反复玩而不觉枯燥乏味。如娱乐项目"套圈"，幼儿可以把套到的物品再放回场地中反复套。"沙池寻宝"，幼儿可以不断地挖掘"宝贝"，修筑沙堡等。

…………

### （三）"航天圈"微项目教研

"航天圈"微项目教研是一种基于寿昌航空小镇，以航天航空为主题进行探索的教研项目。参观通用机场、博物馆、航空学院、航空基地，体验模拟飞行，学习航空知识等形式，为"航天圈"微项目的教研提供了得天独厚的平台。

1. 操作流程

通过线上学习、书籍查阅、同伴互助、导师引领等途径获取知识，然后走进寿昌航空小镇，寻找航空设备、专业人士、体验基地等资源。同时，组织教师进行以航天航空为主题的活动设计以及作品制作，最后对于整个活动进行总结提炼，以此来夯实教师的教研质量，支持教师的深度教研。

2. 操作策略

（1）进阶式：层层递进，梯度教研。

理论学习，夯实基础。进行资料的搜集与整理，比如通过翻阅书籍了解航天的历史；观看视频了解航天器的构造和运行原理；倾听专家讲座，了解航天航空项目活动如何实施等，最后将资源汇总，形成知识链，帮助教师丰富自身知识，提升教学质量。

实地参观，结对互研。走进航空小镇主题科普馆，通过参观真机展示厅、航空发展简史区、飞行原理区、模拟飞行区、沉浸式体验区和教学区，学习通航知识。

交流分享，同频共振。以航空主题中游戏设计的趣味性、游戏的科学性、教师的课堂教学回应等为主要切入点进行重点梳理，交流分享，大家各抒己见，并以思维导图、图文的形式将研讨结果呈现得立体清晰。

**【案例3】"我的航天梦"主题研讨**

教师围绕"我的航天梦"这一主题展开了教研。每位教师首先围绕已有素材撰写案例，记录自己的反思和问题。之后，教师们将案例上传至钉钉群进行展示。其间，教师利用闲暇品读同伴的案例，并记录、感悟和体会，与同伴深入互动。经过一段时间的案例分享，主持人会将教师对每个案例的观点进行梳理和总结，提炼主要观点和策略，并引导教师开展后续的实践和研究。引发共鸣的优秀案例会被收录在"课程资源库"中，为之后创设环境提供经验。

**分析**：教研是指针对某一类主题，教师通过分析主题、撰写案例→分享案例、记录观点→梳理总结、提炼观点的方式，与同伴进行更广泛的对话，从而得出切实可行的策略和方法。它打破了教研活动的"时空"限制，让教师能够自由地与同伴进行广泛而深入的互动，获得对教研主题更多元、更全面的见解。

（2）领航式：示范领衔，靶向教研。

头雁领航，以点带面。教师通过线上专家讲座、线下名师指导，草根专家、骨干教师等领衔的方式，汲取新理念，摒弃旧思想，在开展航空项目活动时不仅要注重过程性，还要注重迁移、转化、融合和生成。

**【案例4】"我的航天梦"主题研讨**

随着主题的推进，我们形成了"我的航天梦"这一教研大主题，并将此主题细化成了"航天知识知多少""航天资源巧分类""航天作品来制作"等小主题。我们通过名师引领、专家把脉制定了教研路径，并以"园本大教研＋年段小教研"的方式连锁推进。如，学期初我们邀请了特级教师李小玲为大家做讲座，拓宽了教师们的视野。又比如，在进行"航天资源巧分类"主题研讨后，大、中、小各教研组分别围绕"如何利用资源进行航天的项目化学习"等小主题进行了细化研讨、实践演练、跟踪指导，最终通过上下联动，合力梳理出了关键问题及新策略。

智慧众筹，样例先导。我们将教师的问题一一收集起来，并从中选取具有代表性的问题进行分析与拓展、交流与分享，教师从不同角度交流自己对"航天圈"微项目教研的见解。通过同课异构、听课评课、主题活动开展、项目活动推进等形式形成新样例。

**【案例5】"航天器上的时钟"活动研讨**

在"航天器上的时钟"这一教学活动中，我们利用课例展示教研。核心议题为：如何在教学活动中关注幼儿的个体差异并给予有效的支持和引导。过程如下：①以录像的形式分享事件。②以小组讨论的形式回顾录像中教师给予幼儿支持和引导的几个节点。③分析教师如何面对幼儿在学习方式、原有经验、性格特点等多方面上的差异，以及是否采用了适宜的支持策略。如，"录像中幼儿的表现怎么样？你发现幼儿学习有什么样的差异和特点？""根据幼儿的需要来判断教师可以做什么。"……

**分析**：这一环节，通过课例观摩进行思想的交流碰撞，引领教师学会如何思考、归纳和梳理，然后借助观点辩论、互动点评、亲身体验、复盘学习等方式对"可以怎么做"和"为何这么做"两大问题展开讨论。多样化的研讨方式能有效地提升教师参与的积极性。

经验迁移,实践内化。教师观看组内成员参与课例分享、项目推进、主题开展等活动,带着问题,从审视的角度,进行复盘学习,形成内驱力,并将经验迁移,运用到实践中。

### (四)"古镇圈"微项目教研

"古镇圈"微项目教研以寿昌古镇为背景,通过挖掘资源、实地走访、查阅资料、与当地居民交流、分享成果等方式展开研讨。

1. 操作流程

"挖掘古镇元素—多维方式体验—分享学习成果"是"古镇圈"微项目教研的基本流程。项目小组成员有目的、有计划地通过多种方式,寻找和搜集相关资料并积累前期经验。

(1)挖掘资源,梳理关键经验。

教师筛选了具有教育价值的物质文化资源与精神文化资源,形成了教育资源地图;同时还从资源名称、资源内容、关键经验等方面,构建了古镇资源素材库。

表 4-1-2　古镇资源素材库

| 资源名称 | 资源内容 | 关键经验 |
|---|---|---|
| 古镇美食 | 香甜麻糍、多味糕点、水晶糕、肉圆、糖画…… | 通过探寻、品尝、制作、对比等了解古镇的美食,深化对古镇美食的认识。 |
| 古镇建筑 | 状元廊桥、亭子、古井、牌坊、门楼、徽派建筑(马头墙、门钉、门环、门墩、飞檐……) | 从造型、图案、工艺等方面感受古镇建筑的美学元素,品味古镇建筑的魅力。 |
| 古镇民俗 | 参观天罡拳馆、钟表店、理发店、弹棉花店、面塑馆…… | 了解古镇的民俗、名人故事、"非遗"文化和历史,感受传统文化的魅力。 |

(2)多维体验,参与深度探究。

课题研究主要通过一些喜闻乐见的体验方式进行设计、组织和实施,分"话"在古镇、"乐"在古镇、"味"在古镇、"爱"在古镇等四类。

(3)分享成果,促进专业发展。

打破传统分享形式,以教师讲座、节目表演、课例展示、作品展示、视频分享的方式进行,通过经验交流、思维碰撞促进教师专业成长。

2. 操作策略

(1)行走式:基于现场,场景教研。

打破场域限制,走出幼儿园,走进寿昌古镇,通过实地观察、共同探讨、交流反思,

深入了解古镇的实际情况，或者请民间艺人、"非遗"传承人走进幼儿园传承民俗文化，在行走中学习、发现、收获和成长。

实地探访，完成初探。教师们通过问卷调查、艺人采访、搜索网络资源以及实地探寻，进一步了解和搜集古镇的相关资源。

小组分工，深度体验。教师采用分组体验的形式，带着任务，走进"美食""廊桥""亭子"等进行实地探究，相互交流、相互启发、相互碰撞，以此提高参与的积极性，保证活动的质量。

分组汇报，评价反思。在分享的过程中通过组内成员的交流互助、互提建议、互相评价，以及组间互评等形成共情思维，同时给予每位教师展示的机会，提升教师参与互动的积极性与主动性。

（2）问题式：问题追索，深度教研。

在教研过程中对所列举的真实问题进行分类、筛选、追问、分解和剖析，形成问题链，进而提炼和确定教研的主题，再逐层、逐步设计序列化教研子主题，形成有结构的教研主题，作为系列活动设计的导引。

问题剖析，透过现象看本质。古镇项目教研活动中梳理出的问题有：有哪些古镇资源可以挖掘？主题内容如何选择？项目活动如何开展？幼儿如何学习？亲子活动有哪些？教师该如何反思？……

问题驱动，躬身实践谋策略。教师研究教研问题的方式包括独自研究、班级互研、跨班互研、年段互研，甚至包括园与园之间，或者是学习共同体之间共同研究。教师边研究边在班级具体实践，从而更好地解决教研问题。

实践反思，循证而行明方向。对前期的教研问题进行反思、总结和分享。我们会通过三个问题让教师进行思考：你的收获是什么？你的困惑是什么？你的建议是什么？用这三个问题厘清教师思路，为后续的教研添砖加瓦。

### 三、研究成效

#### （一）立足教研实践：形成了微研圈项目化教研新样态

经过探索和尝试，寿昌幼儿园逐渐形成了微研圈项目化教研新样态。在项目化教研的设计过程中，积极探索八大研修路径，梳理四大微项目教研类型，凸显了幼儿园项目化教研的有效性。

### （二）关注教师成长：提升了教师专业素养

通过实践与操作，教师的"主体意识"逐渐被唤醒并不断增强，教研兴趣从无到有，再到浓厚，教研现场也没有了以往的尴尬与冷场，教师积极发言。伴随着教研样态的转变，教师在教学理念、教育智慧等方面同样经历了一次洗礼。项目化教研满足了不同层级教师个性化的专业需求，调动了教师发展的内驱力，"唤醒"了教师的研究和成长意识。

# 导·思·探·悟·行: 指向深度学习的项目活动实施新路径探索

## ——以大班"家乡的亭子"项目为例

项目活动是实施"古镇探学"园本课程的主要途径之一, 结合"古镇探学"项目特点, 梳理出了适宜于幼儿园的班本化项目活动实施流程, 即"导、思、探、悟、行"五大实施路径。本文以大班"家乡的亭子"项目活动为例, 展示幼儿园系列项目的开展情况。

### 一、项目活动存在的问题透视

### （一）探究浅表化

项目活动的开展如火如荼, 看似热闹非凡, 却存在走马观花、流于形式的现象。一个项目活动的推进应是层层递进的, 而非阶段性割裂, 各活动之间缺乏必要的联系与过渡, 而且每个主题都匆忙结束、流于表面。

### （二）路径单一化

常态化项目活动实施, 以"计划—开展—总结"为主要路径推进, 看似以幼儿为主体, 满足其好奇、探究的兴趣, 实则教师在活动中主导过多, 没有站在幼儿的立场去思考, 用灌输、"填鸭"的形式, 幼儿也就无法"深"学。

本文以"家乡的亭子"为例, 以"导、思、探、悟、行"作为项目实施的基本路径, 助推幼儿参与深层次的探究活动, 在不断发现、解决问题的过程中深度学习。

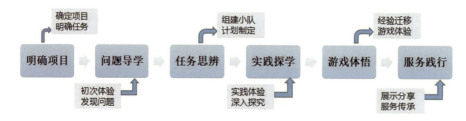

图 4-1-4 "家乡的亭子"项目活动实施路径

### 二、"家乡的亭子"项目活动实施路径

### （一）路径一: 问题导学激兴趣

教师基于项目活动的资源, 结合本班幼儿已有的经验, 设计问题, 引导幼儿学习, 激

发探究兴趣。

1.问题聚焦，梳理讨论

活动开展前，将幼儿的问题逐一收集梳理，从中筛选出四个具有代表性的问题，师幼协同对每一个问题进行分析与探索，从而有效甄别问题的内涵，最终确定项目目标。

表 4-1-3　幼儿问题采集表

| 序号 | 幼儿提问 | 甄别问题内涵，确定项目目标 |
| --- | --- | --- |
| 问题一 | 亭子跟亭子都一样吗？ | 亭子的样式、种类和用途 |
| 问题二 | 亭子的秘密有哪些？ | 亭子的故事、组成结构 |
| 问题三 | 亭子为什么不会倒？ | 猜想稳定性对亭子的影响 |
| 问题四 | 自己应该怎么搭建亭子呢？ | 大胆建构形式各样的亭子 |

2.实地调查，完成初探

幼儿认领最感兴趣的问题，带着问题开展第一次亲子"探亭"。家长借助网络资源、带幼儿实地探寻，帮助幼儿进一步了解亭子。初探回园，孩子们滔滔不绝："我去了西湖水街的亭子，它叫湖心亭。""我也去了，有两层呢，里面还有人在唱戏。""我发现亭子有六个角，都是往上翘的。"……

**（二）路径二：任务思辨重思考**

基于幼儿的初探，教师从幼儿的问题引发思考，明确下一步学习任务，并确定相应的学习方式，将活动逐步引向深入。

1.问题驱动，深化思辨

一次饭后活动，教师听到孩子们七嘴八舌地讨论着亭子："有六个尖尖角的才是亭子。""亭子是圆形的，顶要用稻草盖的。""我在南门广场看到的是长方形的，用木头造的。"……

幼儿对亭子的概念较为模糊，不清楚亭子的基础结构及种类，看法出现分歧，教师可以抓住契机，提出任务：什么样的才算是亭子？亭子有哪些种类？从而采用问题驱动思考的方式，引领幼儿深入思辨。

2.分工有别，具象探究

幼儿以小组分工的方式，进一步了解亭子的构造。有"实际测量组""清点计算组""现场写生组"等，不同小组的幼儿通过选择组员、制定计划、绘制记录图等形式，将任务具

象化、条理化，更加明确任务。

幼儿还借助绘本、书籍或者视频等载体，认识各式亭子。幼儿园通过家长助教，请专业的家长为幼儿讲解更多亭子的秘密。

**（三）路径三：实践探学亲体验**

有了对亭子基本构造的认识，幼儿再次"探亭"显得游刃有余。

1. 分组探学，深度体验

"二探"过程中，幼儿基于任务自行分组，带着任务走进亭子，进行实地探究。零距离的"二探"，验证之前的学习成果，从而完善本组的学习目标，以此确保幼儿参与的积极性和活动的质量。如，对于每根柱子的粗细是否一致，孩子们用合作抱一抱、皮尺量一量等方式，得出"一样粗"的结论。

2. 经验迁移，深入了解

通过不断深入，幼儿对于亭子的相关经验有了一定的积累，但是关于亭子的稳定性，幼儿提出了更多猜想。于是教师及时记录，并对之进行分类，发现幼儿的猜想主要围绕亭子的样式、高度、作用等。回园后，幼儿继续分组探学，通过探究、验证，得出结果。

3. 分享发现，经验交流

分享既是互相学习，也是成果展示，幼儿意识到自己是被关注的，自己是有能力的学习者，分享经验增强了自信。如，"我发现不同的亭子有不同的花纹，有木雕、石雕""在测量亭子的时候，我们不仅利用尺子，还用了自己的身体部位：张开手臂、用脚步"……

**（四）路径四：游戏体悟近乡情**

探学结束，以游戏的方式将认识的家乡的亭子进行重构，从兴趣出发，体悟古镇乡情的文化内涵。

表4-1-4　关于"亭子稳定性"的探究记录表

| 猜想内容 | 解决方案 | 实验验证 | 探究结果 | 得出结论 |
|---|---|---|---|---|
| 猜想一：亭子的柱子牢固吗，会不会摇晃？ | 纸筒实验 | 把卡纸卷成圆柱体，在不同数量的纸筒上放东西。 | 纸筒越多，放的书也越多。 | 纸筒的数量影响亭子的承受力，进而影响亭稳定性。 |
| 猜想二：亭子越高越容易倒？ | 垒高实验 | 大小一样的积木垒高搭亭子，高度分别是二层、三层、四层。 | 大小一样的情况下，层数越多，越容易倒塌。 | 适宜的高度更稳固。 |

| 猜想内容 | 解决方案 | 实验验证 | 探究结果 | 得出结论 |
|---|---|---|---|---|
| 猜想三：刮风下雨影响亭子的稳定性吗？（环境因素）不同材料会影响吗？ | 暴风雨实验 | （1）用大风吹大小相同的积木亭子和泡沫亭子。<br>（2）用水冲击两个亭子。 | 在两种条件下，泡沫亭子更容易倾斜或倒下。 | （1）亭子建成的时间越久，其经历的自然灾害越多，越容易损坏。<br>（2）搭建亭子要选择合适的材料。 |
| 其他猜想 | 幼儿1：用水泥造会更加稳定。<br>幼儿2：柱子要插进泥土，跟大树的根一样。 | | | |
| 最终结论 | 搭建亭子要考虑材料、高度、地基、自然环境等因素。 | | | |

1.分组合作，制定计划

一纸计划，能助推幼儿的发展。"亭子我来造"活动中，大家共同讨论，确定方形亭、圆形亭、三角亭等形式，幼儿基于兴趣、能力选择相应的亭子，组成项目小组，并制定各小组搭建计划。先确定组员分工，即组长、设计师和建筑师；再设计亭子样式，画出设计图，明确搭建步骤；最后讨论搭建亭子的材料，扑克牌、积木、荷叶、纸筒、吸管、一次性筷子……

2.动手实践，深入探索

根据设计图，幼儿动手搭建亭子。整个"造亭"的过程中，主要问题聚焦于顶部的建构以及柱子的稳定性，幼儿在已有经验的基础上，逐渐熟悉顶部的基本特征和结构，并在不断的试验中，找到解决问题的方案。

表4-1-5　幼儿深度学习能力评估表

| 组别 | 遇到的问题 | 幼儿讨论 | 获得学习经验 |
|---|---|---|---|
| 圆形组 | 圆形的顶平平地铺在柱子上。 | 在平面圆顶的中心放一根支架，用小木棒进行连接，就像蒙古包一样。 | 从平面到立体，幼儿开始形成物体的空间意识；幼儿对大脑中的视觉图像和立体图像开始有所区分。 |
| 方形组 | 筷子当柱子很难立住，总要倒下。 | 可用热熔胶把筷子粘住；可换成粗一点的竹子。 | 学会寻找辅助材料完成任务；知道接触面积的大小会影响柱子的稳定性。 |

| 组别 | 遇到的问题 | 幼儿讨论 | 获得学习经验 |
|---|---|---|---|
| 三角形组 | 三角形的顶部很难做。 | 可把四个一样大小的三角形边与边连接。 | 开始发现和感知图形的合成与拼搭；<br>开始观察、比较与分析，并用一定的方法尝试验证。 |

3.经验分享，展示成果

设立"家乡的亭子"展览，展示孩子们制作的亭子：有用一次性筷子制作的三角亭，有用小木片制作的宝塔亭，还有用棒冰棍做的八角亭……结合生活经验，幼儿在亭子里摆放了用橡皮泥制成的各式小人，模拟真实场景。

通过图文表征、照片记录、现场演说等方式，幼儿将制作亭子的过程变成海报、项目书，小导游们在自建的亭子前向全园幼儿解说自己造亭的过程，分享所学所感。

（五）路径五：服务践行葆初心

虽然"家乡的亭子"探学活动已经结束，但随之衍生的服务践行却是幼儿自发的。幼儿以实际行动服务家乡、传承家乡文化。

1.深度讨论，筹谋划策

在探学过程中，幼儿发现亭子里有蜘蛛网缠绕、灰尘多、烟头垃圾多等现象，由此产生了"如何保护亭子"的想法。基于此，幼儿展开了关于"掉漆怎么办""有灰尘、蜘蛛网怎么处理""乱扔垃圾怎么办"等问题的大讨论。通过链接生活经验，寻找解决问题的突破口，幼儿开展了后续的"小使者行动"。在整个讨论的过程中，幼儿发现问题、解决问题、产生新问题、再解决问题，这反映出幼儿的思辨能力和思维梳理能力。

2.参与实践，服务传承

"小使者行动""金牌讲解员"这两大服务项目应运而生，增强了幼儿的服务意识、责任意识。他们用实际行动传承文明，服务社会。

小使者行动：幼儿自发成立"红马甲"志愿服务队，分工协作，擦拭座位和栏杆，清除蜘蛛网，清理角落垃圾；讨论、设计、自制、发放"保护亭子"宣传单；宣传"小手拉大手"，也让更多的成人参与保护行动。

金牌讲解员：为了更好地保护和宣传家乡，幼儿园开展"金牌讲解员"竞聘活动，幼儿从一问一答式讲解到滔滔不绝地介绍，用图、文、符号等形式，介绍亭子的结构、故事、保护方法等，越来越多幼儿获得了成就感和幸福感。

**三、实践收获**

将"导、思、探、悟、行"的实施路径引入项目学习，不仅有助于幼儿高阶思维能力的发展，还能促进幼儿在情感和行动方面的进步。

**（一）根据幼儿的兴趣需求，提供体验式支架**

"支架"是实现幼儿深度学习的关键因素。"支架"的建构能帮助幼儿形成一定的知识框架，理解问题。活动中以幼儿的兴趣点为抓手，鼓励幼儿通过直接感知、实际操作、亲身体验等方式积累相关的经验，在真实情境中慢慢引领幼儿进行深度学习。

**（二）支持幼儿的主动探索，引发探究式学习**

探究式学习主要是在实践中进行发现问题、实验操作、调查收集、表达交流等探索活动。幼儿自主选择、计划，提出项目构思，然后讨论、操作、分享，确定每个阶段的实施方向，再次聚焦新问题进行讨论，形成下一阶段重点，从而周而复始地形成项目式学习模式。

**（三）基于项目的深度学习，提高思维层次**

深度学习以解决问题为导向，与生活息息相关，不仅关注幼儿当前的思维发展阶段，更关注幼儿在学习过程中思维能力和解决问题能力的提升。教师通过问题引导，让幼儿与同伴进行头脑风暴，讨论解决方法，明确存在的困难，在制定计划、操作实施、交流协商、解决问题的过程中发展解决问题的能力，提升思维层次。